frauen.erlesen

edition
ebersbach

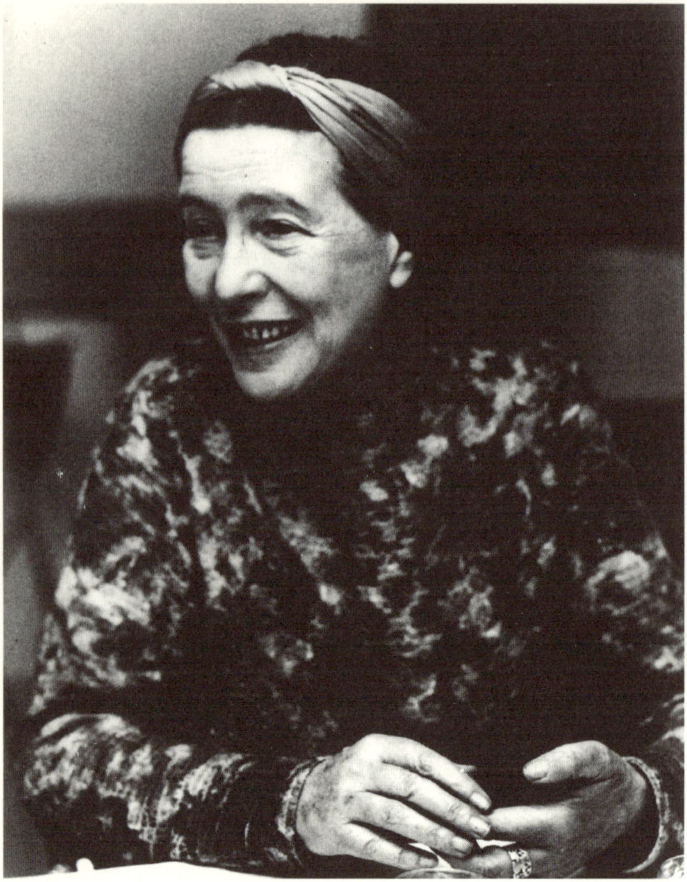

Simone de Beauvoir
9.1.1908 – 14.4.1986

frauen.erlesen

Simone de Beauvoir

»Ich will vom Leben alles«

Ein Lesebuch

edition ebersbach

Bibliografische Information der Deutschen Nationalbibliothek
Die Deutsche Nationalbibliothek verzeichnet diese Publikation in der Deutschen Nationalbibliografie; detaillierte bibliografische Daten sind im Internet über http://dnb.d-nb.de abrufbar.

1. Auflage 2007

Horstweg 34, 14059 Berlin
www.edition-ebersbach.de

Umschlaggestaltung: Daniela Rust, Leipzig
Satz: Birgit Cirksena, Berlin
Druck und Bindung: Impress d. d., Slowenien
ISBN 978-3-938740-41-5

Inhaltsverzeichnis

Simone de Beauvoir – eine schöne Geschichte
[Einleitung]

Ungeduldig trommelt der New Yorker Taxifahrer, der am 17. Mai 1947 vor dem Brevoort Hotel in Greenwich Village wartet, mit den Fingern auf das Lenkrad. Das Gepäck seines Fahrgastes – eine dicke, akkordeonartige Aktentasche – ist schnell verstaut gewesen und so bleibt ihm nichts anderes übrig, als die tränenreiche Abschiedsszene, die sich direkt vor seinen Augen abspielt, zu verfolgen. Neugierig mustert er die auffällig gekleidete Frau, eine brünette Enddreißigerin, die mit unglaublicher Geschwindigkeit und unüberhörbar französischem Akzent auf ihren großen, gutaussehenden Begleiter einredet. Trotz des milden Frühlingstages trägt sie ein warmes Wollkleid, das in der Taille eng geschnürt ist und in einem weiten knöchellangen Rock endet. Das leicht ramponierte Modell, das dringend einer Reinigung bedürfte, würden modebewusste Amerikanerinnen unschwer als den *New Look* identifizieren. Bei dem Taxifahrer, der sich erst allmählich an den *dernier cri* aus Paris im New Yorker Straßenbild gewöhnen muss, erweckt das Kleid trotz seines Zustandes den Eindruck modischer Extravaganz, und so wundert es ihn nicht, als er auf dem Weg zum Flughafen erfährt, sein Fahrgast sei eine waschechte *Parisienne*. Als sie auf seine neugierige Frage hin erzählt, sie sei in ihrer Heimat eine bekannte Schriftstellerin und habe soeben eine viermonatige Vortragstournee durch amerikanische Universitäten beendet, gerät er doch noch ins Staunen. Nach einem „Blaustrumpf" sieht sie gar nicht aus, denkt er bei sich. Im Rückspiegel kann er nicht viel mehr erkennen als ihre strahlend blauen Augen, die vom Weinen noch gerötet sind. Als er mitfühlend nachfragt, ob sie ihren Mann – von dem sie sich nach einem Blick auf die Uhr sehr abrupt verabschiedet hat – lange nicht sehen würde, bricht sie erneut in Schluchzen aus, sodass er schleunigst das Thema wechselt.

Vor dem Hotel sieht der blonde Mann mit der Hornbrille noch lange dem in der Ferne verschwindenden Taxi hinterher. Auch er ist Schriftsteller, doch anders als bei seiner französischen Freundin, in deren Romanen es von gebildeten Protagonisten nur so wimmelt, sind seine Helden eher Drogensüchtige und Prostituierte, gesellschaftliche Außenseiter, die wie der Autor selbst in einer der übelsten Gegenden von Chicago zu Hause sind. Genau diese Welt wolle sie kennen lernen, hat ihm Wochen zuvor eine weibliche Stimme am Telefon erklärt, nachdem er zuvor mehrfach aufgelegt hatte, weil er ihr Englisch kaum verstand. In Chicago hatten die beiden einen ausgesprochen netten Abend miteinander verbracht, in New York sind es zwei Wochen. Das Hotel in Greenwich Village verlassen sie kaum.

Dass die ‚transatlantische Liebe' zu einem Problem werden könnte, darüber macht sich Nelson Algren noch keine Gedanken. Etwas anderes geht ihm nicht aus dem Kopf. Diese Frau, das weiß er bereits sicher, ist „etwas ganz und gar Einmaliges".

Man habe wenig von ihrem Leben begriffen, schrieb Simone de Beauvoir einmal, wollte man es als extravagant bezeichnen. Sie hatte sich schlicht und einfach vorgenommen, aus ihrem Leben „eine schöne Geschichte" zu machen, die „in dem Maße wahr werden würde, wie ich sie mir selbst erzählte". Es wurde in der Tat eine sehr schöne Geschichte, eine außergewöhnlich spannende dazu, die die französische Schriftstellerin in ihren Werken auf vielerlei Arten selbst erzählt. Simone de Beauvoirs Romane und Erzählungen, ihre philosophischen Essays, das umfangreiche Memoirenwerk, ihre Reisereportagen und journalistischen Texte füllen Tausende von Seiten. Hinzu kommen posthum erschienene Tagebücher und Hunderte von Briefen. „Mein wichtigstes Werk", sagt sie selbst, „ist mein Leben".

Sie glaubte, eine besondere Begabung zum Glück zu haben. Ein starker Wille kam hinzu. „Und außerdem bin ich schrecklich gierig; ich möchte vom Leben alles, ich möchte eine Frau, aber auch ein Mann sein, viele Freunde haben und allein sein, viel arbeiten und gute Bücher schreiben, aber auch reisen und mich vergnügen, egoistisch und nicht egoistisch sein ... Sehen Sie, es ist nicht leicht, alles, was ich möchte, zu bekommen. Und wenn es mir nicht gelingt, werde ich wahnsinnig vor Zorn ..."

Mit drei Jahren zückt sie ein eigenes Visitenkärtchen, wenn sie nach ihrem Namen gefragt wird. Da weiß sie noch, was sich gehört. Simone Lucie Ernestine Marie Bertrand de Beauvoir, wohnhaft 103, Boulevard Montparnasse, Paris, ist eine Tochter aus gutem Hause, die mit der Liebe zur Freiheit den Spaß am Ungehorsam entdeckt. Als sie erst einmal begonnen hat, die strengen Regeln und Riten ihrer bourgeoisen Erziehung in Frage zu stellen, erteilt sie ihnen bald eine radikale Absage.

Mit vierzehn verliert sie den Glauben an Gott und gewinnt zunehmend Vertrauen in sich selbst. Die junge Rebellin hat ihren höchst eigenen Kopf, mit dem sie brillant zu denken lernt. Im Alter von einundzwanzig besteht sie ihr Philosophie-Examen mit Bravour und schließt kurz darauf einen Pakt mit dem Mann, der ihr verspricht, sie nie zu heiraten und erst recht keine Kinder mit ihr haben zu wollen. Über fünfzig Jahre sind sich die beiden treu – auf ihre Art, die prüden Zeitgenossen allzu *libertin* erscheint. Der Skandal ist perfekt, als sie mit vierzig ein bahnbrechendes Werk über ein Geschlecht vorlegt, das sie *das andere* nennt, und dabei Dinge beschreibt und Wörter benutzt, die laut auszusprechen sich sonst niemand traut, schon gar nicht eine Frau.

Simone de Beauvoir ist eine Ausnahmeerscheinung in einer Zeit, die Frauen schon einiges, aber noch längst nicht alles zutraut. 1908 geboren, gehört sie zu der kleinen weiblichen Elite, der eine mit Männern gleichberechtigte akademische Ausbildung nicht länger verwehrt wird. Diese Chance weiß sie zu nutzen. Zielstrebig und konsequent geht sie ihren Weg, angetrieben von unbändiger Wissensgier, einer nie enden wollenden Lust am Denken und einer ebenso ausgeprägten Lust am Leben.

Von frühester Jugend an lehnt die privilegierte Bürgerstochter die Doppelmoral und Unaufrichtigkeit ihrer Gesellschaftsschicht mit einer Vehemenz ab, die ihre Umgebung erschreckt. Ihr eigenes Dasein gestaltet sie als bewussten Gegenentwurf zu der traditionellen Frauenrolle, die ihre Mutter ihr vorlebt. Die Herausforderungen, die „ein nicht vorgezeichneter Weg", ein Leben jenseits der Konvention zwangsläufig mit sich bringen würde, ist sie bereit mit aller Konsequenz anzunehmen. Ihre Ziele: Freiheit, Wahrheit, Glück. Ihr Einsatz: Disziplin, Willenskraft, Mut – und die Bereitschaft zur Einsamkeit.

Freiheit bedeutet für Simone de Beauvoir zunächst einmal wirtschaftliche Unabhängigkeit, die sie als Philosophielehrerin im Staatsdienst zu erreichen sucht. Kurz vor der Veröffentlichung ihres ersten Romans gibt sie den ungeliebten Brotberuf auf, um fortan als freie Schriftstellerin zu leben. An der Seite des Philosophen Jean-Paul Sartre avanciert Simone de Beauvoir im Nachkriegsfrankreich zur führenden Repräsentantin einer Richtung, die unter dem Begriff „Existentialismus" Geschichte schreibt, in der Philosophie, in der Literatur – und in der Mode. Die Popularität der philosophischen Richtung, die zum Nachdenken über menschliche Verantwortung und individuelle Freiheit aufruft, ist riesig, wenn auch davon auszugehen ist, dass ein Großteil der jugendlichen Anhänger das Grundlagenwerk, Sartres *Das Sein und das Nichts* (1943), gar nicht gelesen hat. Die wichtigsten Sätze sind trotzdem in aller Munde: „Die Existenz geht der Essenz voraus", „Der Mensch ist nichts anderes als das, was er aus sich macht". Er ist, so Sartre, „zur Freiheit verdammt", da er die Verantwortung für sein Handeln allein übernimmt, ohne sich auf irgendetwas berufen zu können, „keinen Glauben an Gott, keine Wahrheiten und keine Werte". Simone de Beauvoirs Roman *Sie kam und blieb*, ebenfalls 1943 erschienen, wird als „typisch existentialistischer Roman" gehandelt. Im Jahr darauf schreibt sie ihren ersten philosophischen Essay *Pyrrhus und Cinéas*, dem weitere folgen.

Die erste Nummer der literarisch-politischen Monatszeitschrift *Les Temps Modernes*, die von Sartre gemeinsam mit Simone de Beauvoir, Maurice Merleau-Ponty u. a. herausgegeben wird, erscheint im Oktober 1945. Darin wird u. a. die Idee einer *littérature engagée* propagiert, die die existentialistische Frage der „Verantwortung" aufgreift. In Romanen, Theaterstücken und politischen Artikeln führen Sartre und Simone de Beauvoir ihre Ideen mit großem Erfolg weiter.

Jahrzehntelang nimmt das engagierte Schriftstellerpaar eine herausragende Stellung im politischen, kulturellen und gesellschaftlichen Leben Frankreichs ein. Es wirkt richtungsweisend, auch für den intellektuellen Diskurs nachfolgender Generationen. Als die existentialistische Ära ihrem Ende zugeht, ist die Popularität ihrer wichtigsten Protagonisten dennoch ungebrochen. Als Chronistin ihrer Zeit bezieht Simone de Beauvoir ebenso wie Sartre öffentlich Stellung zu politischen Ereignissen und intellektuellen

Entwicklungen. Sie gilt als „moralische Instanz", engagiert sich gegen die französischen Kolonialkriege in Indochina und Algerien, bereist die UdSSR, China und Kuba, die zu dieser Zeit als Hoffnungsträger gesellschaftlicher Veränderungen gelten, und solidarisiert sich mit der Studentenbewegung vom Mai '68.

Auf der Grundlage der Existenzphilosophie verfasst Simone de Beauvoir 1949, als den französischen Frauen gerade erst das Recht auf Wahlen zugestanden worden ist, eine umfangreiche Studie über „Sitte und Sexus der Frau", mit der sie ihrer Zeit weit voraus ist. Das im Stil eines wissenschaftlichen Essays abgefasste, nichtsdestotrotz ‚skandalträchtige' Werk wird ebenso wie ihr preisgekrönter Roman *Die Mandarins von Paris* aus dem Jahr 1954 vom Vatikan auf den Index gesetzt. Nach der Wiederentdeckung durch die Frauenbewegung der 1970er Jahre gilt das *Das Andere Geschlecht* bis heute als bedeutendstes theoretisches Werk des Feminismus. „Das Buch veränderte das Leben von Millionen von Frauen, ja die Welt", so Alice Schwarzer, und machte die Autorin weltberühmt. Obwohl Simone de Beauvoir sich selbst nie als diskriminiert und benachteiligt empfunden hat, plädiert sie eindrucksvoll für die Freiheit der Frauen, ein selbstbestimmtes Leben zu führen.

Zur erklärten Feministin wird sie erst zwei Jahrzehnte später. Im April 1971 unterzeichnet Simone de Beauvoir die spektakuläre Kampagne zur Legalisierung der Abtreibung, das *Manifest der 343*, in dem sich prominente und weniger bekannte Französinnen, die so genannten ‚Schlampen', öffentlich dazu bekennen, illegal abgetrieben zu haben. Sie engagiert sich im *Mouvement de libération des femmes* (MLF), der 1970 gegründeten Bewegung zur Befreiung der Frau, und wird Mitbegründerin und Präsidentin der *Liga für Frauenrechte*. In den *Temps Modernes* setzt sie regelmäßige Veröffentlichungen über den „alltäglichen Sexismus" durch.

Begeistert marschiert die „Rebellin im Seniorenalter“ bei Protestkundgebungen in vorderster Reihe, Seite an Seite mit den autonomen Frauenkämpferinnen, für die gerade in ihren Anfängen die Unterstützung der renommierten Linksintellektuellen eine ermutigende Bestätigung ihrer Arbeit bedeutet. In dieser Zeit, in den letzten fünfzehn Jahren ihres Lebens, wird Simone de Beauvoir zur „Grande Dame der Frauenbewegung“, als die sie heute in erster Linie in Erinnerung geblieben ist.

Simone de Beauvoir war die bekannteste Intellektuelle einer Epoche, die sie selbst entscheidend geprägt hat. Ihre Bücher erreichten Millionenauflagen, ihr Lebensentwurf machte Schule.

Die Geschichte der Simone de Beauvoir beginnt und endet in demselben Viertel von Paris. Im 14. Arrondissement, im Quartier du Montparnasse, wird sie am 9. Januar 1908 geboren. Unweit von ihrem Geburtshaus, das sich an der belebten Straßenkreuzung des Boulevard Raspail mit dem Boulevard Montparnasse befindet, liegt sie seit 1986 auf dem Cimetière Montparnasse begraben. Ein Spaziergang über den beschaulichen Friedhof führt Besucher unweigerlich an der Grabstätte vorbei, die sich in unmittelbarer Nähe des Hauptportals befindet. Hier liegt sie gemeinsam mit Jean-Paul Sartre, dessen offizielle Gefährtin sie über fünfzig Jahre lang war. In einer gemeinsamen Wohnung lebte das Schriftstellerpaar nie, allenfalls eine Weile in demselben Hotel. Sie siezten sich ein Leben lang, schliefen in der Regel getrennt, arbeiteten und verreisten so oft es ging gemeinsam.

Ihr Leben lang ist Simone de Beauvoir gern auf Reisen. Neben den regelmäßigen Erholungsfahrten – einen Teil des Sommers verbringt sie stets zusammen mit Sartre in Rom, den Spätsommer auf dem Landsitz einer Freundin – unternimmt Simone de Beauvoir so oft es geht Ausflüge in die nähere Umgebung von Paris oder in die weite Welt. Ganz allein fährt sie zum Wandern nach Korsika, zum Skifahren in die Alpen oder unternimmt ausgedehnte Fahrten mit dem Rad, später – als sie mit großer Begeisterung das Autofahren entdeckt – mit dem eigenen Wagen.

Wenn sie nicht gerade unterwegs sind, ist ihr Tagesablauf streng geregelt, mit festen Zeitfenstern für Arbeit, Freunde und Vergnügen. Es vergeht kaum ein Tag, an dem sich das Schriftstellerpaar nicht sieht. In der Brasserie *La Coupole* am Boulevard Montparnasse trifft man sie bis zuletzt regelmäßig beim Mittagessen an, immer zur gleichen Zeit. Nichts hasst Simone de Beauvoir mehr als Unpünktlichkeit. Die Kellner tragen Sorge dafür, dass der Tisch neben ihrem Stammplatz stets unbesetzt bleibt, damit sie ungestört – und ungehört – einer ihrer Lieblingsbeschäftigungen nachgehen können: dem Gespräch. Auch einer anderen Lieblingsbeschäftigung, dem Schreiben, widmet sich das Paar am liebsten gemeinsam. Über Jahre hinweg kann man es im intellektuellen Zentrum von Paris, in Saint-Germain-des-Prés, beobachten, wie sie im *Deux Magots* oder im *Café de Flore* an getrennten Tischen über Stunden hinweg konzentriert an ihren Manuskripten arbeiten, ohne sich von dem Trubel ringsherum stören zu lassen. Das *Flore*, wo schon vor dem Krieg eine intellektuelle Szene verkehrte, ist während der Okkupation zum wirklichen *café littéraire* geworden, findet sich hier doch selbst in Kriegszeiten stets ein warmer Platz. Wenn es jemand wagt, Simone de Beauvoir dort beim Schreiben zu stören, „schleudern ihre meerblauen Augen kaum beherrschte Blitze“, wie sich Juliette Gréco erinnert. Simone de Beauvoir konnte ausgesprochen schroff und unwirsch reagieren, wenn ihr irgendetwas nicht passte.

Mit vierzig Jahren bezieht Simone de Beauvoir, die bis dahin immer im Hotel gewohnt hat, ihre erste eigene

Wohnung in der Rue de La Bûcherie, eigentlich nur ein möbliertes Zimmer ohne Bad, das sie mit Reiseandenken und bunten Stoffen schmückt. Ab 1952 lebt sie dort gemeinsam mit dem siebzehn Jahre jüngeren Journalisten Claude Lanzmann, dem einzigen Geliebten, mit dem sie je eine Wohnung teilt. 1955 kauft sie sich von dem Geld, das sie mit dem Roman *Die Mandarins von Paris* verdient hat, eine Eigentumswohnung in der direkt am Friedhof Montparnasse gelegenen Rue Victor Schoelcher. Claude Lanzmann, mit dem sie bis 1959 liiert bleibt, zieht in die neue Wohnung nicht mit ein. Hier verbringt sie die letzten dreißig Jahre ihres Lebens. Eine Gedenktafel erinnert heute an die weltberühmte Bewohnerin des Art-Déco-Hauses.

Nicht zu übersehen ist die als „ein Werk von seltener Freiheit“ und „un magnifique endroit de flânerie“ gepriesene Fußgängerbrücke über die Seine, die den Parc de Bercy mit der Bibliothèque Nationale verbindet. Gemeint ist übrigens nicht die alte Bibliothek, in der Simone de Beauvoir einst Tage und Wochen mit Recherchen zu ihren umfangreichen Essays zubrachte, die Rede ist von dem imposanten Mitterrand-Bau. In einem eleganten Schwung spannt sich die neue Brücke fast zweihundert Meter weit über den Fluss, ohne von einem einzigen Pfeiler abgestützt zu werden. Zum ersten Mal taufte die Stadt Paris eine Seine-Brücke auf den Namen einer Frau. Seit dem 13. Juli 2006 trägt sie den Namen „Passerelle Simone de Beauvoir“. Warum die Wahl auf die Schriftstellerin fiel? Um an ihren 20. Todestag zu erinnern, hieß es. Weil sie einiges mit der Brücke gemein habe, meinten andere, „die Reichweite, das Aufzeigen von Perspektiven, die Eleganz, die Haltung, die Intelligenz, den Atem, die Kreativität, die Kraft und die Beständigkeit …“

Die Geburtsstadt Paris ist im literarischen Schaffen der leidenschaftlichen *Flâneuse* Simone de Beauvoir allgegenwärtig. Diese Stadt, betont sie, habe ihr Leben entscheidend geprägt.

In den Alleen des Jardin du Luxembourg spielt die kleine pausbäckige Simone im Spitzenkleidchen mit ihrer liebsten Spielgefährtin, der zwei Jahre jüngeren Schwester Hélène, genannt Poupette, stets unter Aufsicht des Kindermädchens Louise, das von den gestrengen Eltern vor jedem Ausgang die strikte Anweisung erhält, ihre Töchter nur ja nicht mit Fremden in Berührung kommen zu lassen. Nicht auszudenken, wenn sie mit Kindern Umgang hätten, die womöglich nicht ihrem gesellschaftlichen Rang entsprächen. Cousin Jacques erweist sich als standesgemäß: mit ihm feiert sie auf einem Holzpferdchen im Jardin du Luxembourg „Verlobung". Auch als Schülerin und Studentin kommt Simone de Beauvoir gern in den Park. Mit einem Buch in der Hand macht sie es sich in einem Stuhl bequem, isst ein belegtes Brot und träumt in der Mittagssonne von einem Leben als Schriftstellerin, wie sie es von frühester Kindheit an getan hat. In der Nähe des Medici-Brunnens führt sie gegen Ende ihres Studiums das wohl wichtigste Gespräch ihres Lebens, mit einem jungen bebrillten Studenten namens Jean-Paul, der ihr im Verlauf der dreistündigen Debatte seine intellektuelle Überlegenheit beweist – zumindest empfindet sie selbst es so. Nicht weit entfernt, in der Rue Jacob, geht sie zur Schule. Hier liegt das katholische Privatinstitut Adeline Désir, das die Musterschülerin bis zum Abitur besucht. Die Familie gibt sich großbürgerlicher, als es ihre finanziellen Mittel erlauben. Nach dem Ersten Weltkrieg, Simone ist elf Jahre alt, verschlechtert sich die Lage derart drastisch, dass die Familie die über dem *Café Rotonde* gelegene schöne Wohnung am Montparnasse verlassen und mit einem sehr viel bescheideneren Domizil in der Rue de Rennes vorlieb nehmen muss. Madame de Beauvoir sieht sich fortan gezwungen, den Haushalt selbst zu besorgen, was ihr weiß

Gott nicht in die Wiege gelegt ist. Françoise de Beauvoir, eine Bankierstochter aus der Provinz, ist in großbürgerlichen Kreisen groß geworden – mit strengen Grundsätzen. Bescheidenheit, Sparsamkeit, Frömmigkeit – nie wird sie müde, ihren Töchtern Tugenden zu predigen, die zumindest eine von ihnen insgeheim verachtet.

Für die geistige Bildung der Mädchen fühlt sich der Vater zuständig, Georges Bertrand de Beauvoir, der sich als Rechtsanwalt mehr schlecht als recht durchschlägt, viel lieber Schauspieler geworden wäre und unentwegt der aristokratischen Lebensweise seiner Vorfahren nachtrauert. Seine Älteste behandelt er früh wie eine Erwachsene. Er nimmt sie mit ins Theater und redet mit ihr stundenlang über seine große Liebe, die Literatur. Die Kunst der eleganten Konversation, die ihr dandyhafter Vater meisterlich beherrscht, erbt Simone de Beauvoir nicht – auch diese verachtet sie –, wohl aber die Eloquenz und die große Passion für das geschriebene Wort.

An ihrem Vater, der das fromme Gebaren seiner Gattin mit spöttischen Bemerkungen zu kommentieren pflegt, bewundert Simone de Beauvoir „die umfassende Bildung, den klaren Verstand und die unfehlbare Vernunft". Mit zwölf Jahren beginnt sie, gegen die traditionalistische Moral und übertriebene Fürsorge ihrer Mutter aufzubegehren, zunächst ohne ihre Rebellion offen zu zeigen. Dass sie ihren Glauben verliert, verschweigt sie der Mutter ebenso wie der besten Freundin Zaza. Als sie sich während der schwierigen Zeit der Pubertät in einen pickligen, linkischen Backfisch verwandelt, wendet sich der Vater verstärkt der jüngeren und hübscheren Tochter zu. Simone ist geschockt, hatte sie bis dahin doch unerschütterlich darauf gesetzt, mit ihrer scharfen Intelligenz zu punkten.

Georges de Beauvoir erfüllt es mit tiefer Bitterkeit, seine Töchter als ‚Deklassierte' zu sehen. „Heiraten, meine Kleinen", sagt er oft, „werdet ihr freilich nicht. Ihr habt keine Mitgift, da heißt es arbeiten." Simone de Beauvoir schreckt diese Aussicht wenig. Schon lange hat sie beschlossen, ihr Dasein „geistiger Arbeit zu weihen". So gesehen bedeutet die finanzielle Not der Familie für sie ein Glück: Um das Recht auf Ausbildung muss sie jedenfalls nicht kämpfen.

Nach dem Abitur beginnt Simone de Beauvoir ein Studium der Mathematik und Literatur, um im Jahr darauf – nach heftigen Auseinandersetzungen mit ihren Eltern – ihrer eigentlichen Berufung zu folgen, der Philosophie. Dieses Studienfach gilt als das schwierigste, als die „Königsdisziplin", aber nicht das Fach als solches macht ihren Eltern Kummer, sondern die Wahl der Hochschule. Die Universität Sorbonne steht in dem zweifelhaften Ruf, einen allzu weltlichen Einfluss auf junge Menschen auszuüben, sodass insbesondere Madame de Beauvoir um das moralische Fundament ihrer Tochter, in dem sich erste Risse bemerkbar machen, besorgt ist. Nach einem Jahr Studium an zwei ‚untadeligen' Instituten wird Simone de Beauvoir doch noch *Sorbonnarde*. Ihrem Berufswunsch – Simone will Lehrerin werden – widersetzen sich die Eltern dagegen nicht. Schließlich erscheint ihnen der Lehrerberuf als ganz passable Lösung für das Dilemma, mit dem sie sich angesichts des ökonomischen Status der Familie konfrontiert sehen. Ihre Tochter würde sich mit dem erarbeiteten Einkommen selbst einen angemessenen Lebensstandard sichern können.

Simone de Beauvoir ist eine fleißige Studentin, kaum dass sie sich die Zeit gönnt, mit ihrer geliebten Freundin Zaza durch Paris zu flanieren oder mit Cousin Jacques, der ihr moderne Literatur ebenso schmackhaft zu machen weiß wie Whisky und Cocktails, durch die Bars am Montparnasse zu ziehen. Heimlich, versteht sich, denn ihre Eltern wären entsetzt, würden sie erfahren, was ihre Tochter

– mit oder ohne Jacques – des Abends treibt. Jacques entscheidet sich – des Geldes wegen – für eine andere Frau und gegen seine Cousine Simone, die sich ernsthaft Hoffnungen gemacht hat, und ihre Freundin Zaza stirbt früh. „Ich bin allein. Man ist immer allein. Ich werde immer allein sein." In dieser Zeit macht Simone de Beauvoir es sich zur Gewohnheit, ihre Gedanken und Erlebnisse detailliert in ihrem Tagebuch festzuhalten, was ihr bei der Niederschrift ihrer Erinnerungen viele Jahre später ausgesprochen hilfreich ist.

Da sie es kaum erwarten kann, endlich ihr Elternhaus zu verlassen, das sie zunehmend als bedrückend und einengend empfindet, überspringt Simone de Beauvoir kurzerhand ein Studienjahr und meldet sich nach nur drei Jahren Studium zur *agrégation* an, der höchst anspruchsvollen Abschlussprüfung, die sie auf Anhieb besteht. Erst acht Frauen haben dies zuvor im Fach Philosophie geschafft und nie zuvor eine jüngere. Übrigens auch kein jüngerer Mann. Als Zweitbeste ihres Jahrgangs muss sich Simone de Beauvoir nur einem geschlagen geben, dem zweieinhalb Jahre älteren ‚Starstudenten' Jean-Paul Sartre, der nach sieben Jahren Studium bereits zum zweiten Mal zur Prüfung antritt. Im Jahr zuvor ist er durchgefallen, weil ihm das Thema schlichtweg nicht lag.

Zum ersten Mal, so beschreibt Simone de Beauvoir es später, fühlt sie sich von einem anderen Menschen „geistig beherrscht". Und zum ersten Mal findet sie einen Menschen, der ihren Hass auf die verlogenen Rituale der Pariser Bourgeoisie bedingungslos teilt. Sie ist sich sicher, in Sartre genau den „Doppelgänger" gefunden zu haben, von dem sie sich schon als Fünfzehnjährige in ihren Jungmädchenträumen eine sehr genaue Vorstellung gemacht hat. Sartre wird ihr *spiritus rector* – und ihr erster Liebhaber. Nie zuvor hat sie einen Mann auch nur geküsst.

Ehe und Mutterschaft sind Simone de Beauvoir schon als junges Mädchen als wenig verlockendes Lebensziel erschienen. Als ihr Sartre – wohl wissend, dass ihn seine polygame Natur in einer herkömmlichen Beziehung vor etliche Probleme stellen würde – einen „philosophischen Pakt" vorschlägt, stimmt sie ohne zu zögern zu. Das junge Paar verspricht sich eine transparente Beziehung ohne Lügen und Heimlichkeiten, bei der beiden Partnern absolute Freiheit zugestanden wird. Ihrer Liebe, die sie die „notwendige Liebe" nennen, würden sie immer Vorrang einräumen, so genannte „kontingente" Beziehungen, also Zufallslieben, seien jedoch ausdrücklich erlaubt. Auf eine Heirat würden sie ebenso verzichten wie auf Kinder. Der Pakt wird zunächst auf zwei Jahre geschlossen, später auf unbestimmte Zeit verlängert. Grundlage des Paktes ist das Gespräch – über die Arbeit, die Politik, die Menschen ihrer Umgebung. Tratsch und Klatsch gehören übrigens zwingend dazu.

Eine körperliche Beziehung ist es nur in den ersten Jahren. „In der Tat interessierte der sexuelle Akt im engeren Sinne Sartre nicht sonderlich, er streichelte gern. Ich hingegen war sehr leidenschaftlich!", gab Simone de Beauvoir Jahre später zu Protokoll.

Probleme in der Beziehung tauchen immer dann auf, wenn sich die Dritten im Bunde bzw. im Pakt, die so genannten Zufallslieben, mit der ihnen zugewiesenen untergeordneten Rolle nicht abfinden wollen. Jean-Paul Sartre zog bekanntlich die Gesellschaft von Frauen der von Männern vor. „Was mich vor allem reizte, war der Akt der Verführung", schreibt er 1940 in sein Tagebuch. Einige der Geliebten reihen sich auf ewig in seine *entourage* ein. Simone de Beauvoir behält den Überblick, regelt das Finanzielle, erstellt Zeitpläne, tröstet die Verlassenen. Zuweilen ergeben sich recht komplizierte Konstellationen, wenn sowohl Sartre als auch Simone de Beauvoir mit einer jungen Dame intim befreundet sind. Die Affäre bzw. das „Trio“ mit der russischen Emigrantin Olga Kosakiewicz, eine ihrer Schülerinnen, verarbeitet Simone de Beauvoir zu ihrem Romandebüt. Eine andere gemeinsame Freundin, Bianca Bienenfeld (verheiratete Lamblin, in den Briefen an Sartre „Louise Védrine“ genannt), wird ihrer Enttäuschung über das Ende der Liebesbeziehung mit dem Schriftstellerpaar viele Jahre später selbst in einem Buch Luft machen. Mit Olgas jüngerer Schwester Wanda bleibt Sartre ein Leben lang liiert. Seine Frauengeschichten sind ihm selbst bisweilen zuwider. Dann beklagt er sich bei seiner Dauerfreundin und Beichtschwester, er empfände sich „zutiefst und ehrlich als ein Schwein. Und obendrein als mittelmäßiges Schwein, eine Art akademischer Sadist und verbeamteter Don Juan, bei dem man das Kotzen kriegt“. Und er schwört ihr, „dass ich bei Ihnen ganz rein bin … Sie sind nicht nur mein Leben, sondern auch die einzige Redlichkeit in meinem Leben. Weil Sie sind, was Sie sind. Ich liebe Sie.“

Dass eine derart ungewöhnliche, auf Freiheit und Transparenz setzende Beziehung im Alltag tatsächlich lebbar ist, will ein Großteil ihrer Kritiker partout nicht wahrhaben. In seiner Sartre-Biografie schreibt Bernard-Henry Lévy: „Wenige Liebesgeschichten im 20. Jahrhundert waren so einzigartig; und wenige nur, eines erklärt das andere, sind von Idioten systematisch so in den Dreck gezogen worden.“

Der Briefwechsel des Paares ist einer interessierten Leserschaft inzwischen zugänglich. In den ersten Kriegsjahren – Sartre wurde 1939 eingezogen und geriet 1940 in deutsche Gefangenschaft, 1941 kehrte er nach Paris zurück – schrieb sich das Paar beinahe täglich, später insbesondere dann, wenn einer von beiden auf Reisen war. Als Simone de Beauvoir nach Sartres Tod einen Großteil seiner Briefe veröffentlicht, ist die Empörung über die Detailfreude, mit der er seiner Gefährtin die Bettgeschichten mit anderen Frauen zu schildern pflegte, groß. Sartre findet die zärtlichsten Worte für seinen ‚Castor' (Castor, zu deutsch Biber, ist der Spitzname Simone de Beauvoirs), sein Stil ist elegant wie immer, aber was er im Einzelnen über seine jungen Freundinnen berichtet, ist in der Tat Erotik pur. Simone de Beauvoirs Briefe an Sartre, von denen sie selbst zu Lebzeiten glaubte oder zumindest behauptete, sie seien verloren gegangen, werden ebenfalls posthum veröffentlicht. Erst durch diese Briefe wird Simone de Beauvoirs Bisexualität, die sie zu Lebzeiten, etwa im Gespräch mit ihrer politischen Weggefährtin Alice Schwarzer, noch geleugnet hat, offenkundig. Als interessant erweist sich ein Vergleich von Brief und Literatur. So findet sich die Verführungsszene des „kleinen Bost" (Jacques-Laurent Bost, der Ehemann von Olga), die sie Sartre in ihrem Brief vom 27. Juli 1938 schildert, zum Teil wortwörtlich in ihrem Roman *Sie kam und blieb* wieder. Das Thema Eifersucht nimmt weder in ihren Briefen, noch in ihren Memoiren größeren Raum ein. Dass es in ihrem Leben durchaus eine Rolle gespielt haben mag, kann man allenfalls ihren Romanen entnehmen. „Die Literatur tritt in Erscheinung, wenn irgend etwas im Leben aus den Fugen gerät", schreibt sie später.

Es heißt, die ungewöhnliche ‚Vieleckbeziehung', die Simone de Beauvoir und Jean-Paul Sartre fünfzig Jahre lang öffentlich leben, habe nicht nur *einer* Generation als Modell einer ‚freien Liebe' gedient, dem nachzueifern sich etliche Paare bemüht hätten. Wem ist ein Vorwurf zu machen, wenn es in der Praxis eher selten funktioniert hat? Das Intellektuellenpaar jedenfalls bewertete seine Beziehung, die „einer Art Osmose" gleichkam, rückblickend als großen Erfolg.

Simone de Beauvoir ist über Jahrzehnte hinweg Sartres wichtigste Gesprächspartnerin und Kritikerin – und umgekehrt. Jeder ist der erste Leser des anderen. Er nennt sie seinen „kleinen Richter", sein „kleines moralisches Bewusstsein". Ohne zu murren schreibt er Hunderte von Seiten neu, wenn die gnadenlose Kritikerin den Philosophen dazu drängt. Apostrophierungen als *La Grande Sartreuse* zum Trotz, die sie auf die Rolle einer Schülerin reduzieren, ist Simone de Beauvoir eine eigenständige Denkerin. Unabhängig von ihrem Lebensgefährten erschließt sie sich eigene Themen. Nachdem Simone de Beauvoirs philosophisches Werk lange Zeit wenig Beachtung fand, bemüht sich in neuerer Zeit eine Forschergruppe nachzuweisen – u. a. auf der Grundlage der erst 2006 und bisher nur auf Englisch publizierten frühen Tagebücher –, dass Simone de Beauvoir als eigentliche Urheberin Sartre'scher Konzepte anzusehen sei. Eine Sichtweise, der sich die Denkerin selbst zu Lebzeiten widersetzte. Als Sartre im April 1980 stirbt und die ganze Welt mit der offiziellen „Witwe" trauert, weint diese nicht allein um den Verlust des Liebsten. Fünfzehn Jahre zuvor hat Sartre eine junge Frau adoptiert, Arlette Elkaïm, eine gebürtige Algerierin, ohne Simone de Beauvoir zuvor um ihre Meinung befragt zu haben. Da Sartre kein Testament hinterlässt, verfügt Arlette Elkaïm-Sartre als rechtmäßige Erbin allein über seinen Besitz, auch über die Rechte an seinen Büchern und Manuskripten, die zum Teil mit nicht unerheblicher Hilfe der offiziellen Gefährtin entstanden sind.

Nach Sartres Tod wird Simone de Beauvoirs Bitte um Rückgabe wertvoller Erinnerungsstücke nicht erhört. Seine Wohnung darf sie nicht mehr betreten. In dieser Zeit erleidet Simone de Beauvoir einen lebensbedrohlichen Zusammenbruch. Die schwere Depression überwindet sie nur mit Mühe. Geholfen hat ihr sicherlich, dass sie nicht allein war. Unmittelbar nach Sartres Tod adoptiert Simone de Beauvoir, die nie eigene Kinder gewollt hat, die Philosophielehrerin Sylvie le Bon, die sie bereits seit 1960 kennt. Nach und nach ist die gut dreißig Jahre jüngere Freundin zu ihrer wichtigsten Bezugsperson geworden. Die Frage, wer Sartre in den letzten Lebensjahren näher stand – seine Adoptivtochter oder Simone de Beauvoir –, wird von den Beteiligten und von Außenstehenden unterschiedlich gesehen. Es ist davon auszugehen, dass die Nähe zu den Adoptivkindern auch das Innenverhältnis des Schriftstellerpaares beeinflusst hat.

Als Simone de Beauvoir wieder zu arbeiten beginnt, schreibt sie sich *Die Zeremonie des Abschieds* von der Seele, ein Buch, in dem sie akribisch genau Jean-Paul Sartres lange Krankheitsgeschichte bis zu seinem Tod protokolliert. Die Reaktionen sind heftig, aber daran ist sie längst gewöhnt. Die schonungslose Offenheit, mit der sie Sartres körperlichen Verfall – gänzlich unsentimental, aber doch zärtlich – beschreibt, nehmen ihr viele übel. So mögen sie sich ihre Kultfigur nicht vorstellen: ein Sartre, der beim Essen sabbert und sich in die Hosen macht … *Degoutant*, sagen die einen, ein Racheakt, vermuten andere. Immer schon haben ihre Veröffentlichungen ihr zugleich höchstes Lob und vernichtende Kommentare eingebracht. Was ein Teil ihrer Leser als Provokation versteht, ist für Simone de Beauvoir nichts anderes als der Versuch, mit größtmöglicher Aufrichtigkeit und der ihr eigenen Rationalität die menschliche Existenz in allen Facetten zu erfassen. Es hilft ihr, über Sartres Tod hinwegzukommen. Schreibend setzt sie sich mit dem Erlebten auseinander. Nichts anderes hat sie ihr Leben lang getan: *l'expérience vécue*, die unmittelbar gelebte Erfahrung, umgesetzt in Literatur.

Als Simone de Beauvoir 1943 ihr erstes Buch veröffentlicht, ist sie fünfunddreißig Jahre alt, worüber man in Anbetracht ihrer früh verkündeten Berufung durchaus erstaunt sein darf. Kurz zuvor hat sie ihre Tätigkeit als Philosophielehrerin, die sie mehr als ein Jahrzehnt in Marseille, Rouen und Paris ausgeübt hat, aufgegeben, wenn auch nicht gerade freiwillig. Wegen angeblicher Verführung Minderjähriger suspendiert die Vichy-Regierung sie vom Dienst. Als die Rehabilitierung erfolgt, gilt sie längst als literarische Sensation. In den Schuldienst kehrt sie nie mehr zurück.

Jahrelang hat sie an ihrem Erstlingswerk gefeilt, nachdem der renommierte Verlag Gallimard seiner späteren Erfolgsautorin zunächst eine bittere Abfuhr erteilt hat: Ihre Erzählungen, die erst 1979 unter dem Titel *Marcelle, Chantal, Lisa …* erschienen, hatte man 1937 mit der Begründung abgelehnt, sie seien „unpassend für eine Frau". Der zweite Anlauf glückt, mit einem Werk, das man getrost als Kriminalroman lesen kann: In Simone de Beauvoirs erstem veröffentlichten Buch *Sie kam und blieb* stirbt die Dritte im Bunde des Trios – ermordet von der eifersüchtigen Heldin. Als Quellen der Inspiration nennt Simone de Beauvoir Dostojewski, Hemingway, Dashiell Hammet und Agatha Christie.

Nach dem Ende der Besatzungszeit erscheint Simone de Beauvoirs zweiter Roman *Das Blut der anderen* (1945), der zum Leidwesen der Autorin als „Roman der Résistance" gehandelt wird, während es ihr selbst eher um die Darstellung existentieller Probleme, um das „Paradox der Freiheit" geht. Ihr literarisches Schaffen in der Zeit von 1941 bis 1946 wird Simone de Beauvoir später ihre „moralische Periode" nennen. Als der dritte Roman *Alle Menschen sind sterblich* (1946) – die Geschichte des durch einen Zaubertrank unsterblich gewordenen Raymond Fosca, einem italienischen Adligen aus dem 13. Jahrhundert – bei der Kritik durchfällt, gibt sie die Romanform vorübergehend auf, um mit einem fulminanten Erfolg im nächsten Jahrzehnt auf das Genre zurückzukommen. 1954 erhält Simone de Beauvoir für *Die Mandarins von Paris*, das als Schlüsselroman gehandelte Porträt der Pariser Intellektuellenkreise im *après-guerre*, den renommierten Literaturpreis *Prix Goncourt*. Diesen Erfolg kann sie mit ihren späteren Romanen nicht mehr wiederholen. 1966 erscheint *Die Welt der schönen Bilder*, eine Kritik an der konsumorientierten ‚modernen' Welt, ein Jahr später der „Roman in Erzählungen" *Eine gebrochene Frau*. Von der Kritik wird Simone de Beauvoirs erzählerisches Werk mehr oder weniger gut aufgenommen. Immer aber trifft sie den Nerv ihrer überwiegend weiblichen Leserschaft.

Als Simone de Beauvoir für das Jahr 1947 eine Einladung nach Amerika erhält, gilt diese Einladung der – zumindest in ihrem Heimatland bereits prominenten – Vertreterin des Existentialismus. Drei ihrer Romane sind bereits erschienen. Ein Theaterstück ist – mit mäßigem Erfolg – aufgeführt worden. Für die Zeitschrift *Les Temps Modernes* verfasst sie regelmäßig Beiträge, u. a. über philosophische Themen.

Die amerikanische Kultur ist für sie, wie für viele Pariser ihrer Epoche, ein Mythos. Sie liebt amerikanische Filme, begeistert sich für Jazz – sie besitzt eine umfangreiche Plattensammlung und besucht etliche Konzerte – und hat die Romane von Hemingway, Faulkner und Dos Passos nicht nur gelesen, sondern geradezu studiert. Sartre und Bost, die bereits in Amerika waren, haben ihr überschwängliche Berichte zukommen lassen. Jetzt will sie es mit eigenen Augen sehen. Mit gewohnter Akribie folgt sie dabei einem strengen Zeitplan, um nur ja nichts zu verpassen. Manch ein Gastgeber winkt ihr erleichtert hinterher, wenn der anstrengende und wissenshungrige Gast aus Frankreich endlich zur nächsten Etappe aufbricht. Alles will sie kennen lernen, alles wissen, alles beurteilen. Gern nimmt sie zu diesem Zweck die Hilfe einheimischer Künstler und Intellektueller in Anspruch, auch wenn ihr deren Chauvinismus bisweilen auf die Nerven geht. Eine amerikanische Bekannte drückt ihr eines Tages unvermittelt die Nummer eines Schriftstellers in Chicago in die Hand. Sicher würde er ihr gern seine Heimatstadt zeigen. Sein Name ist Nelson Algren.

„In *Amerika – Tag und Nacht* habe ich meine erste Begegnung mit ihm wahrheitsgetreu beschrieben: unseren Abend im ärmsten Teil der Stadt, den Nachmittag des nächsten Tages in den Kneipen des polnischen Viertels. Ich habe aber nicht erwähnt, wie sehr wir uns sofort zueinander hingezogen fühlten", heißt es in ihren Erinnerungen. Nelson Algren lebt in einem bescheidenen Appartement in der Wabansia Avenue in Chicago. Er gilt als Einzelgänger. Zeitgenossen beschreiben ihn als „etwas labil und leicht neurotisch", aber durchaus liebenswert und charmant. Er ist 1,85 Meter groß, ausgesprochen gut aussehend, kräftig und schlank: vom Aussehen her das genaue Gegenteil des kleinen, schielenden Sartre. Simone de Beauvoir ist hingerissen. Es ist von Beginn an eine sehr leidenschaftliche Beziehung, was die fast Vierzigjährige umso mehr erstaunt, da sie gerade davon überzeugt ist, in ihrem Liebesleben würde nichts Aufregendes mehr passieren. Im gleichen Jahr besucht Simone de Beauvoir Nelson Algren noch einmal für zwei Wochen in Amerika, wo sie Seite an Seite arbeiten und unbeschwerte Wochen des Glücks verbringen. Er entdeckt in ihr das, was auch Sartre Jahre zuvor in ihr erkannt hat: die perfekte Mischung aus Intellekt und Schönheit. Er bittet sie, für immer bei ihm zu bleiben.

Für Algren ist es schwer zu verstehen, dass Simone de Beauvoir trotz ihrer Liebesschwüre und dem Versprechen ewiger Treue nicht bereit ist, ihr Leben in Paris und damit

Sartre für ihn aufzugeben. Umgekehrt kann auch Nelson Algren sich nicht vorstellen, der Geliebten nach Frankreich zu folgen. Nach einigen Jahren geben sie den Versuch, eine „transatlantische Beziehung" zu leben, die Simone de Beauvoir im Rückblick als die „einzig wirklich leidenschaftliche Liebe" ihres Lebens bezeichnet, auf, nicht jedoch den intensiven Briefdialog. Dann sprechen sie irgendwann kein Wort mehr miteinander. Nimmt Algren die Verwendung seiner Person als literarisches Material in *Die Mandarins von Paris* noch zähneknirschend hin, so ist er nach der Lektüre der ihm gewidmeten Passagen in ihren Memoiren nicht mehr gut auf seinen „kleinen Frosch" zu sprechen. „Autobiographie? Scheiße!", soll er noch kurz vor seinem Tod 1981 gebrüllt haben. „Autofiktiv ist das, was sie geschrieben hat!" Der Briefkontakt reißt ab.

Rund dreihundert Briefe schreibt Simone de Beauvoir im Laufe der Jahre ihrem „Krokodil", wie sie den Geliebten wegen seines breiten Grinsens getauft hat, auf Englisch, das sie mit einem schrecklichen Akzent spricht, aber mit der Zeit umso besser schreibt. Anders als in ihren Memoiren lässt Simone de Beauvoir in den Briefen ihren Gefühlen freien Lauf. Zugleich erscheinen diese Briefe heute als einzigartiger biografischer Fundus. Simone de Beauvoir erstattet ihrem fernen Liebhaber genauestens Bericht über ihren Alltag in Paris, erzählt ihm haarklein, wen sie trifft, was sie liest, welche Filme sie sieht, wohin sie zum Essen geht. Um sich dem Geliebten vollends vertraut zu machen, erzählt sie ihm von ihrem bisherigen Leben, von der unglücklichen Jugend bis zu ihrer Begegnung mit Sartre, von den Liebschaften mit Männern und den Beziehungen zu Frauen. Darüber hinaus findet ein lebhafter intellektueller Austausch statt. Und selbstverständlich halten sie sich über ihre jeweiligen Projekte auf dem Laufenden. Ihr letzter

Brief ist auf November 1964 datiert. Auch nach der endgültigen Trennung legt sie den mexikanischen Silberring, den Nelson Algren ihr zu Beginn ihrer Beziehung zum Geschenk machte, nie ab. Mit dem Ring am Finger wird sie begraben. „Mein Mann", nennt sie ihn seit dem Tag, als ihm ein New Yorker Taxifahrer diesen Titel unwissentlich verpasste, eine Bezeichnung, die nie auf einen anderen Mann in ihrem Leben Anwendung findet, nicht einmal auf Sartre.

Ihre beiden Amerikareisen im Frühjahr und im Herbst 1947 verarbeitet Simone de Beauvoir zu einem nachträglich geschriebenen Reisetagebuch, in dem sie ihre Eindrücke und Beobachtungen wiedergibt. Nicht alles hat ihr in Amerika gefallen. Enttäuscht muss sie sich von einem Teil ihrer Illusionen, die sie sich über das Land der unbegrenzten Möglichkeiten gemacht hat, verabschieden. In ihrem Buch *Amerika – Tag und Nacht* spart sie nicht mit Kritik an der konventionellen amerikanischen Gesellschaft, an dem spürbaren Hass auf den Kommunismus, an der Unterwürfigkeit der amerikanischen Frauen und der Diskriminierung der schwarzen Bevölkerung. Diese unverwechselbare Beauvoir'sche Mischung aus kritischem Bericht, nachdenklichem Monolog und analytischer Untersuchung kann nicht nur als wichtiges Zeitdokument gelesen werden, sondern zugleich als ein Zeugnis ihrer eigenen Befindlichkeit.

Als Nelson Algren Simone de Beauvoir 1949 in Paris besucht, ist die Beziehungswelt noch halbwegs in Ordnung. Erstmals lernt er die intellektuelle Zwillingshälfte seiner Freundin kennen, ihre „notwendige Liebe" Jean-Paul Sartre, die sie zu keiner Zeit aufzugeben bereit ist. Die *petite famille*, wie sie den engen Freundeskreis nennt, der ihr die ungeliebte blutsverwandte Familie ersetzt, nimmt den transatlantischen Geliebten der Freundin gespannt in Augenschein. Er lernt Olga Kosakiewicz kennen, ihre Schwester Wanda, den „kleinen Bost" und Michelle Vian, die an der Übersetzung einer seiner Kurzgeschichten arbeitet. Algren kommt zu einer Zeit nach Paris, als der Begriff Existentialismus bereits für eine „in Saint-Germain-des-Prés zu beobachtende Lebensart" in Gebrauch ist, die die Boulevardpresse ebenso wie die bürgerliche Öffentlichkeit mit der philosophischen Richtung kurzerhand gleichsetzt. Das ist schlicht und einfach auf einen gelungenen PR-Coup zurückzuführen, den die Besitzer des legendären Kellerlokals *tabou* sich haben einfallen lassen, um ihren unbekannten Jazzclub zu lancieren. Die Besitzer des *tabou* seien es gewesen, so Beauvoir, die ihre Gäste, in der Hoffnung, von der intellektuellen Bewegung *en vogue* profitieren zu können, ‚existentialistisch' tauften. Die Presse beißt erstaunlich schnell an. Unversehens finden sich Sartre und Simone de Beauvoir, die als „Hohepriester" der Bewegung gelten, auf den Titelblättern diverser Klatschzeitschriften wieder. Die Fotografen haben leichtes Spiel. Das Paar trifft sich gern mit seinen Freunden, darunter etliche, zum Teil zukünftige Größen aus Künstler- und Literatenkreisen wie Camus, Prévert, Giacometti, Picasso, Queneau oder Genet. Sie gehen aus, besuchen Cafés, Bars, Restaurants. Selbst gekocht hat Simone de Beauvoir nämlich äußerst selten – und immer ungern. Das Leben in aller Öffentlichkeit hat ihnen bis dahin vor allem großen Spaß gemacht. Jetzt lernen sie auch die Schattenseiten des Ruhms kennen. Simone de Beauvoir wehrt sich – oft allerdings vergebens. Hartnäckig hält sich das Gerücht, sie treibe sich – auffällig viel Whisky trinkend – mit Vorliebe in den verräucherten Kellerlokalen von Saint-Germain-des-Prés herum, was sie vehement leugnet. Nicht die Sache mit dem Whisky, zu dieser Liebe steht sie ein Leben lang, aber in dem berüchtigten *tabou*, so stellt sie später richtig, sei sie tatsächlich nur zweimal gewesen. In diesem Nachtlokal verkehren zu jener Zeit, so will es die Legende, ernsthaft dreinblickende Jugendliche, die, in *blue jeans* und schwarze Rollkragenpullover gekleidet, verzückt den Chansons einer als Muse verehrten Juliette Gréco oder der Jazztrompete des Avantgarde-Schriftstellers Boris Vian lauschen. Zum Erstaunen der Philosophen erklärt sich eben diese Jugend für existentialistisch, vermutlich weil sie die freiheitsliebenden Ausführungen der antibürgerlichen Intellektuellen als Aufruf zu ausschweifenden Gelagen und sexueller Freizügigkeit (miss)verstehen.

Nelson Algren ist immer noch in Paris, als, so der O-Ton Beauvoir, „die Kacke anfing zu dampfen: als *Das andere Geschlecht* herauskam". Seit 1946 hat Simone de Beauvoir – mit Unterbrechung – an ihrem Essay gearbeitet. Die Erstauflage ist innerhalb von einer Woche vergriffen. In der Einleitung des Buches, das mit der Banderole „Die Frau, das unbekannte Wesen" ausgeliefert wird, stellt die einundvierzigjährige Autorin die Ausgangsfrage „Was ist eine Frau?", um nur wenig später eine erste Antwort zu liefern: „Sie ist das Unwesentliche gegenüber dem Wesentlichen. Er [der Mann] ist das Subjekt, er ist das Absolute: Sie ist das Andere."

Die französische Originalausgabe *Le deuxième sexe* (wörtliche Übersetzung: das zweite Geschlecht) besteht aus zwei Büchern. Im ersten Teil des Buches mit dem Titel „Fakten und Mythen" werden die biologischen Grundlagen des Geschlechtsunterschieds sowie die Rolle der Frau im historischen Wandel untersucht. Der zweite Teil beschreibt die „Gelebte Erfahrung" der Frauen, die weibliche Kindheit und Pubertät, Formen der Sexualität und der Liebe, das Dasein der Hausfrauen und Mütter sowie das Alter. Mitte des vergangenen Jahrhunderts löst ein derart tabuloses

Buch einen Skandal ungeahnten Ausmaßes aus – vornehmlich bei männlichen Lesern, die Simone de Beauvoirs scharfsichtige Analyse patriarchalischer Strukturen und ihren Aufruf an die Frauen, gegen das Joch der Hausarbeit aufzubegehren und sich vor allem durch wirtschaftliche Unabhängigkeit zu emanzipieren, mit Vehemenz ablehnen. Nach der Lektüre des Buches giftet Schriftstellerkollege Albert Camus: „Sie haben den französischen Mann lächerlich gemacht!" François Mauriac, katholischer Autor und Kritiker, nennt das Buch schlichtweg ein „Brechmittel". Nachdem einzelne Kapitel über die „Sexuelle Initiation der Frau" und die „Lesbierin" vorab in den *Temps Modernes* erschienen sind, ist für ihn bereits die „Grenze der Verkommenheit" erreicht. Was ihn keineswegs daran hindert, selbst diese Grenze zu überschreiten, als er einem Mitarbeiter der Zeitschrift gegenüber in einem Brief erklärt: „Ich weiß jetzt alles über die Vagina Ihrer Chefin". Simone de Beauvoir setzt dagegen: „Was für Freuden der Obszönität unter dem Vorwand, die meine zu geißeln." Das „andere Geschlecht" dagegen, das weibliche, zeigt sich begeistert ob der wichtigen Erkenntnis, dass seine „Situation" mitnichten biologisch, sondern kulturbedingt sei: „Man wird nicht als Frau geboren, man wird es", schreibt Simone de Beauvoir, oder, wie es in anderen Übersetzungen, die das französische Original entsprechend interpretieren, heißt: „man wird dazu gemacht". Dieser wichtigen – wenn nicht wesentlichen – Aussage des Buches zollen die meisten Rezensenten seinerzeit allerdings weniger Aufmerksamkeit als den Darstellungen weiblicher Sexualität und den kämpferischen Parolen. Die Lösung der Frauenfrage, so formuliert es Simone de Beauvoir 1949, als sie sich selbst noch eine Antifeministin nennt, würde sich durch die gesellschaftlichen Veränderungen irgendwann von allein ergeben. Als sie ihren Irrglauben an die Befreiung der Frauen durch den Sozialismus erkennt, schließt sie sich der zweiten Frauenbewegung des 20. Jahrhunderts an, der sie mit der scharfsichtigsten Analyse zur Lage der Frauen, die es bis heute gibt, den Weg bereitet hat.

Bis zum Ausbruch des Zweiten Weltkriegs zeigt Simone de Beauvoir wenig Interesse am politischen Tagesgeschehen. Während der Besatzungszeit gehört sie keiner Widerstandsbewegung an. Als Sartre die Idee des „engagierten Schriftstellers" entwickelt, folgt sie ihm ohne zu zögern. Ihr politisches Engagement nimmt besonders in den fünfziger und sechziger Jahren noch zu. So unterstützt sie – an der Seite der Rechtsanwältin Gisèle Halimi – den Freiheitskampf der Algerierin Djamila Boupacha, die der Spionage angeklagt und gefoltert worden war, und nimmt an den Sitzungen des Internationalen Russell-Tribunals teil, das über die Straftaten der USA im Vietnamkrieg den Schuldspruch fällt. Ende der sechziger Jahre sieht man Simone de Beauvoir an alter Wirkungsstätte. In der von Studenten besetzten Sorbonne beteiligt sie sich an Diskussionen sowie an Aktionen der Maoisten.

Ihrer zunehmenden Berühmtheit verdankt das emblematische Schriftstellerpaar zahlreiche Einladungen ins Ausland, vornehmlich in sozialistische Länder und in Länder der Dritten Welt, die es oft und gerne annimmt. Teilweise werden sie dort wie Staatsoberhäupter empfangen. Sie bereisen ganz Europa, Nord-, Mittel- und Südamerika, den Nahen und Fernen Osten, die UdSSR. Diese Reisen beschreibt Simone de Beauvoir zum Teil in ihren Erinnerungen, zum Teil in ihren Reisereportagen. Neben dem Buch über Amerika veröffentlicht Simone de Beauvoir 1957 das Buch *China – das weitgesteckte Ziel*.

Zwei Monate verbringen Jean-Paul Sartre und Simone de Beauvoir 1955 in der Volksrepublik. Mit einer Gruppe von Journalisten aus verschiedenen Ländern sollen sie – so die Hoffnung der Regierung – über die großartigen Errungenschaften der kommunistischen Machthaber berichten, die 1949 siegreich aus dem Bürgerkrieg hervorgegangen sind. Im September landen Jean-Paul Sartre und Simone de Beauvoir in Peking, wo sie zum Ende der Reise, am 1. Oktober, dem Jahrestag der Volksrepublik, an der jährlich stattfindenden Parade teilnehmen werden. Im Land angekommen beginnt Simone de Beauvoir ihre gewohnten „Gewaltmärsche" durch die Städte Peking und Shanghai. Auf der gesamten Reise weicht ihr ein von der Regierung gestellter Führer nicht von der Seite. Im Gespräch mit der chinesischen Bevölkerung versucht sie sich einen eigenen Eindruck von diesem Land zu verschaffen, was ihr nur zum Teil gelingt. „Ich kam mir so verloren vor in diesem Phantom von einer Hauptstadt und konnte diesem China, das der amtliche Optimismus mit einer allzu glänzenden Lackschicht überzog, keinen rechten Geschmack abgewinnen". Zurück in Paris recherchiert sie fehlende Informationen wie gewohnt in der Französischen Nationalbibliothek.

In der Zeit, in der ihr politisches Eintreten weltweit Gehör findet, begibt sich Simone de Beauvoir auf Spurensuche in eigener Sache. Sie nimmt das gewaltige Projekt der literarischen Rekonstruktion ihres bisherigen Lebens in Angriff. „Ich habe mich auf ein unbesonnenes Abenteuer eingelassen, als ich anfing von mir zu sprechen", schreibt sie im zweiten Band ihrer Erinnerungen. „Man kommt ins Erzählen und findet kein Ende." Zwischen 1958 und 1972 entstehen vier Memoirenbände. Auf die *Memoiren einer Tochter aus gutem Hause* (1958), folgen *In den besten Jahren* (1960), *Der Lauf der Dinge* (1963) und *Alles in allem* (1972). Zu den autobiografischen Texten ist auch das Buch *Die Zeremonie des Abschieds* über den Tod Sartres sowie der Bericht über den Krebstod ihrer Mutter zu zählen. Das Sterben der Frau, der sie sich trotz aller Differenzen verbunden fühlt, begleitet sie mit zwiespältigen Gefühlen. *Ein sanfter Tod* (1964) nennt sie das Werk, auf die Euphemismen im Krankenhaus anspielend. Sartre hält das Buch für ihr bestes. Nach dem Tod ihrer Mutter widmet sich Simone de Beauvoir verstärkt dem Themenkomplex Alter und Tod. „Mit vierzig Jahren überlegte ich mir eines Tages: ‚In den Tiefen des Spiegels lauert das Alter. Und das Verhängnisvolle daran ist, daß es mich überrumpeln wird. Es hat mich überrumpelt'", schreibt sie in ihrem dritten Memoirenband *Der Lauf der Dinge*. Da ist sie Anfang fünfzig, hadert mit ihrem Alter und erweckt am Ende des Buches den Eindruck düsterer Resignation und Bitterkeit. Ihre Absage an das Leben, insbesondere an das Leben als Frau, gipfelt in dem berühmten letzten Satz des Epilogs, den sie im Rückblick auf sich selbst als einst hoffnungsvolles junges Mädchen formuliert: „Ich entdecke voller Bestürzung, wie sehr ich geprellt worden bin." Tatsächlich ist die eigene depressive Stimmung, wie sie später zu erklären versucht, nicht zuletzt der Stimmung im Land geschuldet, der politischen Situation Frankreichs, das zu dieser Zeit im Algerien-Krieg eine unrühmliche Rolle einnimmt. Auch die tragischen Todesfälle in ihrem Freundeskreis bedrücken sie. Boris Vian erliegt, nicht einmal vierzig Jahre alt, einem Herzleiden. Camus kommt mit sechsundvierzig Jahren bei einem Autounfall ums Leben. Simone de Beauvoir wird für den letzten Satz des Buches insbesondere von Geschlechtsgenossinnen, die ihrer Symbolfigur einen derartigen Pessimismus nicht verzeihen mögen, heftig kritisiert. Als sie neun Jahre später ihren vierten Band mit Erinnerungen *Alles in allem* vorlegt, hat sie ihre Gelassenheit und Zufriedenheit längst wiedergewonnen. In der Zwischenzeit hat sich die enge Freundschaft zu ihrer späteren Adoptivtochter ergeben, das Thema Alter wurde in einem großen Essay abgehandelt und sie hat die feministische Bewegung für sich entdeckt. „Kurz und gut", schreibt sie, „ich habe mich im Alter eingerichtet." In Aufbau und Struktur an *Das andere Geschlecht* angelehnt, ist der Essay *Das Alter* ein visionäres Buch, das den Jugendwahn ebenso anprangert wie die Unterdrückung der Alten und die Tabuisierung des Themas innerhalb der Gesellschaft.

Obwohl Simone de Beauvoir in den letzten Jahren das Laufen zunehmend schwer fällt, fährt sie 1983 mit ihrer Tochter Sylvie le Bon de Beauvoir noch einmal nach Amerika. Eine Versöhnung mit Nelson Algren ist nicht mehr möglich, er ist bereits 1981 gestorben. Im Jahre 1960 hat er sie ein letztes Mal in Paris besucht und erneut einsehen müssen, dass Sartre und seine Projekte für sie unumstößlich Vorrang haben. Nelson Algren stirbt einsam, seine Wut auf die Frau, die es gewagt hat, über ihre Liebesgeschichte zu schreiben, ist bis zuletzt ungebrochen. Von der Blechschachtel, in der Nelson Algren die Liebesbriefe Simone de Beauvoirs aufbewahrt, mag er sich dennoch nicht trennen.

Fast auf den Tag sechs Jahre nach Jean-Paul Sartre stirbt Simone de Beauvoir am 14. April 1986 im Alter von achtundsiebzig Jahren genau wie ihr Lebensgefährte an den Folgen einer Leberzirrhose. Nicht Zehntausende, wie bei Sartre, aber doch Tausende von Trauergästen erscheinen bei der Beerdigung. Claude Lanzmann liest aus ihren Memoiren. Unter den zahlreich erschienenen Frauen, darunter etliche Mitstreiterinnen aus der feministischen Bewegung, macht sich Unmut breit: „Ausgerechnet ein Mann ..."

Gerüchte und Anfeindungen, gegen die sie ein Leben lang anschreibt, begleiten Simone de Beauvoir von dem Augenblick an, da sie die literarische Bühne betritt, und über ihren Tod hinaus. Den einen ist sie zu bieder, anderen zu *libertin*, wieder anderen erscheint sie zu unterwürfig oder man glaubt, in ihrem Pakt mit Sartre doch nur eine „Reproduktion bürgerlicher Schemata" zu erkennen. Unumstritten ist die provokative Autorin nie, erst recht nicht unter den Feministinnen. Unmittelbar nach ihrem Tod verkündet die französische Schriftstellerin und Philosophin Élisabeth Badinter lautstark: „Frauen, ihr verdankt ihr alles!" Die Feministin Hélène Cixous, die Simone de Beauvoir in ihren Schriften mit keinem Wort erwähnt, hält dagegen: „Beauvoir ist keine Feindin, sie ist niemand ... nichts."

Kaum einen Zweifel wird es daran geben, dass Simone de Beauvoir die in den 1990er Jahren auch außerhalb des Hochschulbereichs aufkommende feministische Diskussion um die „soziale Konstruktion von Geschlecht" mit initiiert hat.

In diesen Zeiten, da das Schreckgespenst einer ‚Generation kinderlos' öffentliche Gebär-Aufrufe nach sich zieht und das Hohe Lied der Hausfrau und Mutter zur Renaissance der „Weiblichkeit" angestimmt wird, sind Denkanstöße gefragt, die das reaktionäre Strohfeuer im Keim zu ersticken helfen, bevor es sich zu einem Flächenbrand ausweitet. So ist der Aufruf in der Wochenzeitung *Die Zeit* von August 2006 „Wir brauchen einen neuen Feminismus" ebenso zu begrüßen wie neuere Publikationen von Autorinnen wie Thea Dorn, Iris Radisch oder Silvana Koch-Mehrin, die diesen Aufruf mit der Präsentation einer neuen „F-Klasse", einer „Schule der Frauen" sowie einer „Streitschrift für einen neuen Feminismus" ergänzen. „Die Dornröschen, die glaubten, in einem Land zu leben, das die Geschlechterkämpfe lange hinter sich gelassen hatte, erwachen", schreibt Thea Dorn, Jahrgang 1970. Eine Lektüre des *Anderen Geschlechts* dürfte sich beim Aufwecken als ausgesprochen hilfreich erweisen.

Mit ihrem Leben und Werk hat Simone de Beauvoir vielen Frauen entscheidende Denkanstöße gegeben und die Richtung gewiesen. Ungeachtet der Tatsache, dass ihre Bücher für engagierte Feministinnen ebenso zur Pflichtlektüre gehören dürften wie für den akademischen Nachwuchs verschiedener Fakultäten, kann man Simone de Beauvoir nach wie vor allen denkenden Menschen als Lehrstück in Sachen Unabhängigkeit und Kampfgeist nur empfehlen.

Auch als Lehrstück in Sachen Glück, wie sich Colette Audrey, eine Freundin und Kollegin aus der Zeit in Rouen, erinnert: „Ich glaube, ich habe niemanden gekannt, der glücksbegabter war als Simone. Der das Glück, in den großen wie in den kleinen Dingen des Lebens, stärker und tiefer empfunden hat. Das Glück, gut zu essen. Das Glück, gut und lange zu schlafen – sie brauchte ihre neun Stunden täglichen Schlaf. Das Glück, körperlich bis ans Ende ihrer Möglichkeiten zu gehen, im Bergsteigen oder in langen Fußwanderungen, 25, 30 Kilometer am Tag. Das Glück ihrer Arbeit. Und dann – ihre Liebe zu Sartre, die ihr ganzes Leben erfüllt hat."

Ob ihr Leben tatsächlich die Geschichte geworden ist, die sich Simone de Beauvoir als junge Frau erhofft hat, wissen wir nicht. Auf alle Fälle ist es alles in allem eine sehr „schöne Geschichte" geworden, mit allen Zutaten, die eine wirklich gute Story ausmachen. Und wer könnte diese Geschichte besser erzählen als sie selbst?

Begrenzung tut Not, will man sich dem Leben Simone de Beauvoirs über ihr Werk nähern. Wo soll man anfangen, worauf verzichten? Die Wahl für dieses Lesebuch fiel auf je zwei Memoirenbände (Kindheit und Jugend bzw. Lebensrückblick), Essays (Thema Frau bzw. Alter), Briefe (an Sartre und an Nelson Algren) und Reisereportagen (Amerika und China), die in chronologischer Reihenfolge wichtige

Kapitel ihres Lebens sowie wesentliche Themen ihres Schreibens beleuchten. Dass das Weglassen anderer, insbesondere der fiktionalen Werke nicht aus Geringschätzung geschieht, sei an dieser Stelle ausdrücklich betont. „Zur Freiheit verdammt ...“

Auf das Personenverzeichnis im Anhang, das u. a. die Identifizierung der zum Teil mit Decknamen belegten Personen erlaubt, sei an dieser Stelle ausdrücklich verwiesen.

Susanne Nadolny,
im August 2007

Ich bin nicht wie die anderen

[Memoiren einer Tochter aus gutem Hause]

Ich bin am 9. Januar 1908 um vier Uhr morgens geboren, und zwar in einem Zimmer mit weißlackierten Möbeln, das zum Boulevard Raspail lag. Auf Familienfotografien, die aus dem folgenden Sommer stammen, sieht man junge Damen in langen Kleidern und straußfedergeschmückten Hüten sowie Herren mit ‹Kreissägen› und Panamas auf dem Kopf, die einem Baby zulächeln; das sind meine Eltern, mein Großvater, meine Onkel und Tanten – und ich. Mein Vater war damals dreißig Jahre alt, meine Mutter einundzwanzig, und ich war ihr erstes Kind. Ich wende eine Seite im Album um: Mama hält ein Baby auf dem Arm, doch das bin diesmal nicht mehr ich; ich trage bereits einen Plisseerock und eine Baskenmütze und bin zweieinhalb Jahre alt; inzwischen ist meine Schwester auf die Welt gekommen. Ich war, so scheint es, eifersüchtig, aber nur kurze Zeit. So lange ich mich zurückerinnern kann, war ich stolz darauf, die Ältere und damit die Erste zu sein. Als Rotkäppchen verkleidet, trage ich einen Korb am Arm mit einem Kuchen und einem Topf Butter darin; ich fühlte mich interessanter als das Baby, das ohne Hilfe noch nicht aus seiner Wiege heraus konnte. Ich hatte eine kleine Schwester, aber der Säugling ‹hatte› mich nicht. (...)

Beschützt, verhätschelt, angenehm unterhalten durch die andauernde Neuheit aller Dinge, war ich ein ungemein vergnügtes kleines Ding. Dennoch stimmte etwas nicht, da ich fürchterliche Wutanfälle bekam, bei denen ich mich, rotviolett im Gesicht und wie von Krämpfen befallen, auf den Boden warf. Ich bin drei Jahre alt, wir essen auf der besonnten Terrasse eines großen Hotels – es war in Divonne-les-Bains – zu Mittag; ich bekomme eine rote Eierpflaume und fange an, die Haut davon abzuziehen. «Nein», sagt Mama; ich werfe mich brüllend auf den Zementboden nieder. Ich heule den ganzen Boulevard Raspail entlang, weil Louise mich vom Square Boucicaut weggeholt hat, wo ich Sandkuchen backte. In solchen Augenblicken bin ich weder für Mamas unheilverkündende Miene noch für die strenge Stimme Louises oder das außergewöhnliche Dazwischentreten von Papa empfänglich. Ich brüllte damals so laut und so lange, daß ich im Jardin du Luxembourg des öfteren als mißhandeltes Kind angesehen wurde.

«Die arme Kleine» sagte eine Dame und reichte mir ein Bonbon. Ich dankte es ihr, indem ich mit Füßen nach ihr stieß. Dieser Zwischenfall machte von sich reden; eine fettleibige, schnurrbartgeschmückte Tante, die ‹schrieb›, berichtete darüber in der *Poupée modèle*. Ich teilte das Gefühl der Hochachtung meiner Eltern vor bedrucktem Papier: dank der Erzählung, die Louise mir vorlas, fühlte ich mich als Persönlichkeit; allmählich gewann indessen etwas wie Unbehagen in mir die Oberhand. ‹Die arme Louise weinte oft bitterlich, wenn sie an ihre Lämmer dachte›, schrieb meine Tante. Louise weinte nie; sie hatte keine Lämmer, und außerdem liebte sie mich – und wie kann man überhaupt ein kleines Mädchen mit Lämmern vergleichen? Ich bekam an jenem Tage eine Ahnung davon, daß die Literatur mit der Wahrheit nur vage Beziehungen unterhält.

Oft habe ich mich nach dem Sinn und Grund meiner Wutanfälle gefragt. Ich glaube, daß sie sich zum Teil durch eine stürmische Vitalität und eine Neigung zu einem Extremismus erklärten, auf welchen ich niemals verzichtet habe. Da meine Neigungen bis zum Erbrechen und meine Begierden bis zur Besessenheit gingen, trennte ein Abgrund die Dinge, die ich liebte, von denen, die mir zuwider waren. Ich war außerstande, den Sturz aus der Fülle ins Leere, aus der Seligkeit ins Grauen gelassen hinzunehmen; hielt ich diese Vorgänge freilich für schicksalsgegeben, so resignierte ich; niemals habe ich meinen Groll an einem Objekt ausgelassen. Aber ich lehnte es ab, der ungreifbaren Macht der Worte zu weichen; was mich aufs tiefste empörte, war, daß ein beiläufig hingesagter Satz wie: ‹Man muß …, man darf nicht …› im Handumdrehen meine Unternehmungen und Freuden von Grund auf vernichtete. Die Willkür der Befehle und Verbote, auf die ich stieß, schien mir ein Beweis für ihre Substanzlosigkeit zu sein; gestern habe ich einen Pfirsich geschält; weshalb nicht heute die Pflaume? Weshalb muß ich mich von meinem Spiel gerade in dieser Minute trennen? (…)

Meine Heftigkeit wirkte einschüchternd auf meine Umgebung. Ich wurde gescholten, wenig gestraft; selten kam es vor, daß jemand mir eine Ohrfeige gab. «Wenn man Simone anrührt, wird sie violett», erklärte Mama. Einer meiner Onkel geriet so sehr außer sich, daß er darauf keine Rücksicht nahm: Ich war derart verdutzt, daß mein Anfall schlagartig endete. Man wäre vielleicht gar nicht schwer mit mir fertig geworden, aber meine Eltern nahmen meine Wutanfälle ohnehin nicht tragisch. Papa – der damit irgend jemanden parodierte – stellte fest: «Dies Kind ist unsoziabel». Er sagte auch, nicht ohne einen Anflug von Stolz: «Simone ist eigensinnig wie ein Maulesel.» Ich machte mir das zunutze und überließ mich um so mehr meinen Launen; ich war ungehorsam einzig um des Vergnügens willen, Befehle zu mißachten. Auf Familienbildern strecke ich die Zunge heraus oder stelle mich mit dem Rücken zum Fotografen auf; alles um mich her lacht. Ähnliche Siege ermutigten mich, Regeln, Riten, Routine nicht für unüberwindlich zu halten. In ihnen wurzelte auch ein Optimismus bei mir, der allen Zähmungsversuchen widerstand. (…)

Ich hielt es für ein außergewöhnliches Glück, daß mir der Himmel ausgerechnet diese Eltern, diese Schwester, dieses Leben zugeteilt hatte. Ohne Zweifel hatte ich viele

Gründe, mir wegen des Loses zu gratulieren, das mir zugefallen war. Im übrigen war ich mit dem ausgestattet, was man ein glückliches Naturell nennt; ich hatte immer die Wirklichkeit ergiebiger als alle Trugbilder gefunden; nun aber waren die Dinge, die für mich am evidentesten existierten, die, die ich selbst besaß. Der Wert, den ich ihnen beilegte, sicherte mich vor Enttäuschungen, Sehnsucht und Bedauern; meine Zuneigungsgefühle waren weit stärker als meine Begierden. Blondine war schon alt, nicht mehr ganz frisch, dazu schlecht angezogen; aber nicht gegen die prächtigste aller Puppen, die in den Schaufenstern thronten, hätte ich sie ausgetauscht; meine Liebe zu ihr machte sie einzigartig und vollkommen unersetzlich. Nicht für ein Paradies hätte ich den Park von Meyrignac hergegeben, für keinen Palast unsere Mietwohnung in der Stadt. Die Idee, daß Louise, meine Schwester, meine Eltern hätten anders sein können, als sie waren, kam mir auch nicht von ferne in den Sinn. Mich selbst vermochte ich mir nicht mit einem anderen Gesicht noch mit einer anderen Haut vorzustellen, ich gefiel mir in der meinen durchaus.

Von der Zufriedenheit zur Überheblichkeit ist es nicht eben weit. Voller Genugtuung über den Platz, den ich in der Welt einnahm, hielt ich ihn für privilegiert. Meine Eltern waren Ausnahmewesen, unser Heim kam mir mustergültig vor. Papa mokierte sich gern, Mama neigte zur Kritik; wenige Leute fanden Gnade vor ihnen, während ich niemals hörte, daß jemand sich über sie mißbilligend äußerte; ihre Art zu leben galt mir als absolute Norm. Ihre Überlegenheit wirkte auf mich zurück. Im Jardin du Luxembourg war uns verboten, mit fremden kleinen Mädchen zu spielen; offenbar, weil wir selbst aus feinerem Stoff bestanden als sie. Wir durften auch nicht wie das gemeine Volk aus den Metallbechern trinken, die mit einer Kette an öffentlichen Brunnen aufgehängt waren; Großmama hatte mir eine Perlmuttermuschel geschenkt, ein Exemplar, das so einzig in seiner Art war wie unsere horizontblauen Mäntel. Ich erinnere mich an einen Fastnachtsdienstag, an dem unsere Tüten anstatt mit Konfetti mit Rosenblättern angefüllt waren. Mama kaufte nur bei bestimmten Konditoren ein; die Eclairs vom Bäcker schienen mir so wenig eßbar, als seien sie aus Gips gemacht; daß unser Magen so empfindlich war, unterschied uns ebenfalls von der großen Masse. Während die meisten Kinder meiner Umgebung *La Semaine de Suzette* halten durften, war ich auf *L'Étoile noëliste* abonniert, dessen moralisches Niveau Mama für höher hielt. Ich ging nicht in ein Lyzeum, sondern in ein privates Institut, das durch zahlreiche Einzelheiten seine Originalität bekundete; die einzelnen Klassen zum Beispiel waren merkwürdig numeriert: Null, Eins, Zwei, Drei A, Drei B, Vier A und so fort. Den Katechismusunterricht absolvierte ich in der Kapelle dieses Instituts, ohne mich unter die Herde der Kinder der Gemeinde zu mischen. Ich gehörte einer Elite an.

Indessen genossen in diesem erlesenen Kreise gewisse Freunde meiner Eltern einen ernstlichen Vorteil: Sie waren reich. Als einfacher Soldat verdiente Papa fünf Sous pro Tag, und wir wußten kaum, wie wir auskommen sollten. Es kam vor, daß wir beide, meine Schwester und ich, zu überwältigend luxuriösen Festen eingeladen wurden; in ungeheuer weitläufigen, mit Lüstern, Seide und Samt geschmückten Räumen schwelgte eine Riesenschar von Kindern in Eiskrem und Petits-Fours; wir sahen einem Kasperletheater zu oder bestaunten die Tricks eines Zauberkünstlers oder tanzten um einen Christbaum herum. Die anderen kleinen Mädchen waren in schimmernde Seide, in Spitzen gekleidet, während wir Kleider aus Wollgeweben von trüber Farbe trugen. Ich fühlte mich etwas unbehaglich, aber am Ende des Tages wendete ich, müde, erhitzt und mit überfülltem Magen, meine Unlustgefühle gegen Teppiche,

Kristall und Gewänder aus Taft; ich war zufrieden, wieder zu Hause zu sein. Meine gesamte Erziehung war darauf ausgerichtet, daß Tugend und Bildung mehr wert seien als Reichtum; meine eigenen Neigungen kamen dem entgegen; ich fand mich also in heiterer Ruhe mit unserer bescheidenen Lage ab. Treu meinem optimistischen Grundgefühl redete ich mir sogar ein, sie sei beneidenswert. Ich sah in unserer Situation ein goldenes Mittelmaß. Die Armen, die Kinder von der Straße, waren für mich Ausgestoßene; aber auch Fürsten und Millionäre waren meiner Meinung nach von der wirklichen Welt getrennt, ihre Sonderstellung hielt sie davon fern. Was mich selbst anbetraf, so glaubte ich, zu den höchsten und niedersten Sphären der Gesellschaft Zugang zu haben; in Wirklichkeit waren die ersteren mir verschlossen, und von der zweiten Gattung war ich vollkommen abgeschnitten. (...)

Ich hatte keinen Bruder, also auch keinen Vergleich dafür, daß gewisse Freiheiten mir durch mein Geschlecht versagt bleiben mußten; ich schrieb den Zwang, der mir auferlegt wurde, einzig meiner Jugend zu; ich empfand als Beschränkung, daß ich noch ein Kind, niemals, daß ich ein Mädchen war. Die Jungen, die ich kannte, hatten nichts besonders Imponierendes an sich. Der aufgeweckteste war der kleine René, der ausnahmsweise am Anfangsunterricht des Cours Désir teilnehmen durfte; doch bekam ich meinerseits bessere Noten als er. Auch war ja meine Seele in den Augen Gottes nicht weniger kostbar als die der männlichen Kinder. Weshalb also hätte ich sie beneiden sollen?

Wenn ich hingegen die Erwachsenen betrachtete, waren meine Erfahrungen etwas zwiespältiger Natur. Auf gewissen Gebieten kamen mir Papa, Großpapa sowie meine Onkel ihren Frauen überlegen vor. Aber im täglichen Leben spielten Louise, Mama und ‹die Damen› die erste Rolle. Madame de Ségur, Zénaïde Fleuriot wählten Kinder zu Helden und ordneten sie den Erwachsenen unter; die Mütter aber nahmen in ihren Büchern die wichtigste Stelle ein. Die Väter zählten nicht. Ich selbst betrachtete im wesentlichen die Erwachsenen unter dem Gesichtspunkt ihrer Beziehungen zu Kindern. In dieser Hinsicht war mir durch mein Geschlecht der unbedingte Vorrang gewiß. Bei meinen Spielen, Überlegungen, Plänen habe ich mich nie in einen Mann verwandelt; meine ganze Einbildungskraft verwendete ich stets darauf, mir mein Schicksal als Frau vorzustellen. (...)

Die Einförmigkeit der Existenz der Erwachsenen war mir immer schon bemitleidenswert erschienen; wenn ich mir klarmachte, daß sie in Kürze auch mein Los sein würde, wurde ich von Angst gepackt. Eines Nachmittags half ich Mama beim Geschirrspülen; sie wusch die Teller, ich trocknete ab; durchs Fenster sah ich die Feuerwehrkaserne und andere Küchen, in denen Frauen Kochtöpfe scheuerten oder Gemüse putzten. Jeden Tag Mittagessen, Abendessen, jeden Tag schmutziges Geschirr. Unaufhörlich neu begonnene Stunden, die zu gar nichts führten – würde das auch mein Leben sein? Ein Bild entstand in meinem Kopf und zeichnete sich mit so trostloser Klarheit ab, daß ich mich noch heute daran erinnere: Eine Reihe von grauen Vierecken erstreckte sich, nur nach den Gesetzen der Perspektive verkleinert, bis zum Horizont, alle identisch, alle eben und platt; das waren die Tage, die Wochen und die Jahre. Ich für meine Person war bislang jeden Abend reicher eingeschlafen, als ich am Vortag gewesen war; von Stufe zu Stufe erhob ich mich; wenn ich aber da oben nur eine triste Hochebene antraf, ohne ein Ziel, auf das man zustreben konnte, wozu dann das Ganze?

Nein, sagte ich mir, während ich einen Tellerstapel in den Wandschrank schob; mein eigenes Leben wird zu etwas führen. Glücklicherweise war ich nicht für das Dasein einer Hausfrau gemacht. (...)

Seit langem hatte ich beschlossen, mein Dasein geistiger Arbeit zu weihen. Ich war empört, als Zaza mir in herausforderndem Ton erklärte: «Neun Kinder in die Welt setzen, wie Mama es getan hat, ist ebensoviel wert wie Bücherschreiben.» Ich konnte nichts Gemeinsames in diesen beiden Formen der Existenz erkennen. Kinder zu haben, die ihrerseits wieder Kinder bekämen, hieß nur bis ins Unendliche das ewige alte Lied wiederholen; der Gelehrte, der Künstler, der Schriftsteller, der Denker schufen eine andere, leuchtende, frohe Welt, in der alles seine Daseinsberechtigung erhielt. In ihr wollte ich meine Tage verbringen; ich war fest entschlossen, mir darin einen Platz zu verschaffen! Als ich auf den Himmel verzichtete, hatte mein irdischer Ehrgeiz sich deutlicher abgezeichnet: Man mußte sich herausheben aus der Menge. Auf einer Wiese ausgestreckt, betrachtete ich in Augenhöhe das Wimmeln der Grashalme, die alle miteinander identisch waren und von denen jeder in dem Miniaturdschungel unterging, das ihm den Blick auf die anderen nahm. Jede unendliche Wiederholung der Unwissenheit, der Indifferenz kam dem Tode gleich. Ich hob den Blick zu der Eiche empor; sie beherrschte die Landschaft und hatte nicht ihresgleichen. Ihr gedachte ich ähnlich zu sein.

Weshalb wollte ich schreiben? Als Kind hatte ich meine Kritzeleien noch kaum ernst genommen; mein wahres Bestreben ging auf Kenntnisse aus; ich gefiel mir darin, meine französischen Aufsätze niederzuschreiben, aber die Damen tadelten meinen gespreizten Stil; ich fühlte mich demnach nicht ‹begabt›. Als ich indessen mit fünfzehn Jahren in das Album einer Freundin die Neigungen und Pläne eintragen sollte, aus denen sich meine Persönlichkeit ergab, antwortete ich auf die Frage: ‹Was wollen Sie später werden?› ohne zu zögern: ‹Eine berühmte Schriftstellerin.› Auf die Fragen nach dem Lieblingskomponisten und der Lieblingsblume hatte ich mir die Antwort eher künstlich zurechtgelegt. Aber in diesem Punkte gab es kein Zaudern bei mir: Unter Ausschluß aller sonstigen Möglichkeiten verlangte ich nur nach dieser. (...)

In meinen Kreisen fand man es unangemessen, daß ein junges Mädchen ernsthafte Studien betrieb. Einen Beruf ergreifen bedeutete Abstieg. Es versteht sich von selbst, daß mein Vater leidenschaftlich gegen die Frauenbewegung war. Er war entzückt, wie ich schon sagte, von den Romanen Colette Yvers; seiner Meinung nach war der Platz der Frau in den Salons und am häuslichen Herd. Gewiß bewunderte er den Stil Colettes und das Spiel Simones; aber doch nur in der Weise, wie er die Schönheit der großen Kurtisanen schätzte: ‹par distance›; er würde sie niemals in sein Haus eingeladen haben. Nach dem Kriege lächelte ihm die Zukunft; er hoffte auf eine erfolgreiche Karriere, auf glückliche Spekulationen und darauf, meine Schwester und mich in die gute Gesellschaft einheiraten zu sehen. Um in ihr zu glänzen, mußte eine Frau seiner Meinung nach nicht nur über Schönheit und Eleganz verfügen, sondern auch Konversation machen können und eine gewisse Belesenheit haben, daher freute er sich zunächst über meine Schulmädchenerfolge; in körperlicher Hinsicht ließen sich einige Erwartungen auf mich setzen; wenn ich dazu noch klug und gebildet wäre, würde ich mit Glanz einen Platz in der besten Gesellschaft ausfüllen können. Wenn aber mein Vater geistreiche Frauen liebte, so hatte er doch keinerlei Sinn für Blaustrümpfe. Wenn er erklärte: «Ihr, meine Kleinen, werdet euch nicht verheiraten, ihr müßt arbeiten», so lag Bitterkeit in seiner Stimme. Ich glaubte dann, er bedaure uns; aber nein, in dieser unserer arbeitsamen Zukunft las er nur die Bestätigung seines eigenen Versagens; er haderte mit dem ungerechten Geschick, das ihn dazu verdammte, Deklassierte zu Töchtern zu haben. (...)

«Wie schade, daß Simone nicht ein junger Mann ist. Sie hätte auf die École Polytechnique gehen können!» Ich hatte oft meine Eltern ihr Bedauern darüber mit Seufzen ausdrücken hören. Ein Polytechniker war in ihren Augen etwas Besonderes. Aber mein Geschlecht verbot einen so hohen Ehrgeiz für mich, und mein Vater ersah mich klugerweise für den Staatsdienst. Indessen haßte er die Beamten, ‹diese Budgetfresser›, und nicht ohne Ressentiment pflegte er zu mir zu sagen: «Du wirst wenigstens einmal eine Pension bekommen!» Ich verschlimmerte meinen Fall noch, indem ich mich für den Schuldienst entschied; in der Praxis billigte er zwar meine Wahl, aber er war weit davon entfernt, sich auch mit dem Herzen dafür zu entscheiden. (…)

Ich war jetzt dem unvorteilhaften Alter entwachsen, ich betrachtete mich von neuem im Spiegel nicht ohne Wohlgefallen; aber in der Gesellschaft machte ich eine kümmerliche Figur. Meine Freundinnen und sogar Zaza spielten mit Leichtigkeit ihre Rolle in der Welt; sie erschienen beim ‹Jour› ihrer Mutter, sie reichten den Tee, sie lächelten und wußten auf angenehme Weise Nichtigkeiten zu sagen; ich lächelte nur mühsam und verstand es nicht, charmant oder geistreich zu sein oder auch nur Konzessionen zu machen. Meine Eltern hielten mir als Beispiel häufig ‹hervorragend kluge› junge Mädchen vor, die gleichwohl in den Salons zu glänzen verstanden. Ich wurde ärgerlich, denn ich wußte, daß ihr Fall mit dem meinen nichts gemeinsam hatte. Sie arbeiteten aus Liebhaberei, während ich berufliche Zwecke verfolgte. In diesem Jahr bereitete ich mich auf die Prüfungen in Literatur, in Latein, in höherer Mathematik vor und lernte zudem noch Griechisch; ich hatte mir selbst dieses Programm aufgestellt; gerade daß es so schwer zu erfüllen war, machte mir Vergnügen; aber damit ich mir fröhlichen Herzens eine solche Anstrengung auferlegen konnte, erwies es sich als unbedingt notwendig, daß Lernen für mich nicht ein Nebenzweck meines Lebens, sondern das Leben selbst war. Die Dinge, von denen rings um mich her die Rede war, interessierten mich nicht. Ich hatte keine umstürzlerischen Ideen; tatsächlich hatte ich überhaupt kaum Ideen; aber den ganzen Tag trainierte ich mich darauf, nachzudenken, zu begreifen, Kritik zu üben, mich ernsthaft selbst zu befragen; ich versuchte der Wahrheit auf den Grund zu gehen: Diese Gewissenhaftigkeit machte mich unfähig zu gesellschaftlicher Konversation. (…)

Ich hatte niemals gern meine Zeit verloren; trotzdem warf ich mir vor, planlos darauflosgelebt zu haben, und nutzte von nun an genauestens jeden Augenblick aus. Ich schlief weniger; ich machte nur flüchtig Toilette; es war keine Rede mehr davon, daß ich in den Spiegel schaute; kaum putzte ich mir die Zähne; meine Nägel reinigte ich nie. Ich verbot mir oberflächliche Lektüre, überflüssiges Geschwätz sowie alle Zerstreuungen; ohne den Widerspruch meiner Mutter hätte ich auch die Tennispartien am Samstagvormittag abgesagt. An den Eßtisch kam ich mit einem Buch; ich lernte meine griechischen Verben oder suchte die Lösung einer mathematischen Aufgabe. Mein Vater zeigte sich darüber gereizt; ich versteifte mich, worauf er mich widerwillig tun ließ, was ich wollte. Wenn meine Mutter Freundinnen zu Besuch hatte, weigerte ich mich, in den Salon zu gehen. Manchmal wurde sie böse, und ich fügte mich. Aber ich saß dann mit zusammengebissenen Zähnen und einer so wütenden Miene auf der Ecke meines Stuhls, daß sie mich sehr bald wieder gehen ließ. In der Familie und unter meinen engeren Bekannten staunte man über meine Ungepflegtheit, meine Stummheit, meine Unhöflichkeit; ich wurde bald als eine Art Monstrum angesehen.

Ohne jeden Zweifel nahm ich diese Haltung weitgehend aus Ressentiment ein; meine Eltern fanden mich nicht nach ihrem Geschmack, somit wollte ich ihnen wenigstens wirklich zuwider sein. Meine Mutter kleidete mich schlecht, und mein Vater warf mir vor, schlecht gekleidet zu sein. Daraufhin wurde ich vollends zum Aschenbrödel. Sie versuchten nicht, mich zu begreifen. Ich versank in Schweigen und Eigenbrödelei, ich wollte völlig undurchsichtig sein. Gleichzeitig wehrte ich mich gegen die Langeweile. Ich war schlecht begabt dafür, einfach zu resignieren, indem ich die Strenge, die mein Los war, bis zum Paroxysmus steigerte, machte ich eine Berufung daraus; von den Freuden des Daseins getrennt, wählte ich die Askese; anstatt mich mit leidender Miene durch die Monotonie meiner Tage zu schleppen, ging ich stumm, mit starrem Blick einem unsichtbaren Ziel entgegen. (…)

Ich begann ein Tagebuch zu führen; ich setzte ihm die Worte voran: ‹Wenn irgend jemand diese Seiten liest, verzeihe ich es ihm nie. Er würde eine häßliche, schlechte Tat begehen!› Ich trug in dieses Buch Stellen aus meinen Lieblingsbüchern ein, ich richtete Fragen an mich selbst, ich analysierte mich und gratulierte mir zu der Wandlung, die sich in mir vollzogen hatte. Worin bestand sie eigentlich? Mein Tagebuch erklärt sie nur mangelhaft; ich übergehe dort viele Dinge mit Schweigen, es fehlte mir wohl auch an Abstand dazu. Doch wenn ich es wiederlese, springen mir trotzdem ein paar Tatsachen in die Augen.

‹Ich bin allein. Man ist immer allein. Ich werde immer allein sein.› Dieses Leitmotiv zieht sich durch das ganze Heft. Niemals hatte ich das gedacht. ‹Ich bin anders› hatte ich mir zuweilen wohl nicht ohne Stolz gesagt; aber ich sah in meiner Verschiedenheit von den anderen das Unterpfand einer Überlegenheit, die eines Tages die ganze Welt anerkennen würde. Ich hatte nichts von einer Empörerin; ich wollte es zu etwas bringen, etwas tun, den mit meiner Geburt eingeleiteten Aufstieg bis ins Unendliche fortzuführen suchen; ich mußte also die ausgefahrenen Bahnen, die abgenutzten Gewohnheiten überwinden, aber ich hielt es für möglich, die bürgerliche Mittelmäßigkeit hinter mir zu lassen, ohne mich von der bürgerlichen Gesinnung selbst zu trennen. Die Verehrung der Bourgeoisie für universale Werte war, so glaubte ich damals, ehrlich; ich hielt mich für autorisiert, Traditionen, Gewohnheiten, Vorurteile, alle privaten Vorbehalte zum Besten der Vernunft, des Schönen, des Fortschritts zu liquidieren. Wenn es mir gelänge, ein Dasein, ein Werk zu gestalten, das der Menschheit Ehre machte, würde man mir dazu gratulieren, daß ich den Konformismus mit Füßen getreten hatte: Wie Mademoiselle Zanta würde man mich akzeptieren, mir Bewunderung zollen. Jäh entdeckte ich, daß ich damit einer Täuschung erlegen war; weit davon entfernt, mich zu bewundern, akzeptierte man mich nicht einmal; anstatt mir Kränze zu winden, tat man mich in Acht und Bann. Angst erfaßte mich, denn es wurde mir klar, daß man mehr noch als meine gegenwärtige Haltung in mir die Zukunft mißbilligte, die ich als Ziel vor mir sah. Diese Art von Ostrazismus aber würde nie enden. Ich stellte mir nicht vor, daß es von den meinen grundverschiedene Kreise gab; einige Individuen hoben sich hier und da aus der Masse heraus; aber ich hatte wenig Aussicht, einem davon zu begegnen; selbst wenn ich eine oder zwei Freundschaften schloß, würden sie mich dennoch über die Ächtung nicht trösten, unter der ich jetzt schon litt; ich war immer verwöhnt, umhegt und beachtet worden; ich liebte es, daß man mich liebte; die Härte meines Geschicks erschreckte mich. (…)

Es war schmerzlich verwirrend für mich, während ich glaubte, von Triumph zu Triumph zu schreiten, entdecken zu müssen, daß ich mich in einen Kampf eingelassen hatte; es bedeutete für mich einen Schock, von dem ich mich nur sehr langsam zu erholen vermochte; wenigstens aber verhalf mir die Literatur dazu, von tiefster Niedergeschlagenheit doch zu meinem Stolz zurückzufinden. ‹Familien, ich hasse euch! Engumgrenzte Heime, abgeschlossene Türen›. Diese Anrufung Ménalques gab mir die Sicherheit, daß ich, indem ich mich zu Hause langweilte, einer geheiligten Sache diente. Ich erfuhr bei der Lektüre der ersten Bücher von Barrès, daß der ‹freie Mensch› schicksalsmäßig den Haß der ‹Barbaren› erregt und daß es seine vornehmste Pflicht ist, diesem standzuhalten. Ich nahm nicht ein obskures Unglück duldend hin, sondern kämpfte einen guten Kampf. (...)

Als ich mir einst im Jardin du Luxembourg gesagt hatte, Verlassenheit werde eben nun einmal mein Los sein, lag so viel Heiterkeit in der Luft, daß ich nicht sehr bewegt davon gewesen war, aber jetzt im Herbstnebel erschreckte mich die Zukunft. Ich würde niemanden lieben, niemand war groß genug, damit man ihn lieben könnte; ich würde die Wärme eines Heims nie finden, sondern meine Tage in einem Zimmer in der Provinz verbringen, das ich nur verlassen würde, um meinen Unterricht zu erteilen: Welche Öde erwartete mich! Ich hoffte nicht einmal mehr, bei irgendeinem menschlichen Wesen wahres Verstehen zu finden. Nicht einer meiner Freunde akzeptierte mich ohne Vorbehalt, weder Zaza, die für mich betete, noch Jacques, der mich zu abstrakt fand, noch Pradelle, der meine ewige Umgetriebenheit und meine Vorurteile beklagte. Was sie alle kopfscheu machte, war das, was in mir am allerhartnäckigsten bestand: meine Ablehnung jener mittelmäßigen Existenz, in die sie alle auf die eine oder andere Art einwilligten, und meine regellosen Bemühungen, aus ihr herauszugelangen. Ich versuchte mir diesen Zustand selber zu begründen. ‹Ich bin nicht wie die anderen, damit muß ich mich abfinden›, behauptete ich mir selbst gegenüber; aber ich fand mich nicht ab. (...)

Ich erzählte meinen Eltern, das Studienzentrum in Belleville bereite für den 14. Juli einen Unterhaltungsabend vor, und ich müsse mit meinen Schülerinnen ein Lustspiel einstudieren, was mich mehrere Abende in der Woche in Anspruch nehmen werde; desgleichen behauptete ich, im Dienste der Equipes das Geld auszugeben, das ich in Wirklichkeit in so manchem Gin Fizz anlegte. Gewöhnlich ging ich ins *Jockey* am Boulevard Montparnasse.

Jacques hatte mir davon erzählt, und ich liebte dort die bunten Wandmalereien, auf denen sich Chevaliers Strohhut mit Chaplins Schuhen und dem Lächeln Greta Garbos zusammenfand. Ich liebte die schimmernden Flaschen, die bunten Fähnchen, den Geruch nach Tabak und Alkohol, die Stimmen, das Lachen, das Saxophon. Die Frauen versetzten mich in bewunderndes Staunen. Mein Wortschatz reichte nicht aus, um das Gewebe ihrer Kleider, die Farbe ihres Haars zu bezeichnen; ich konnte mir nicht vorstellen, daß man in irgendeinem Geschäft ihre hauchdünnen Strümpfe, ihre ausgeschnittenen Schuhe, ihr Lippenrot zu kaufen bekäme. Ich hörte, wie sie mit den Männern den Tarif für ihre Nächte und die Gefälligkeiten aushandelten, mit denen sie sie bedachten. Meine Einbildungskraft versagte; ich selbst hatte sie sozusagen blockiert. In der ersten Zeit besonders hatte ich das Gefühl, nicht von Menschen mit Fleisch und Blut, sondern von Allegorien umgeben zu sein. Die Unruhe, die Nichtigkeit, die Stumpfheit, die Verzweiflung, vielleicht sogar das Genie, ganz bestimmt aber das Laster sahen mich mit vielfältigen Gesichtern an. Ich war noch immer überzeugt, daß das Laster die für Gott vorgesehene Stelle im Menschen sei, und schwang mich mit dem gleichen Eifer auf den Barhocker, mit dem ich als Kind vor dem Allerheiligsten in die Knie gesunken war. Ich rührte an die gleiche Gegenwart; der Jazz war an die Stelle der Orgel getreten, und ich spähte nach dem Abenteuer in der gleichen Weise aus, wie ich früher auf die Verzückung wartete. «In den Bars», hatte Jacques mir früher einmal gesagt, «genügt es, was auch immer zu tun, und schon geschieht irgend etwas.» Ich tat also ‹was auch immer›. Betrat ein Besucher mit dem Hut auf dem Kopf den Raum, rief ich: «Hut ab!» und schleuderte seine Kopfbedeckung in die Luft. Ich zerschlug hin und wieder ein Glas. Ich hielt laute Reden, sprach die allabendlichen Gäste an und versuchte sie naiverweise irrezuführen, indem ich behauptete, Modell oder Straßenmädchen zu sein. Mit meinem abgetragenen Kleid, derben Strümpfen, niedrigen Absätzen und meinem überhaupt nicht hergerichteten Gesicht konnte ich niemanden täuschen. «Da müßten Sie anders aussehen», sagte ein Hinkender mit einer Hornbrille zu mir. «Sie sind ein braves Mädchen aus gutbürgerlichem Haus, das einmal Bohème spielen will», war das Resultat, zu dem ein Mann mit Hakennase gelangte, der Feuilletonromane schrieb. Ich protestierte; der Hinkende zeichnete etwas auf ein Stück Papier. «Das muß man tun und mit sich geschehen lassen, wenn man die Kurtisane spielen will.» Ich ließ mich nicht verblüffen. «Das ist aber schlecht gezeichnet», sagte ich. «Immerhin ist es ähnlich.» Er öffnete seinen Hosenschlitz, aber diesmal schaute ich weg. «Das interessiert mich nicht.» Sie lachten. «Da sehen Sie!» sagte der Feuilletonist. «Eine richtige Hure hätte hingeschaut und gesagt: ‹Darauf brauchen Sie sich aber nichts einzubilden!›» Mit Hilfe des Alkohols gelang es mir, kaltblütig alle Obszönitäten mitanzuhören. Es kam vor, daß jemand mir einen Cocktail zahlte oder mit mir tanzte, weiter ging es jedoch nicht; offenbar wirkte ich eher dämpfend auf irgendwelche Gelüste. (…)

Unter dem Einfluß von Stépha vernachlässigte ich mich weniger als früher. Der Mann, der sich auf die Agrégation in Deutsch vorbereitete, hatte sie mir gesagt, machte mir zum Vorwurf, daß ich meine ganze Zeit über den Büchern verbringe: Zwanzig Jahre, das sei noch zu früh, um die *femme savante* zu spielen. Auf die Dauer würde ich häßlich werden. Sie hatte protestiert, aber sich doch geärgert. Sie wollte nicht, daß ihre beste Freundin wie ein unansehnlicher Blaustrumpf aussähe; sie behauptete, rein physisch betrachtet, besäße ich Möglichkeiten, und bestand darauf, daß ich Nutzen daraus zöge. Ich fing an, oft zum Frisör zu gehen, ich interessierte mich für den Kauf eines Hutes oder die Anschaffung eines Kleides. (...)

Ich arbeitete hart, ich zerstreute mich, ich hatte mein Gleichgewicht wiedergefunden, und mit Verwunderung erinnerte ich mich jetzt meiner sommerlichen Streiche. Die Bars, die Dancings, in denen ich damals meine Abende verbracht hatte, flößten mir nur noch Widerwillen, ja eine Art von Grauen ein. Diese tugendhafte Abkehr hatte genau den gleichen Sinn wie mein früheres Wohlgefallen daran: Trotz meines Rationalismus blieben alle Angelegenheiten der Sinne für mich tabu. (...)

Ich fühlte mich nicht unmittelbar bedroht; manchmal hatte ich Wellen dunkler Beunruhigung in mir aufsteigen fühlen – im *Jockey* in den Armen mancher Tänzer, oder wenn in Meyrignac, wo wir im Grase des Landschaftsparks ausgestreckt lagen, meine Schwester und ich uns umschlungen hatten –, aber diese seltsamen Zustände waren mir angenehm, ich kam gut mit meinem Körper aus; aus Neugierde, auch aus Sinnlichkeit hatte ich Lust, seine Möglichkeiten und Geheimnisse zu entdecken; ohne Furcht und sogar mit einer gewissen Ungeduld wartete ich auf den Augenblick, da ich zur Frau werden würde. (...) Ich wußte fast nichts von der Wirklichkeit. In meinem Milieu deckten Konventionen und Riten sie überall zu. Diese Routine langweilte mich zwar, doch ich versuchte nicht, das Leben an der Wurzel zu packen; im Gegenteil, ich schwebte hoch in den Wolken. Ich war Seele, war reiner Geist und interessierte mich nur für Geister und Seelen; der Einbruch der Sexualität zerstörte diese Engelhaftigkeit. Dadurch wurde mir auf einmal in ihrer furchtbaren Einheit Bedürfnis und Ausbruch klar. (…)

Gewiß bedauerte ich nicht, eine Frau zu sein; ich zog im Gegenteil große Befriedigung daraus. Meine Erziehung hatte mich von der geistigen Unterlegenheit der Frau überzeugt, die auch von vielen meiner Geschlechtsgenossinnen zugegeben wurde. «Eine Frau darf nicht hoffen, vor dem fünften oder sechsten Mißerfolg die Agrégation zu erlangen», erklärte mir Mademoiselle Roulin, die selbst bereits den zweiten hinter sich hatte. Dieses Handikap gab meinen Erfolgen den Glanz größerer Seltenheit als denen meiner männlichen Kollegen: Es genügte mir, es ihnen gleichzutun, um mich bereits als etwas Außergewöhnliches zu fühlen; tatsächlich war ich keinem begegnet, der mir besonderes Staunen abgenötigt hätte; die Zukunft stand mir genauso gut offen wie ihnen; sie hatten mir nichts voraus. Im übrigen erhoben sie auch keinen Anspruch darauf; sie behandelten mich ohne Herablassung, sogar mit besonderer Freundlichkeit, denn sie sahen keine Rivalin in mir: Mädchen wurden im Concours zwar nach den gleichen Maßstäben eingestuft wie die männlichen Studenten, aber sie wurden über die festgesetzte Zahl hinaus zugelassen, nahmen jenen also die Plätze nicht weg. So trug mir eine Arbeit über Platon denn auch bei meinen Mitstudierenden – insbesondere von Seiten Jean Hippolytes – Komplimente ein, die durch keinen Hintergedanken beeinträchtigt wurden. Ich war stolz darauf, ihre Achtung errungen zu haben. Ihr Wohlwollen verhinderte, daß ich jemals darauf verfiel, jene Haltung des ‹challenge› einzunehmen, die mich später bei den Amerikanerinnen verdroß; von vornherein waren die Männer für mich Kameraden, nicht Gegner. Weit davon entfernt, sie zu beneiden, empfand ich meine Lage, gerade insofern sie etwas Ungewöhnliches war, als privilegiert. Eines Abends lud Pradelle seine besten Freunde und ihre Schwestern zu sich ein. Auch meine Schwester begleitete mich. Alle jungen Mädchen zogen sich in das Zimmer der kleinen Pradelle zurück; ich blieb bei den jungen Männern.

Indessen verleugnete ich meine Weiblichkeit nicht. An jenem Abend hatten meine Schwester und ich die größte Sorgfalt auf unsere Toilette verwendet. Ich war in rote, sie in blaue Seide gehüllt; tatsächlich waren wir eher schlecht gekleidet, aber die anderen jungen Mädchen auch nicht gerade sehr gut. In der Gegend von Montparnasse hatten oft elegante Schönheiten meinen Weg gekreuzt; sie führten ein Leben, das zu verschieden von dem meinen war, als daß der Vergleich für mich erdrückend gewesen wäre; im übrigen, wenn ich erst frei sein und Geld in der Tasche haben würde, hinderte mich ja nichts, es ihnen nachzutun. Ich vergaß nicht, daß Jacques mich als hübsch bezeichnet hatte; Stépha und Fernando weckten in mir große Hoffnungen. So wie ich war, sah ich mich nicht ungern im Spiegel; ich gefiel mir gut; auf dem Boden, der uns gemeinsam war, fühlte ich mich nicht schlechter bedacht als die anderen Frauen und verspürte ihnen gegenüber keinerlei Ressentiment; ich bemühte mich also, sie einfach zu verachten. In vieler Hinsicht stellte ich Zaza, meine Schwester, Stépha und sogar Lisa über meine männlichen Freunde: Sie waren empfindungsfähiger, großherziger, begabter für Träume, für Tränen, für die Liebe. Ich schmeichelte mir, in mir ‹das Herz einer Frau mit dem Hirn eines Mannes› zu vereinigen. Wieder hielt ich mich für die Einzige. (...)

Die Osterferien gingen zu Ende; in den Gärten der École Normale, in denen Flieder, Goldregen und Rotdorn in voller Blüte standen, fand ich mit Vergnügen wieder alle meine Studiengefährten vor. Ich kannte sie fast sämtlich. Hermetisch verschlossen blieb mir einzig der aus Sartre, Nizan und Herbaud bestehende Kreis; sie verkehrten mit niemandem, erschienen nur bei einigen ausgewählten Vorlesungen und saßen dann völlig abseits von den anderen. Sie hatten einen schlechten Ruf. Es hieß, es fehle ihnen an ‹Sympathie für die Dinge›. Betont ‹antitala›, gehörten sie zu einer vorwiegend aus ehemaligen Alainschülern bestehenden Gruppe, die für rohe Streiche bekannt war: Ihre Mitglieder warfen Wasserbomben auf elegante ‹Normaliens›, die nachts im Smoking nach Hause kamen. Nizan war verheiratet und viel gereist, er trug gern Golfhosen, und ich fand, sein Blick hinter der dicken Hornbrille habe etwas Einschüchterndes. Sartre sah nicht übel aus, aber es hieß von ihm, er sei der Schlimmste der drei; man sagte sogar, er tränke. Ein einziger kam mir zugänglich vor: Herbaud. Auch er war verheiratet. Wenn er in Gesellschaft von Sartre und Nizan erschien, ignorierte er mich. Wenn ich ihn allein traf, tauschten wir ein paar Worte miteinander. (…)

«Von jetzt an werde ich mich um Sie kümmern», erklärte mir Sartre, nachdem er mir meinen Erfolg verkündet hatte. Er hatte viel Sinn für Freundschaften mit Frauen. Als ich ihn in der Sorbonne zum erstenmal sah, hatte er einen Hut auf und plauderte angeregt mit einer langen Latte von Lehramtsbeflissener, die ich sehr häßlich fand; sie hatte es bald fertiggebracht, sein Mißfallen zu erregen; darauf hatte er sich mit einer anderen, hübscheren, angefreundet, aber es war auch mit ihr sehr rasch wieder auseinandergegangen, weil sie ihm Ungelegenheiten bereitete. Als Herbaud ihm von mir erzählt hatte, wollte er auf der Stelle meine Bekanntschaft machen, und jetzt war er sehr zufrieden, daß er mich in Beschlag nehmen konnte; mir selbst aber kam es nun so vor, als sei jede Stunde, die ich nicht mit ihm verbrachte, verlorene Zeit. Während der vierzehn Tage, die von den mündlichen Prüfungen für den ‹Concours› eingenommen wurden, verließen wir einander nur gerade, um zu schlafen. Wir gingen in die Sorbonne, um unsere Prüfungen abzulegen und denen unserer Studienkameraden beizuwohnen. Wir gingen mit dem Ehepaar Nizan aus. Im ‹Balzar› tranken wir hier und da etwas mit Aron, der seine Militärzeit im Wetterdienst absolvierte, und mit Politzer, der jetzt eingeschriebenes Mitglied der Kommunistischen Partei war. Am häufigsten aber gingen wir beide allein spazieren. An den Seine-Quais kaufte Sartre mir Pardaillan- und Fantomashefte, die er der Korrespondenz zwischen Rivière und Alain Fournier bei weitem vorzog; am Abend ging er mit mir in Cowboyfilme, für die ich mich als Neuling begeisterte, denn bislang war ich besonders mit dem abstrakten und dem Kunstfilm vertraut. Vor Cafés sitzend oder beim Cocktail im *Falstaff* unterhielten wir uns viele Stunden hindurch. (...)

Wir sprachen von unendlich vielen Dingen, vor allem aber über ein Thema, das mich mehr als jedes andere interessierte, nämlich über mich. Wenn andere Leute mein Wesen zu deuten behaupteten, so taten sie es, indem sie mich als einen Annex ihrer eigenen Welt betrachteten, was mich verdroß; Sartre hingegen versuchte meinen Platz in meinem eigenen System zu respektieren, er begriff mich im Lichte meiner Werte und Projekte. Er hörte mir ohne Begeisterung zu, als ich ihm von Jacques erzählte; für eine Frau, die so wie ich erzogen worden war, mochte es schwierig sein, um die Ehe herumzukommen; aber er selbst hielt nicht viel davon. Auf alle Fälle sollte ich mir das bewahren, was das Schätzenswerteste an mir sei: meinen Hang zur Freiheit, meine Liebe zum Leben, meine Neugier, meinen Willen zu schreiben. Nicht nur ermutigte er mich bei diesem Unterfangen, er wollte mir sogar dabei behilflich sein. Da er zwei Jahre älter war als ich – und zwar zwei Jahre, die er wohl genutzt hatte – und sehr viel früher einen viel günstigeren Start gehabt hatte, wußte er über alle Dinge besser Bescheid. Die wahre Überlegenheit aber, die er sich selber zuerkannte und die auch mir in die Augen sprang, war die ruhevolle, besessene Leidenschaft, die ihn zu seinen künftigen Büchern drängte. Früher einmal hatte ich die Kinder verachtet, die weniger als ich auf Krocketspielen oder aufs Lernen brannten; nun aber begegnete ich jemandem, in dessen Augen mein frenetischer Eifer noch immer ein schüchternes Streben war. Und wirklich, wenn ich mich mit ihm vergleiche, wie lau erscheint mir dann mein fieberndes Bemühen! Ich hatte mich für etwas Außergewöhnliches gehalten, weil ich mir mein Leben nicht ohne Schreiben vorstellen konnte – er lebte nur, um zu schreiben.

Er hatte gewiß nicht vor, das Leben eines in sein Studierzimmer eingeschlossenen Menschen zu führen; er verabscheute Routine und Hierarchie, Karriere, Haus und Heim, Rechte und Pflichten, den ganzen sogenannten Ernst des Lebens. Er fand sich nur schlecht mit der Vorstellung ab, einen Beruf, Kollegen, Vorgesetzte zu haben, Regeln beachten und anderen auferlegen zu müssen; niemals würde er ein Familienvater, ja auch nur ein Ehemann werden. Im Sinne der Romantik jener Epoche und seiner dreiundzwanzig Jahre träumte er von großen Reisen. In Konstantinopel würde er mit Hafenarbeitern fraternisieren; in den verrufenen Vierteln sich mit Zuhältern betrinken; er würde den ganzen Erdkreis durchwandern, und weder die Parias Indiens noch die Popen vom Atlasgebirge noch die Neufundlandfischer sollten ihm fremd bleiben. Er würde nirgends Wurzeln schlagen, sich mit keinem Besitz belasten; nicht um sich einfach verfügbar zu halten, sondern um von allem Zeugnis ablegen zu können. Alle seine Erfahrungen sollten seinem Werk zugute kommen, kategorisch würde er alle Erlebnisse von sich abweisen, die ihn beeinträchtigen könnten. Darüber unterhielten wir uns immer wieder. In der Theorie wenigstens bewunderte ich grandiose Ausschweifungen, gefährlich gelebtes Leben, die Verlorenen, Alkoholexzesse, Rauschgifte, Leidenschaft. Sartre stand auf dem Standpunkt, wenn man etwas zu sagen hatte, sei jede Verschwendung kriminell. Das Kunstwerk, das literarische Werk war in seinen Augen ein absoluter Zweck; es trug seinen Daseinsgrund, den seines Schöpfers und vielleicht sogar – er sagte es nicht, aber ich vermute, er war davon überzeugt – den des ganzen Universums in sich. Metaphysische Probleme riefen bei ihm nur ein Achselzucken hervor. Er interessierte sich für politische und soziale Fragen, er hatte Sympathie für Nizans Standpunkt; sein eigenes Anliegen aber war nur das Schreiben, alles übrige stand dahinter zurück. Im übrigen war er weit mehr Anarchist als Revolutionär; er fand die Gesellschaft, so wie sie war, verabscheuenswert, aber er verabscheute das Verabscheuen nicht; das, was er seine ‹Oppositionsästhetik› nannte, vertrug sich sehr wohl mit dem Vorhandensein von Dummköpfen und von Schelmen, ja postulierte es sogar: Wenn es nichts niederzureißen, zu bekämpfen gäbe, wäre, so meinte er, mit der Literatur nicht viel los.

Von einigen Nuancen abgesehen, stellte ich eine enge Verwandtschaft zwischen seiner Haltung und der meinigen fest. Sein Ehrgeiz war nicht weltlicher Art. Er bemängelte meinen spiritualistischen Wortschatz, aber auch er suchte in der Literatur ein Heil; die Bücher trugen in diese jämmerlich bedingte Welt eine Notwendigkeit hinein, die auch auf ihren Verfasser zurückstrahlte; gewisse Dinge mußten durch ihn gesagt werden, und damit war er um und um gerechtfertigt. Er war jung genug, um bei den Klängen des Saxophons nach drei Martinis sich mit einer gewissen Weichheit über sein Geschick auszulassen; aber, wenn es nötig gewesen wäre, hätte er eingewilligt, anonym zu bleiben; Hauptsache war der Triumph seiner Ideen, nicht sein persönlicher Erfolg. Er sagte sich niemals – wie ich es zuweilen getan hatte –, daß er ‹jemand›, daß er ‹wertvoll› sei; aber er war der Meinung, daß wichtige Wahrheiten – vielleicht ging er sogar so weit zu denken: die Wahrheit überhaupt – sich ihm enthüllt hätten und daß es seine Aufgabe sei, sie der Welt aufzuzwingen. In Tagebüchern, die er mir zeigte, in Gesprächen und sogar in seinen Arbeiten im Rahmen des Studiums vertrat er beharrlich eine Gesamtheit von Ideen, deren Originalität und Folgerichtigkeit seine Freunde in Erstaunen setzte. (...)

Zum erstenmal in meinem Leben fühlte ich mich geistig von einem anderen beherrscht. Garric und Nodier, die viel älter waren als ich, hatten mir imponiert, aber doch nur von ferne, in unbestimmter Weise, ohne daß ich mich mit ihnen konfrontierte. Mit Sartre aber maß ich mich täglich und ganze Tage hindurch, und in unseren Diskussionen hielt ich ihm nicht die Waage. Im Jardin du Luxembourg setzte ich ihm eines Tages in der Nähe des Medicibrunnens jene pluralistische Moral auseinander, die ich mir zurechtgelegt hatte, um die Leute, die ich liebte, denen ich aber dennoch nicht hätte gleichen mögen, vor mir zu rechtfertigen; er zerpflückte sie mir ganz und gar. Ich legte auf sie Wert, weil sie mir das Recht gab, mein Herz darüber entscheiden zu lassen, was Gut und Böse sei; drei Stunden lang kämpfte ich um sie. Dann mußte ich zugeben, daß ich geschlagen war. Im übrigen hatte ich im Laufe der Debatte bemerkt, daß viele meiner Meinungen nur auf Vorurteilen, auf Unaufrichtigkeit oder Oberflächlichkeit beruhten, daß meine Beweisführungen hinkten und meine Ideen verworren waren. ‹Ich bin dessen, was ich denke, nicht mehr sicher, ja, nicht einmal mehr sicher, überhaupt zu denken›, schrieb ich völlig entwaffnet in mein Heft. Ich brachte meine Eigenliebe dabei nicht ins Spiel, da ich viel eher neugierig als rechthaberisch veranlagt war und lieber lernte als glänzte. Doch immerhin war es nach so vielen Jahren anmaßender Einsamkeit eine ernste Erfahrung für mich, zu entdecken, daß ich nicht die Einzige und nicht die Erste war, sondern eine unter anderen, die plötzlich ihren wahren Fähigkeiten unsicher gegenüberstand. (...)

Ich ging mit meinen Fragen noch weiter: Was tun? Alles war noch zu tun, alles, was ich vormals hatte tun wollen: den Irrtum bekämpfen, die Wahrheit finden und künden, die Welt aufklären, vielleicht ihr sogar zu einer Wandlung verhelfen. Ich würde Zeit brauchen und Anstrengungen machen müssen, um auch nur zum Teil die Versprechungen zu halten, die ich mir selbst gegeben hatte. Doch das erschreckte mich nicht. Nichts war freilich gewonnen, aber alles blieb möglich.

Zudem aber war mir eine große Chance zuteil geworden; im Angesicht dieser Zukunft war ich auf einmal nicht mehr allein. Bis dahin waren die Männer, auf die ich Wert gelegt hatte – Jacques und in geringerem Maße auch Herbaud –, von anderer Art gewesen als ich: unbefangen, flüchtig, ein wenig planlos, von einer verhängnisvollen Grazie gewissermaßen gezeichnet; es war unmöglich gewesen, ohne Vorbehalt mit ihnen zu verkehren. Sartre entsprach genau dem, was ich mir mit fünfzehn Jahren gewünscht und verheißen hatte: Er war der Doppelgänger, in dem ich in einer Art von Verklärung alles wiederfand, wovon ich auch selber besessen war. Mit ihm würde ich immer alles teilen können. Als ich mich Anfang August von ihm trennte, wußte ich, daß er aus meinem Leben nie mehr verschwinden wurde.

Ihr reizender Castor
[Briefe an Sartre]

Dienstag [6. Januar 1930]

Mon amour!

Ich schreibe Ihnen im Bett. Gestern wäre das nicht möglich gewesen; ich habe die ganze Zeit geschlafen, ohne eine andere Abwechslung als Gurgeln; ich hatte starkes Halsweh und etwas Fieber. Meine Großmutter hat mich mit penetranter Hingebung gepflegt: Sie kam alle zwei Minuten in mein Zimmer, um mir Zitrone in den Tee nachzugießen, den ich nicht trinken mochte, da ich ja schlief. Meine Mutter ist gekommen und war sehr nett. Meine Schwester ist auch gekommen, aber zu spät, um Ihnen das Telegramm zu schicken, das sie wohl heute früh aufgegeben hat; sie hat auch Nizan den Artikel gebracht, sie hat kleine Geschichten erzählt, und ich war sehr zufrieden mit ihr.

Es ist angenehm, am Tag nach Ihrer Abreise krank zu sein, mein ganz lieber Geliebter, wenn man schon krank sein muß.

Ich glitt vom Schlaf in den Wachzustand, ohne je die Erinnerung an diese wundervolle Woche zu verlieren, die wir zusammen verbracht haben; Sie waren ganz nah bei mir, ganz lieber kleiner Mann, ganz voll Fürsorge und Zärtlichkeit wie Sonntag bei ‹dieser Dame›, und ich war außer mir vor Liebe zu Ihnen und vor Glück. Heute geht es mir sehr gut, und meine guten Gefühle dauern an. Ich bin noch aus purer Vorsicht im Bett, aber ich habe zwei schöne kleine weiche Eier gegessen und Bananen, ich habe Lust, Rabelais zu lesen, meine Schwester zu sehen, die gleich kommen wird, und die Genesende zu spielen.

Mon amour, nie hatte ich unsere Liebe stärker gefühlt als an diesem Abend im *Vikings*, wo Sie mich so zärtlich anschauten, daß ich am liebsten geweint hätte; und was für ein reizender Zug uns nach Saint-Germain gebracht hat, mon amour; wenn es nicht so unbequem wäre zu schreiben, würde ich Ihnen Seite um Seite sagen, wie glücklich ich war und wie sehr ich Sie liebe; es tröstet mich, daß Sie es sehr stark gespürt haben, nicht wahr, kleiner Mann? Ich küsse Sie zwanzigmal und wiederhole es. (...)

Wie geht es Ihnen, kleiner Mann? Ich hoffe sehr auf einen Brief von Ihnen, morgen. Bis bald, nicht wahr, mon amour? Sie haben es mir versprochen, und ich pflege mich gut. Ich liebe Sie, ich liebe Sie. Ich bin ganz zärtlich Ihr Castor

S. de Beauvoir

[Wahrscheinlich Anfang 1937]

Mon amour,

mein Schlaf war von kleinen Erlebnissen voller Leidenschaft für Sie unterbrochen – deswegen habe ich sehr schlecht geschlafen. Ich habe einen reizenden Traum über Maurice Chevalier gehabt, der zugleich Colette war und sich darüber sehr wunderte: «Aber ist das nicht eine Frau?» sagte er. Ich bin nicht gerade munter, aber es ist überhaupt nicht mehr tragisch – ich würde nur gern neben Ihnen sein, wie Sie so schön sind in Ihrem kleinen blauen Pyjama, und Sie stark, stark küssen – ich liebe Sie – es treibt mir die Tränen in die Augen, daß ich Sie den ganzen Tag nicht sehe (ich bin noch so müde, daß ich schnell weine, aber vor Zärtlichkeit, nicht vor Traurigkeit). Ich fürchte, ich werde heute abend nicht gerade frisch sein, aber sicher ist, daß ich sehr glücklich sein werde, Sie zu sehen. Ich liebe Sie ganz leidenschaftlich. Ich bedaure, ich war nicht nett genug. Sie Netter, ich küsse Sie auf Ihr schönes kleines geliebtes Gesicht

Ihr reizender Castor

Haben Sie das Telegramm vernichtet?
Arbeiten Sie gut, ich liebe Sie.

Hôtel de la gare, Albertville
Mittwoch [27. Juli 1938]

Liebes kleines Geschöpf,

ich werde keinen sehr langen Brief schreiben, obwohl ich Ihnen eine Menge zu sagen habe, weil ich lieber Samstag mündlich erzählen will. Hier jedoch folgendes:

1) Zunächst, daß ich Sie ganz stark liebe – ich bin so gerührt, wenn ich daran denke, wie Sie Samstag aus dem Zug steigen werden mit Ihrem Koffer in der Hand und meiner roten Hutschachtel – ich sehe uns genau, wie wir auf unseren Liegestühlen sitzen, einem schönen blauen Meer gegenüber und endlos plaudernd – und ich bin richtig froh.

2) Sie waren sehr lieb, mir so lange Briefe zu schreiben. Ich hoffe, heute abend in Annecy noch einen zu bekommen – Sie kündigen mir tausend angenehme kleine Nachrichten an, aber die angenehmste ist, daß Sie Ihr Thema gefunden haben – das macht sich sehr gut, die große Seite mit diesem Titel – wie Sie sie lasterhaft lieben: *Luzifer* – ich habe nichts daran auszusetzen.

3) Etwas äußerst Angenehmes ist mir passiert, das ich mir bei der Abreise nicht hätte träumen lassen – ich habe nämlich vor drei Tagen mit dem kleinen Bost geschlafen, natürlich war ich es, die den Vorschlag machte – die Lust dazu war uns beiden gekommen, wir hatten tagsüber ernste Gespräche, und die Abende waren unerträglich drükkend. Eines Abends in einer Hütte in Tignes, als es regnete, lagen wir zehn Zentimeter voneinander auf dem Bauch, beobachteten uns eine Stunde lang und zögerten unter verschiedenen Vorwänden den Moment des Schlafens hinaus, er schwatzte unentwegt, und ich suchte vergeblich in meinem Kopf den geeigneten lässigen Satz, den ich nicht zustande brachte – ich werde es Ihnen besser erzählen. Schließlich habe ich dämlich gelacht und ihn dabei angesehen, und er hat mich gefragt: «Wieso lachen Sie?» und ich sagte: «Ich

frage mich, was für Augen Sie machen würden, wenn ich Ihnen vorschlagen würde, mit mir zu schlafen», und er sagte: «Ich dachte, Sie würden denken, ich hätte Lust, Sie zu küssen, ohne es zu wagen.» Dann haben wir noch eine Viertelstunde lang rumgedruckst, bevor er sich entschloß, mich zu küssen. Er war unendlich erstaunt, als ich ihm sagte, ich hätte immer schon zärtliche Gefühle für ihn gehabt – und schließlich hat er mir gestern abend gesagt, er liebe mich seit langem. Ich hänge sehr an ihm. Wir verbringen idyllische Tage und leidenschaftliche Nächte. Aber fürchten Sie nicht, daß ich Samstag trübsinnig bin und verwirrt oder mich nicht wohl in meiner Haut fühle; es kommt mir wie eine kostbare und starke, aber auch unbeschwerte und leichte Sache vor, die einen Platz in meinem Leben hat, nur die glückliche Entfaltung einer Beziehung, die mir immer sehr angenehm war. Es kommt mir seltsam vor, daß ich jetzt zwei Tage mit Védrine verbringen werde.

Auf Wiedersehen, liebes kleines Geschöpf – ich werde Samstag auf dem Bahnsteig sein oder am Buffet, wenn Sie mich nicht auf dem Gleis gesehen haben. Ich habe Lust, lange Wochen mit Ihnen allein zu verbringen. Ich küsse Sie ganz stark

Ihr Castor

Donnerstag, 7. September [1939]

Mon amour!

Welche Freude, endlich Ihre Adresse zu haben, mich mit Ihnen verbunden zu wissen, wo Sie sind, und daß Sie im Moment in etwa in Sicherheit sind – ich bin glücklich, wie ich es seit Ihrer Abreise nicht mehr war, ja wirklich, es ist Glück, größtes Glück, diese starke Liebe, die ich zwischen uns fühle, diese tiefe Einheit mit Ihnen mitten in diesem Unheil. Ich liebe Sie so sehr; ich denke nicht an den Tag, an dem ich Sie wiederfinden werde, wie ich auch nie unsere Vergangenheit in mir wachrufe, auch ich bin blockiert gegen jede Erinnerung. Aber ich muß Sie nicht wiederfinden, ich bin nicht getrennt von Ihnen, ich bin immer noch in ein- und derselben Welt mit Ihnen. Ich werde Ihnen einen riesigen Brief schreiben. Ich bin im *Dôme*, es ist 8 Uhr abends, und ich habe noch drei Stunden vor mir – aber nehmen Sie sofort zur Kenntnis, daß ich ruhig bin, voll Interesse, überhaupt nicht unglücklich – ich habe kein Bedauern, kein Verlangen, keinerlei Hoffnung. Ich bin ruhig, was Sie angeht, beruhigt von der Gewißheit, die ich jetzt absolut habe, daß ich nicht weiterleben würde, wenn Ihnen ein Unglück zustieße. (...)

Der nächste Tag war ein Sonntag, ich bin um 8 Uhr ½ aufgewacht, habe meine Post holen wollen – nichts da – und ich habe einen Kaffee bei Rey getrunken und dabei das Tagebuch von Gide angefangen zu lesen, das ich am Vortag gekauft hatte und das ich Ihnen frühestens morgen vormittag schicken werde; ich fühle mich völlig blockiert, brach fast in Tränen aus, aber es schien sinnlos zu weinen, denn danach würden noch genau so viele Tränen übrig sein – *Paris-Midi* meldete: «Letzter Vorstoß in Berlin», es war absolut hoffnungslos. Mittags bin ich wieder beim Hotel vorbeigegangen und erfuhr, daß Gégé angerufen hatte; ich habe sofort zurückgerufen, mit unbändiger Freude; ich brauchte Leute, irgend jemanden um mich herum, um zu fühlen, daß ich in eine kollektive Geschichte verstrickt war und nicht in ein individuelles Abenteuer, das dann zu einem schrecklichen Unglück geworden wäre. Ich bin zu Fuß zu ihr gegangen; die Polizisten hatten prächtige Helme, ganz neu und glänzend, und trugen kleine braune Beutel mit ihren Gasmasken umgehängt; man sah einige Zivilisten mit denselben Beuteln, jetzt tragen fast alle den braunen Beutel oder die lange graue Büchse, und sogar die Nutten gehen abends mit der umgehängten Maske auf den Strich – die Schaufenster sind alle mit gelben oder blauen Papierstreifen verklebt, als ob sie alle kaputt und außer Gebrauch wären; kaum Leute auf der Straße und auf Schritt und Tritt eine seltsam düstere Atmosphäre. Viele Metrostationen sind mit Ketten abgesperrt, und riesige Schilder verweisen auf die nächste offene Station; der Metrobetrieb ist sehr eingeschränkt, es gibt kaum noch Busse, und an jenem Tag gab es keine Taxis oder fast keine. (…)

Und dann ist Pardo aufgekreuzt, und wir sind ins *Dôme* gegangen, wo wir den Boubou getroffen haben; wir haben Huhn mit Reis gegessen und waren einen Moment entspannt. Pardo hat verkündet, es werde keine Kriegserklärung geben, und mein Nachbar, ein gut unterrichteter Engländer, hat dasselbe behauptet, es wurde sogar gewettet; diese Augenblicke haben mich, ohne mir die Hoffnung zurückzugeben, zumindest wieder in einen unbestimmten Zustand der Ungewißheit getaucht, und als ich eine halbe Stunde später *Paris-Soir* gesehen habe – DER KRIEG –, war das ein furchtbarer Schock für mich, ich habe auf der Stelle zu weinen angefangen und bin zu mir gegangen, um mich zu beruhigen. (…)

Mon amour, das *Dôme* leert sicht, und ich kann nicht mehr. Die Fortsetzung folgt morgen früh – ich habe Ihnen noch tausend Dinge zu sagen. Ich schicke Ihnen das Tagebuch von Gide, sagen Sie mir, was Sie noch wollen. Bis morgen, ich liebe Sie, Sie haben mich nicht verlassen.

Ihr reizender Castor

Sonntag, 8. Oktober [1939]

Ganz liebes kleines Geschöpf!

Kein Brief heute von Ihnen – ein Tag Verzögerung, das wundert mich nicht, aber wieso bekommen Sie meine nicht? Das wundert und ärgert mich; diese kleine Post in La Pouèze muß schlecht gewesen sein. Es gibt nicht viel zu erzählen; ich warte mit ungeheurer Ungeduld auf Ihre nächsten Briefe und Ihre Ratschläge, ich brauche sie, um mich zu entscheiden, und diese Ungewißheit ärgert mich, ich werde ruhiger sein, wenn ich schlicht aufgegeben habe.

Ich habe gelesen und bin aufgestanden – die Concierge hat mir einen kleinen Brief von Bost gebracht, der mir sagt, er sei vor Freude über Ihren Brief in die Luft gesprungen und habe seine Pfeife beim Lesen zerbrochen. Bald wird er abmarschieren – wohin? Schreiben Sie ihm wieder – ich denke an ihn wie an einen etwas sorglosen zum Tode Verurteilten, mit der Vorstellung, man müsse ihm möglichst viele Freuden machen, bevor er stirbt. Vielleicht ärgert es Sie, daß ich Sie oft bitte «schreiben Sie ihm»; aber ich habe ihm gegenüber etwas wie ein schlechtes Gewissen, wenn ich daran denke, daß wir uns wiederfinden werden, Sie und ich, und also glücklich sein werden, während er in einem Loch vermodert.

Ich weiß wohl, daß wir nichts tun konnten, aber immerhin gehören wir zu der Generation, die es hat geschehen lassen – unsere Haltung, die darin besteht, politisch abzuwarten, scheint mir sehr korrekt, unter der Bedingung, daß man alles ohne Zorn wie eine Katastrophe akzeptiert, an der man nicht beteiligt war – das ist korrekt und befriedigend, wenn man an sich denkt, aber junge Leute, die noch keine Zeit hatten, den kleinen Finger zu rühren, das ist so ungerecht. Wir konnten nichts tun; ich habe keine Gewissensbisse, nichts getan zu haben, aber ich habe Gewissensbisse, wenn ich daran denke, daß ein anderer für unsere Ohnmacht bezahlen muß. Es kommt regelmäßig, morgens beginnt der Tag ruhig, und abends bin ich dann melancholisch oder pathetisch, aber immer den Tränen nahe oder jenseits davon – ich müßte morgens schreiben, aber abends habe ich am meisten Lust dazu. Ich habe in der *Closerie des Lilas* einen Kaffee getrunken und das Tagebuch von Green zu Ende gelesen, dann habe ich Ihnen ein Paket geschickt, dann ein Beefsteak in der *Milk Bar* gegessen und einen Kaffee im *Dôme* getrunken und dabei an Védrine, Sorokine und «diese Dame» geschrieben. Ich habe auch lange an meinem Tagebuch geschrieben. (...)

Ich liebe Sie, mein süßer Kleiner, und nie habe ich Ihre Liebe besser gefühlt.

Ich weiß nicht, was ich darum geben würde, Ihnen zu sagen, wie ich Sie liebe, und vor allem wie glücklich ich bin, daß Sie mich so lieben. Oh, liebes kleines bartloses Gesicht, wie gern möchte ich Sie wiederfinden

Ihr reizender Castor

Hôtel-Pension Saint-Antoine, Les Houches (Haute Savoie)
Dienstag, 2. Januar [1940]

Ganz liebes kleines Geschöpf!

Ich habe Ihnen also gestern früh beim Frühstück geschrieben. Ich habe meinen Brief auf die kleine Ablage gelegt, die den Leuten aus dem Hotel als Briefkasten dient, dann habe ich mir die Skier angeschnallt und bin bei herrlicher Sonne Richtung Megève gefahren. Ich hatte wirklich Glück, nur einen Tag Nebel und einen Tag Schneefall, sonst gleißende Sonne. Ich habe die Abfahrt von Tour gemacht, dann die Abfahrt von Rochebrune – all das nicht schlecht, fast ohne zu stürzen, aber ohne Energie. Ich war ein bißchen kaputt vom Vortag, der mich wirklich mitgenommen hatte. Ich habe jetzt den Eindruck, daß ich auf mittelschweren Pisten, bei mittelgutem Schnee ungefähr tue, was ich will, aber daß ich nicht «fähig bin, zu wollen», wie Gandillac zu seiner Liebsten sagte. Die Müdigkeit ist eine seltsame Sache, ich habe versucht, darüber nachzudenken, aber ohne Ergebnis; es hat nichts von Schmerz oder fast nichts, es ist mangelnde Leistungsfähigkeit der körperlichen Reaktionen, aber stammt sie vom Körper her oder von der Seele? Und über welche Verbindung? Es fällt mir schwer, die physische Erschöpfung vom Herzeleid zu unterscheiden – und tatsächlich ist es nie «physische» Erschöpfung, wenigstens nicht, wo ich jetzt stehe –, es kommt mir etwas rätselhaft vor. Gestern früh hat mich Melancholie befallen in diesem schönen Schnee, in dieser herrlichen Sonne: Es kam mir alles eitel vor ohne Sie; ich wäre so gern mit Ihnen zusammengewesen, mein Kleiner, ich warte allmählich mit einer solchen Ungeduld auf Sie.

Ich bin zum Mittagessen wieder hochgestiegen. Ich bin mit dem Skilift zum Montjoux und bin ihn abgefahren. Dann habe ich einen absolut reizenden Ausflug gemacht: die Abfahrt nach Combloux – es beginnt wie in Richtung Saint Gervais, und ich bin diesen Teil der Piste wirklich sehr gut gefahren, die Geschwindigkeit hat mich fortgerissen, ohne daß ich es beabsichtigt hätte, und ich war es leid hinzufallen, daher bin ich überhaupt nicht gefallen, und bin in rasendem Tempo ein ziemlich kniffliges Stück gefahren. Dann bin ich in Richtung Combloux abgebogen, durch endlose unberührte Schneefelder; es war so leicht, es war fast kein Sport mehr, aber es war wie ein Wunder, die Einsamkeit, die Sonne, das Weiß. Es ist schade, daß wir sie nie zusammen gemacht haben, es ist die reizendste Abfahrt – es sind nur 30 Meter Wald, auf denen man laufen muß (auf den Skiern), und der Rest ist leichter als jede andere Piste. Ich bekomme Lust, Skiwanderungen in den Bergen zu machen, ich habe die Pisten ein bißchen satt – aber natürlich nicht allein. (...)

Aber ich träume von einem weiteren Skiurlaub, ich habe mich wunderbar amüsiert und kann allmählich wirklich einiges. Wer weiß, vielleicht nächsten Winter, wir beide, mon amour – ich möchte so gern mein Leben mit Ihnen, mein Kleiner, wiederfinden. Ich habe keinen Brief bekommen. Ich habe gebeten, mir die Briefe nach Paris nachzuschicken, es ist wegen diesem 1. Januar, niemand auf der Hütte hatte einen Brief – der letzte, den ich bekommen habe, stammt vom 26.; morgen bekomme ich in Paris vielleicht die vom 31. und vom 1., ich freue mich darauf.

Sagen Sie mir, wann Sie ankommen, mon amour, damit ich Ihren Anzug beschaffe und Vorfreude habe. Ich kann es kaum erwarten, Sie zu sehen. Ich liebe Sie leidenschaftlich, mon amour

Ihr reizender Castor

Sonntag, 14. Januar [1940]

Mein süßer Kleiner!

Wie mein Leben weiterhin doch vernünftig ist. Heute wieder fast 6 Stunden Arbeit; ich war im *Dôme* und bin erst um 4 Uhr ½ weggegangen, einzige Ablenkung war ein Händedruck von Gérassi, der mich zu einem Abendessen unter vier Augen einladen will; wahrscheinlich, um sich mit mir über die Baba [Spitzname Stéphas] zu unterhalten – und auch Ablenkung durch ein Rumpsteak mit Kartoffeln, dazu Wein und danach Pudding. Während des Essens habe ich *Vorge contre Quinette* fertiggelesen, was sehr schlecht ist – die Person Quinettes ist ein ganz klein wenig amüsant, auf die leichte Art, der Rest ist widerlich, vor allem Vorge; Sie werden also einen Haufen schlechter Bücher bekommen, aber das ist Ihre Schuld.

Vor und nach diesem arbeitsamen Tag gab es jedoch ein bißchen Bewegung. Zunächst habe ich gestern abend, nachdem ich Ihnen geschrieben hatte, Umschläge gekauft, um meinen Brief zur Post zu bringen, und als ich aus dem Papiergeschäft am Boulevard Montparnasse kam, sah ich am

Eingang Sorokine aufgepflanzt, die vorwurfsvoll auf mich wartete, sie kam aus der Metro und hatte mich dort hineingehen sehen. Sie hatte ein kleines Kopftuch umgebunden und war ganz reizend; wir sind zu mir hochgegangen, und dort haben wir gemerkt, habe ich mit Entsetzen gemerkt, daß ich mein schwarzes Tagebuch in der *Coupole* vergessen hatte; ich kam vor Angst um, es könnte in fremde Hände fallen, und ich bin hingerannt; zum Glück habe ich es gefunden. Wir sind nach Hause gegangen, wir haben uns nebeneinander hingesetzt, und nach 10 Minuten Unterhaltung waren wir beim Küssen angelangt; nach einer Viertelstunde Küssen waren wir im Bett, nachdem wir schamhaft das Licht ausgemacht hatten; es kommt mir ein bißchen wie eine «Initiation» vor, und das würde mich stören, wenn ich nicht spontan von dieser kleinen ganz reizenden Person hingerissen wäre; es liegt wirklich im Augenblick selbst, ich kann für sie nicht einmal die Spur von Leidenschaftlichkeit empfinden, die ich für Védrine hatte, als sie ein- oder zweimal Probleme wegen der körperlichen Beziehung machte; aber es ist heftige Zärtlichkeit, weil ich sie so vollkommen und so reizend finde. Sie war diesmal entspannt, ganz ruhig und glücklich und zärtlich, ohne irgendeinen störenden Ausbruch von Leidenschaft; es gab Umarmungen, eindeutige; dann hat sie gesagt, sie wolle das Licht wieder anmachen, um mir aus ihrem Tagebuch vorzulesen, und sie hat mir kleine reizende Absätze über die Erziehung ihres Willens vorgelesen; aber wir sind nicht weit gekommen, weil wir immer noch nackt im Bett waren, und die Umarmungen haben wieder angefangen, und diesmal beiderseits; es ist gewiß nicht so, wie es mit Kos. war, aber ich finde sehr lebhaften Gefallen an ihrem Körper und finde diese Augenblicke äußerst schön, vor allem ihr Mienenspiel, das ganz rührend ist, und ihre ganze zutrauliche Zärtlichkeit ohne Sichgehenlassen. Sie hat mich gefragt, was Frauen Schlimmeres miteinander tun könnten, und ich habe ihr die Geschichte Toulouse–Zina erzählt; sie hat mich auch gefragt, ob wir Kriminelle wären und ob man uns ins Gefängnis stecken würde, falls man uns so finden würde. Ich habe verneint, und sie hat es bedauert, der Gedanke hatte sie entzückt. Sie ist um Viertel vor 12 weggegangen, sie hat mich im Bett zurückgelassen und ihre Uhr, ihren Kamm und ihre Brille vergessen. Kos. hat mir gesagt, sie habe sie unten getroffen, als sie etwas grollend bat, ihr die Tür zu öffnen; Kos. hat ihr geholfen, die Tür aufzumachen, und die andere hat sie wie eine Katze, die beißen will, angesehen. (...)

Ich bin doch nicht ganz so verhärtet; heute nachmittag bei der Arbeit hat mich eine ganz zärtliche und herzzerreißende Sehnsucht überkommen, als ich an Tage mit Ihnen auf Reisen zurückdachte – das richtete sich in erster Linie auf Sie, und auch auf den Reiz der Tage und Orte – ich sah unsern Aufstieg auf den Vesuv wieder, erinnern Sie sich, mon amour? Es gab immer viele Abenteuer bei unseren Reisen, wie schön das war. Außerdem habe ich gerade ein kleines Tanzlokal unter freiem Himmel wieder vor mir gesehen, *Les Oranges* oder so ähnlich, über der Bucht von Neapel, gegenüber dem Vesuv, eines Nachts. Mein süßer Kleiner, werden wir das wieder haben?

Wie glücklich ich mit Ihnen war. Ich liebe Sie, mein Kleiner, kommen Sie zu mir zurück.

Ihr reizender Castor

Freitag, 19. Januar [1940]

Mein lieber Kleiner!

Sie haben mir so brav einen so langen Brief geschrieben, mon amour! Wie diese Theorie des Nichts, die alle Probleme löst, mir verlockend erscheint, sie wären also ein sehr großer Philosoph, Kleiner mit dem guten Kopf? Hören

Sie, ich finde Ihren Beschluß, den Roman zu überarbeiten, höchst vernünftig. (...)

Wegen des Streits mit Védrine, von dem ich gleich erzählen werde, habe ich daran gedacht, daß Sie mir einst in Saint-Germain-les-Belles gesagt haben: «mich» gebe ich nicht, aber ich werde Ihnen eine Menge Geschenke machen – Sie haben mir das auch geschrieben – und schließlich haben Sie alles von sich eingebracht, Sie haben mir alles gegeben, was man jemandem geben kann – mon cher amour. Bleibt, daß die Liebe keine Symbiose ist, aber wir werden ein anderes Mal darüber weinen. «Genau das haut mich um», hat Védrine zähneklappernd zu mir gesagt.

Denn mittags habe ich sie in *La Sorbonne* mit einem finsteren Gesicht angetroffen. Sie hat mir einen Zettel überreicht, auf dem sie über unser Moral-Gespräch von neulich faselte. Danach gab es eine «Mitteilung»:

«Du gibst Dich nicht, Du nimmst.
Es ist *falsch*, daß ich Dein Leben bin – Dein Leben ist ein Mosaik
Du bist mein Leben – ich gehöre nur Dir.»

Sie hat mir erklärt, gestern abend im Bett habe sie folgerichtig gedacht, daß ich im Zentrum meines eigenen Lebens stehe, und sie habe mich deshalb gehaßt, sie hasse mich immer noch, sie hätte nicht kommen sollen. Ich habe ihr zunächst zu bedenken gegeben, daß Sie doch für sie existieren und daß sich daraus ein zweifarbiges Mosaik ergibt, da sie uns jetzt vollkommen getrennt sieht; daß sie an ihren Eltern hängt, an ihrer Arbeit, usw. Daß natürlich niemand das Leben eines anderen *ist*, daß man zusammen Dinge baut, usw. – daß Geben und Nehmen seltsame Worte sind; sich geben sei die beste Art zu nehmen; und ich habe ihr nicht gesagt, daß ich es vorziehe, wenn sie mir nicht all die

Zeit gibt, die sie mir nimmt. Sie hat dumpf erklärt, sie habe gestern zum erstenmal versucht, die Geschichte von meinem Standpunkt aus zu sehen, und da stand ich im Zentrum, und die Leute, die es in meinem Leben gibt, waren da, während sie sie doch absichtlich auslöschte, wenn sie bisher an mich dachte, und das war entsetzlich. Sie zitterte, und alles Drum und Dran; ich bin hart wie Stein, und ich bin nicht eine Sekunde lang berührt, ich finde, sie ist schuld, es ist eine elementare Sache, sich an die Stelle des anderen zu setzen. Mein Gott! am Anfang unserer Liebe, Ihrer und meiner, habe ich immer versucht zu verstehen, welche Stellung ich in Ihrem Leben hatte, von Ihrem Standpunkt aus; und daß, wenn ich Sie mehr liebte als Sie mich, es daher kam, daß ich in Ihnen mehr Schätze fand und im Vorteil war in Anbetracht dessen, was ich erhielt, und schon durch die Fülle meiner Gefühle. Wenn es in der Liebe Dinge gibt, die metaphysisch schmerzlich sind, begreife ich es; aber das muß man verdauen wie alles andere, was man von der Condition humaine verdauen muß, und es seinen Freunden sagen, aber nicht eine persönliche Anklage daraus machen. Dieses Wechselbad von verstocktem Optimismus und unbedachter Tragik ist mir einfach widerlich, ganz objektiv. (...)

Mein süßer Kleiner, auf Wiedersehen, bis morgen. Sonntag bekommen Sie die Fortsetzung der Geschichte mit Védrine. Ich glaube, Sie finden, daß ich ein bißchen gemein zu ihr bin, das ist möglich, ich werde morgen abend sehen, ob es angebracht ist, nett zu sein, aber sie geht mir auf die Nerven.

Ich liebe Sie so sehr, liebes kleines Geschöpf.

Ihr reizender Castor

Café-Restaurant de Versailles, Place de Rennes, Paris (VIe)
Freitag [16. Februar 1940]

Ganz liebes kleines Geschöpf!

Es war reizend, fand ich, wie die Männer Schlange standen, bis sie an der Reihe waren an der Tür und ihre Frau küssen konnten; ich habe also Ihre kleine Hand noch einmal gedrückt und Ihr Gesicht verschwommen gesehen, und dann ist der Zug abgefahren, es war für mich wie ein physisches Losreißen, und ich habe in diesem Augenblick fast gedacht, ich würde zusammenbrechen, aber nein, ich war sehr vernünftig. (...)

Mein süßer Kleiner, ich bin überhaupt nicht traurig, sehen Sie – es hat sich wieder geschlossen, Ihr Urlaub, ich finde mein Leben im Krieg wieder, mit Ihrem Besuch als etwas, das genau seinen Platz in diesem Leben hat, das nicht anders sein konnte, als es gewesen ist – ich bin vollkommen heiter, ich muß mich nicht einmal in die Arbeit stürzen. Ich warte mit unendlicher Ruhe auf Bost, ich fasse ohne Kummer seine Tage mit Kos. ins Auge, um so mehr, als Kos. im Moment so nett ist. Sie haben mir wie immer den Sinn meines Lebens, meines Glücks zurückgegeben; statt an den einzelnen Tagen zu kleben oder sogar im Krieg zu versacken, sehe ich alles im großen Maßstab, im Gesamtzusammenhang der Welt und meiner Existenz, und ich bin ganz durchdrungen vom Glück, das ich fühle, weil ich Sie habe – nichts anderes zählt. Ich habe *Sie*, ganz kostbarer Kleiner, vielgeliebter Kleiner – sowohl heute als auch vorgestern, als ich Sie traf, und ich werde Sie bis zu Ihrem Tod haben – danach ist nichts wirklich mehr wichtig von all dem, was mir zustoßen kann. Ich bin nicht nur nicht traurig, sondern sogar höchst glücklich und beruhigt – nicht einmal die zärtlichsten Erinnerungen an all Ihre lieben Gesichter und an Ihre kleinen, morgens wie ein Korb um das Kopfkissen gelegten Arme sind mir schmerzlich. Ich fühle mich ganz umhüllt und gestützt durch Ihre Liebe. Mon amour, wir hatten einen schönen Urlaub, und wie stark dieser letzte Abend war. Auf Wiedersehen, mein süßer Kleiner – das ist das elfte Jahr voll Glück, das Sie mir geben. Ich bin noch mit Ihnen zusammen wie vorgestern abend, als Sie meine alte Wange eines alten ausgetretenen Weges küßten und ich Sie ganz stark umarmte.

Ich liebe Sie stärker als je.

Ihr reizender Castor

Freitag [Juli 1940]

Ganz liebes kleines Geschöpf!

Zwei Tage lang habe ich nicht geschrieben – weil mich einerseits Védrine in Beschlag genommen hat, dann die Kos., die mir keine Minute lassen; auch weil mir der Mut etwas fehlt; ich habe immer noch kein neues Zeichen von Ihnen, und ich fürchte sehr, daß diese Briefe nicht ankommen. Und außerdem ist das Wesentliche von dem, was ich Ihnen zu schreiben hätte, zu schwer zu schreiben. Ich würde so gern reden. Neulich habe ich wegen Védrine, deren absichtlich verzweifelte Reaktionen mich ärgern, lange über das Verhältnis zwischen Individuum und geschichtlicher Welt nachgedacht: Wie absurd es ist, von einer Epoche zu reden, die einfacher, angenehmer zu erleben wäre als eine andere, vom Standpunkt des Geistes aus. Alles hängt offensichtlich davon ab, was man vom Geistigen erwartet, was man von ihm will und erhofft – aber schließlich ist der Ausdruck um des Ausdrucks willen kein Ziel an sich. Es geht vor allem darum, zumindest für mich, im Ausdruck das Allgemeine zu partikularisieren, einem Denken, das zum Allgemeinen hin tendiert, mein besonderes Gepräge zu geben – aber wenn das Allgemeine sich in einem Augenblick verwirklicht, der den individuellen Ausdruck ausschließt? Ist es dann nicht ein Widerspruch, daran zu leiden? Kann man vom Allgemeinen verlangen, derart zu sein, daß es individuelles Wohlbehagen und Glück zuläßt, wenn ebendieses Glück nur eine Art ist, in Beziehung zur Totalität zu treten? Ich weiß nicht, ob ich mich richtig ausdrücke, aber es scheint mir einleuchtend. (...) So lebe ich nicht gerade in einem philosophischen Optimismus, denn meine Gedanken sind nicht klar genug, aber zumindest auf einer philosophischen Ebene, auf der der Optimismus möglich ist. Ich möchte so sehr, daß wir Ihre Gedanken über das Nichts, das An-sich und das Für-sich Hegels Gedanken gegenüberstellen, denn es gibt viele Analogien. Aber Hegel läßt in Freude umschlagen, was bei Ihnen eher düster und trostlos ist. Und es scheint, beides ist wahr, und ich würde gern ein Gleichgewicht finden.

Das ist, mein süßer Kleiner, um es nicht zu vergessen, eine Grundlage meiner gegenwärtigen Überlegungen – ein Ausgangspunkt zukünftiger Gespräche zwischen uns. Wann? Ich kann es kaum erwarten. Ich bin ganz verstümmelt und in der Schwebe. (...)

Oh, mon amour, ich kann es kaum erwarten, Sie zu sehen. Ich lebe im Chaos, solange Sie nicht hier bei mir sind, um es zu ordnen. Ich will nur eine Ordnung, die wir gemeinsam haben, und sogar meine Gedanken haben Fragezeichen. Wenn Sie mir nur schreiben könnten, mon amour. Bekommen Sie meine Briefe?

Auf Wiedersehen, geliebter Kleiner – ganz liebes kleines Geschöpf – Sie mein Leben, Sie anderes Ich.

Ihr reizender Castor

Donnerstag abend, 13. Dezember [1945]

Mein lieber Kleiner,

es kommt mir seltsam vor, Ihnen zu schreiben. Es ist fast wie eine Komödie, an die ich nicht ganz glaube, weil

Sie noch so nah sind, kaum 5 Stunden von mir entfernt, und ich könnte mir vorstellen, daß Sie in einer knappen Stunde zurückkommen und in Ihrem kleinen blauen Schlafanzug ins Bett kriechen – nein, keineswegs, ich werde ganz allein mit dem Heizkissen bleiben, und Sie sind schon zwei Monate weit entfernt – das ist schwer vorstellbar. Wenn Sie in einer Stunde zurückkämen, würde ich Ihnen den Abend erzählen, und deshalb schreibe ich so schnell, ich bin ein bißchen aufgewühlt, ich habe weder Lust, nach oben zu Sorokine zu gehen, noch zu schlafen, sondern nur mit Ihnen zu reden. Ich bin erschüttert wegen Louise Védrine. Ich habe sie zum *Golfe Juan* mitgenommen (wo Badel mit Gaby Sylvia an einem Tisch war, und die Sumerville mit Arbessier am Tisch gegenüber). Und wir sind bis Mitternacht dort geblieben und haben geredet. Sie hat mich aufgewühlt, und ich bin voller Gewissensbisse, denn sie steckt in einer tiefen und schrecklichen Nervenkrise – und wir sind schuld, glaube ich, es ist die sehr indirekte, aber tiefe Nachwirkung unserer Geschichte mit ihr. Sie ist die einzige Person, der wir wirklich etwas angetan haben, aber wir haben es getan. Sehr interessant ist, daß ihre Krise eine Vielzahl von Bedeutungen hat. Es ist das metaphysische Drama aus *Das Sein und das Nichts*: das tiefe Bewußtsein des Nichts, der Wahn des Für-Andere-Seins, die Faszination des Objektiven und die Erkenntnis der Subjektivität und ihrer Grundlosigkeit – und dann ist es psychologisch das Nachdenken Védrines über das, was man ihren Charakter nennen kann: ihren Masochismus (den sie entsetzt bei der Lektüre von *Das Sein und das Nichts* entdeckt hat), ihre kategorische, undankbare, fast unsympathische Seite, deren sie sich bewußt ist – es ist auch ihre Situation: verheiratet, unter der Haube, in die Langeweile des Erwachsenenlebens gezwängt mit einer verspäteten Adoleszenzkrise, die Situation der Studentin, die im Widerspruch zu dieser Einzwängung steht, die Abwesenheit eines Entwurfs, der zugleich der einer Erwachsenen und einer Jugendlichen wäre – und dann eine physiologische Seite: Kopfschmerzen, Müdigkeit usw. Sie weint unablässig, sie hat während des Abendessens dreimal geweint, sie weint zu Hause, wenn sie ein Buch lesen oder zum Essen in die Küche gehen soll. Was ist von all dem das Ursprüngliche? Auf jeden Fall nimmt es die Form eines Vergleichs mit uns an, ein Nichts im Vergleich zu uns, Bedürfnis nach mir, nach einem Halt, usw. Sie ist schrecklich unglücklich, höchst hellsichtig, ohne mit dieser Hellsichtigkeit etwas anfangen zu können. Sie sah ab und zu wirklich wie eine Wahnsinnige aus – Zurückhaltung, Unruhe und Momente verhaltener Zärtlichkeit und diskreter Hilferufe, die mir das Herz zerrüttet haben. Ich müßte sie oft sehen, ich werde es versuchen, denn ich bin voller Gewissensbisse. Ich beschreibe Ihnen das sehr schlecht, aber ich weiß, Sie wären sehr erschüttert und voller Sympathie für sie gewesen, denn sie war heute abend rührend, sogar pathetisch, wegen dieses Rationalismus; dieser Neigung zum Ernst, die plötzlich das Gesicht des Wahnsinns annahm, dieser vollkommenen und schmerzlichen Authentizität unter dem Schein des Unauthentischen. Und dann diese Art vernünftiger, beherrschter, intelligenter Psychose, das ist fast ansteckend und viel ergreifender als die großen Exzesse einer Violette Leduc oder einer Russin im allgemeinen – es scheint mir auch gefährlicher, ich bin besorgt. Ich glaube nicht, daß sie wahnsinnig wird. Ich fürchte, sie wird resignieren. Und andererseits, wenn sie sich rettet, indem sie in die Unauthentizität zurückfällt, ist es mies. Na ja, ich bin nach Hause gegangen und dachte fast, ich würde mit Ihnen darüber reden, und noch jetzt kann ich kaum glauben, daß das untergehen wird, daß ich anfangen werde, Dinge zu erleben, die untergehen werden, ohne daß ich sie mit Ihnen geteilt hätte. Auf Wiedersehen, Kleiner, lieber vielgeliebter Kleiner. Sie sind im Zug, und Sie schlummern neben Wanda. Ich werde schlafen gehen. Ich habe noch nicht angefangen, von Ihnen getrennt zu sein, und selbst beim Schreiben dieses Briefes kann ich es noch nicht glauben.

Samstag früh

Mein lieber Kleiner. Jetzt habe ich sehr wohl angefangen, die Abreise zu spüren. Vor allem morgens beim Aufwachen macht es mir ein bißchen angst – danach sind die Tage voll und angenehm, um so mehr, als Karl V. [Figur aus S. de Beauvoirs Roman *Alle Menschen sind sterblich*] allmählich Gestalt annimmt. Ich habe alles für Sie erledigt, ich warte auf die Antwort von Rouleau. Ich bin froh, daß Sorokine einen Arzt aufgesucht hat, er sagte ihr, alles stehe bestens. Ich werde also leichten Herzens wegfahren, aber im Augenblick gibt es diesbezüglich nichts Neues. Ich habe gestern früh im *Flore* gearbeitet, bei meiner Mutter zu Mittag gegessen, Sorokine gesehen, im *Pont Royal* gearbeitet, wo es sehr angenehm war. Dann war ich in der Redaktion von *Les Temps Modernes*, wo großer Andrang war; ich habe alle empfangen, und abends habe ich mit Bost im *Golfe Juan* gegessen. Wir hatten eine lange klärende Aussprache, bei der er natürlich überhaupt nichts erklärt hat und bei der ich ihm seine Verhaltensweisen im allgemeinen und mir gegenüber im besonderen erläutert habe. Er war niedergeschmettert und in gewissem Sinn froh, weil es meinerseits Zuneigung bedeutete. Er behauptet, zum großen Teil laste auf ihm dasselbe wie auf Sorokine oder Poupette: Er hat nicht den Eindruck, einen wirklichen Platz in einem Leben zu haben, in dem Sie sind, so daß er Briefe, die er auf dem Schiff an mich schrieb, als unnütz weggeworfen hat. Das erklärt übrigens nicht alles. Im großen und ganzen war er guten Willens und sehr nett, und ich bin froh, daß wir geredet haben, obwohl es nichts ändert. Heute früh habe ich im *Flore* gearbeitet und Ihren Vortrag fertig korrigiert. Ich warte auf Vitold, mit dem ich zu Mittag esse. Sie sind sicher auf hoher See; daher haben Sie mich noch nicht ganz verlassen, ich fühle Sie trotzdem noch halb in Frankreich, obwohl die andere Hälfte Amerika zugewandt ist. Wenn Sie dort ankommen, werde ich, glaube ich, in Tunis sein, dann werde ich Sie unter weniger Schmerzen loslassen. So, Kleiner. Es ist mild, grau und trist, und ich fühle mich überhaupt nicht schlecht. Ich habe Aron angerufen, der meine Bitte mit einem gewissen Wohlwollen aufgenommen hat. Ich halte Sie auf dem laufenden. Großes Schweigen über Sie in den Wochenzeitungen dieser beiden Tage – nur eine Kritik meines Vortrags mit einer Karikatur (in *Terre des hommes*) und ein sympathisches Interview von Beaufret über den Existentialismus in *Le Monde*. Ich hebe alles gut für Sie auf.

Mittwoch

Mein lieber Kleiner, mon amour. Jetzt fühle ich, daß Sie abgefahren sind, aber ich bin mit Ihnen genauso vereint, als wären Sie hier, ich habe Sie überhaupt nicht verloren. Ich habe neben dem Bett zwei Fotos von Ihnen: eins mit dem Schnee auf Ihren Schultern und das andere, auf dem Sie ganz verstört im Flugzeug sind und das ich so sehr mag. Bei jedem Aufwachen finde ich Sie wieder und beginne den Tag mit Ihnen. Heute bin ich im *Pont Royal*, es ist 2 Uhr, und es ist ganz ruhig. Ich fühle mich sehr glücklich. Ich denke an Sie, den ich liebe, die Arbeit läuft gut, ich arbeite viel und werde Karl V. beenden – und ich habe einen wunderbaren Abend mit Camus verbracht. Ich sage wunderbar, denn weil ich ihn kolossal mag, kam es mir sehr stark vor, daß er so liebenswert, so herzlich ist und wir so schön zusammen reden. Wir haben bei *Lipp* zu Abend gegessen, im *Pont Royal* etwas getrunken, dann eine Flasche Champagner mit ins *Louisiane* genommen, an der wir bis 3 Uhr früh getrunken haben. Er hat sehr viel über sich geredet, Privatleben und Literatur, auf eine Weise, die mich gerührt hat – und das hat mir Lust gemacht, gute Sachen zu schreiben; daß wir so befreundet sein können mit jemandem, für den dieselben Dinge zählen wie für Sie, hat mir große Lebenslust verschafft. Wenn alles gut läuft, werden wir im Februar 2 Wochen zusammen Ski laufen, er schien auch große Lust darauf zu haben. (...)

Auf Wiedersehen, mon cher petit amour. Heute abend füge ich eine Zeile hinzu, um Ihnen zu sagen, ob ich fahre oder nicht, denn es ist in der Schwebe. Ich glaube, Sie werden diesen Brief bei Ihrer Ankunft vorfinden. Schreiben Sie mir, mon amour, ich will mit Ihnen schön vereint bleiben. Ich bin sehr glücklich über unser Leben und über Sie. Ich möchte, daß Sie dort einen guten Aufenthalt haben. Denken Sie mit Wohlgefallen an mich, wie ich an Sie denke. Ich umarme Sie fest und küsse Ihr liebes kleines Gesicht, das ganz warm dort in meinem Herzen ist. Ich liebe Sie, mein Kleiner.

Ihr reizender Castor

Donnerstag, 25. Januar [1946]

Ganz lieber Kleiner, mon amour!

Kein Brief von Ihnen! Ich kann nicht glauben, daß Sie ein so schlimmer Kleiner sind, wo Sie doch so nett sind, und ich hoffe, ich finde etwas in Tunis vor; ich werde morgen zur Post eilen. Ich schreibe das voller Jubel, denn ich glaube allmählich daran, daß ich wirklich heute abend fahre. Es gab eine Menge Zwischenfälle, Ausfall des Flugzeugs, verlorene Papiere usw. – aber schließlich werde ich um 7 Uhr den Zug nach Marseille nehmen, in Pas-des-Lanciers aussteigen und ein Flugzeug der zivilen Luftfahrt nehmen, was angenehmer ist und weniger gefährlich als ein Militärflugzeug. Ich bleibe einen Monat dort unten, selbst wenn Sie früher nach Hause kommen, denn ich will diese Reise voll ausnutzen. Mir sind gute Dinge zugestoßen: *Die unnützen Mäuler* [S. d. B.'s einziges Theaterstück] werden im Mai in Prag aufgeführt, und ich werde dorthin eingeladen; da die Tschechen uns so freundlich gesonnen sind, hoffe ich, daß wir zusammen fahren. Und dann hat mir die Alliance Française versprochen, mich schon im Oktober für mindestens drei Monate nach Amerika und Mexiko zu schicken; ich habe deswegen Herzklopfen. Im übrigen sind uns 300 000 Francs vom Himmel gefallen, Nagel hat *Geschlossene Gesellschaft* an einen italienischen Filmproduzenten verkauft. Wieviel Steuern Sie bezahlen müssen – es ist besser, nicht daran zu denken, aber ich habe die 50 000 Francs bekommen können, die ich brauchte und für den Fall der Abreise Sorokines beiseite legen werde. Es sieht nicht so aus, als ob es zustande käme; aber sie ist sanft und nett, und es geht ihr ausgezeichnet und dem Kind auch. (...)

In *Action* großer sehr witziger Artikel von Scipion über das *Flore*; die Kellner sind sehr aufgeregt. Fast überall Berichte über den Existentialismus. Immer noch Fotografen, Interviews usw. Ich lehne alles ab, aber vorhin hat mich trotzdem ein amerikanischer Journalist im *Flore* fotografiert.

Die Nr. 4 der *T. M.* ist endlich gedruckt, aber noch nicht ausgeliefert. Ich glaube, Nr. 5 und 6 werden sehr gut. Merleau-Ponty hat mich um ein Editorial für die 6 gebeten, und ich habe einen kleinen Artikel geschrieben, der eindeutig interessanter ist als mein Vortrag *Metaphysik und Roman*, aber er ist nicht fertig, ich muß ihn in Tunis fertigschreiben. Ich hatte viel Ärger mit diesem Gorrély, bei dem Sie unklugerweise einen riesigen Artikel über die russische Literatur (objektive Kritik) bestellt hatten – er hat mir 50 bedeutungslose Seiten abgegeben und 50 weitere versprochen. Ich habe abgelehnt, so gut ich konnte, und gesagt, für eine Entscheidung müsse Ihre Rückkehr abgewartet werden: Sie werden sich zu helfen wissen; er wurde schon wütend. (...)

Mein Kleiner, schreiben Sie mir postlagernd nach Tunis. Ich werde mir die Briefe nachschicken lassen. Und *telegrafieren* Sie, sobald Sie das Datum Ihrer Rückkehr wissen; ich werde meine Vorkehrungen entsprechend treffen. Für den Fall, daß Sie vor mir zurückkehren, sollen Sie wissen, daß Bost uns 40 000 Francs und M. Ponty uns 10 000 schuldet und daß Nagel 250 000 Francs für Sie bereit hält, ganz zu schweigen von einem Scheck bei Ihrer Mutter, einem bei Zette. Sie werden nicht arm sein. Versuchen Sie, Anfang März *für mich* viel Zeit freizuhalten, ich möchte so gern mit Ihnen allein sein, in La Pouèze oder egal wo. Ich ängstige mich immer, sogar vor den Reisen, die mir Spaß machen, ich möchte nicht, daß das Leben uns trennt. Mon cher amour, mein süßer Kleiner, machen Sie es bestens, indem Sie daran denken, wie sehr ich Sie liebe. Ich küsse Sie ganz leidenschaftlich, ich werde aus Tunis schreiben.

Ihr reizender Castor

Ein großes Glück

[Amerika – Tag und Nacht]

26. Januar [1947]

Mitten in der Nacht, in meinen Schlaf hinein, sagt plötzlich eine Stimme ohne Worte: «Etwas ist mir passiert.» Ich schlafe noch und weiß nicht, ob nun ein großes Glück oder eine Katastrophe über mich gekommen ist. Etwas ist mir passiert. Vielleicht bin ich gestorben, wie das häufig in meinen Träumen vorkommt, vielleicht werde ich auf der anderen Seite des Todes erwachen. Ich öffne die Augen und habe Angst. Und es fällt mir ein: Das ist keineswegs das Jenseits – das ist New York.

Es war kein Trugbild. New York ist da und alles ist wahr. Die Wahrheit leuchtet vom blauen Himmel herunter, lebt in der feuchten, milden Luft und ist triumphierender als der ungewisse Zauber der Nacht. Es ist neun Uhr morgens, es ist Sonntag, die Straßen sind leer. Hier und da noch ein paar Lichter auf den Neonreklamen. Kein Passant, kein Wagen, nichts unterbricht die gerade Fluchtlinie der 8. Avenue. Kuben, Prismen, Rechtecke; die Häuser sind abstrakte Körper und die Oberflächen abstrakte Schnittpunkte zweier Volumen; die Materialien sind ohne Dichtigkeit, ohne Verbindung: Es ist der Raum selbst, den man in eine Form gegossen hat. Ich bewege mich nicht, ich schaue. Ich bin da, und New York wird mir gehören. Wieder überkommt mich jene Freude, die ich vor fünfzehn Jahren kennenlernte. Ich trat aus dem Bahnhof heraus und von der Höhe der monumentalen Treppe sah ich zu meinen Füßen alle Dächer von Marseille. Ein Jahr, zwei Jahre sollte ich allein in einer unbekannten Stadt verbringen. Ich bewegte mich nicht und schaute, dabei dachte ich: Diese fremde Stadt ist meine eigene Zukunft und wird einmal meine Vergangenheit gewesen sein. Zwischen diesen Häusern, die Jahre, jahrhundertelang ohne mich existiert haben, verlaufen Straßen für Tausende von Menschen, die nicht Ich waren, die nicht Ich sind. Und nun gehe ich hier, laufe den Broadway hinab, jawohl – Ich. Ich gehe auf den Straßen, die nicht für mich geschaffen wurden, auf denen mein Leben noch keine Spur hinterließ, in denen kein Duft der Vergangenheit weht. Niemand kümmert sich hier um meine Gegenwart, ich bin immer noch ein Phantom und gleite durch die Stadt, ohne etwas an ihr zu ändern. Und doch wird von nun ab mein Leben die Straßenflucht, die Häuserflucht tief in sich aufnehmen: New York wird mir gehören, und ich werde New York gehören.

Ich trinke einen Orangensaft an einer Theke, ich setze mich in die Bude eines Stiefelputzers, auf einen der drei erhöhten Sessel; allmählich werde ich wieder ein Mensch aus Fleisch und Blut, die Stadt wird mir vertrauter, die Oberflächen sind Fassaden und die festen Körper Häuser geworden. Auf dem Fahrdamm wirbelt der Wind Staub und alte Papierfetzen durcheinander. Hinter dem Washington Square hört die Welt der Mathematik auf. Keine starren Ecken mehr, die Straßen haben keine Zahlen, sondern Namen, die Linien runden sich und laufen durcheinander. Ich verlaufe mich wie in einer europäischen Stadt. Die Häuser haben nur drei oder vier Etagen und dick aufgetragene Farben, schwankend zwischen Rot, Ockergelb und Schwarz. Wäsche hängt zum Trocknen an den Feuertreppen, die im Zickzack an den Mauern hochlaufen. Diese Wäsche mit ihrer Hoffnung auf Sonnenschein, die Stiefelputzer an den Straßenecken, die terrassenförmigen Dächer, das alles erinnert von fernher an eine südliche Stadt, während das müde Rot der Häuser eher an den Londoner Nebel denken läßt. Dieses Viertel hat nicht die geringste Ähnlichkeit mit irgendeinem anderen, das ich kenne – aber ich weiß, daß ich es lieben werde.

Die Landschaft wechselt. Ja, Landschaft muß man diese menschenleere Stadt nennen, in die der Himmel einbricht: Er steht über den Wolkenkratzern, er stiehlt sich in die geraden Straßen hinein, er ist zu weit, als daß die Stadt ihn hätte annektieren können, er überflutet sie – es ist ein Gebirgshimmel. Ich laufe zwischen hohen Steilufern auf der Talsohle eines Canyon, in den kein Sonnenstrahl dringt. Die Luft riecht salzig. Die Geschichte der Menschheit steht nicht eingeschrieben auf diesen *buildings* mit ihrem peinlichst auskalkulierten Gleichgewicht: Sie sind den vorgeschichtlichen Höhlen näher als die Häuser in Paris oder Rom. In Paris, in Rom ist die Geschichte bis in die Eingeweide der Erde eingedrungen; die Tiefe von Paris erstreckt sich bis zum Mittelpunkt der Erde. Die Battery von New York hat keine so tiefen Wurzeln getrieben. Unter den Abflußkanälen, Untergrundbahnen und Heizrohren ist der Felsen jungfräulich, vom Menschen unberührt. Zwischen Felsen und freiem Himmel gehören Wall Street, Broadway – im Schatten ihrer ungeheuren Bauten – heute morgen der Natur an. Die kleine rote Kirche mit ihrem Friedhof und den flachen Grabsteinen wirkt mitten auf dem Broadway ebenso überraschend und rührend wie eine heilige Stätte an den wilden Ufern des Ozeans. (…)

Der Fluß riecht nach Salz und Gewürzen. Menschen sitzen auf Bänken in der Sonne: Pennbrüder und Neger. Kinder auf Rollschuhen gleiten über den Asphalt, rennen gegeneinander an, schreien. Am Rand des *drive* werden billige Wohnhäuser gebaut. Diese gewaltigen, sich nach oben verjüngenden *buildings* sind häßlich. Aber weiter hinten sehe ich die hohen Türme der Stadt und jenseits des Flusses Brooklyn. Inmitten des Krachs der Rollschuhe setze ich mich auf eine Bank, ich sehe nach Brooklyn hinüber und fühle mich glücklich. Brooklyn existiert, auch Manhattan mit seinen Wolkenkratzern, und am Horizont das ganze

Amerika. Ich selbst existiere nicht mehr. So ist es. Ich begreife, was ich hier gesucht habe: diese Fülle, die man nur in der Kindheit oder in der ersten Jugend kennt, wenn man sich selbst zugunsten anderer Dinge einmal völlig ausschalten kann. Gewiß, auch bei anderen Reisen habe ich diese Freude genossen, aber sie war flüchtig. In Griechenland, in Italien, Spanien und Afrika blieb Paris für mich das Herz der Welt, Paris war nie völlig aus mir gewichen, ich selbst war immer in meiner Haut geblieben.

Paris hat seine Hegemonie verloren. Ich bin nicht nur in einem fremden Land, ich bin in einer anderen Welt gelandet, in einer selbständigen, abgesonderten Welt; ich berühre diese Welt – sie ist da. Sie wird mir geschenkt werden. Nein, sie wird mir nicht geschenkt werden, sie existiert in einer so blendenden Augenscheinlichkeit, daß es mir nicht in den Sinn kommt, sie in meine Netze einzufangen – es wird eine Offenbarung sein, die ihre Vollendung jenseits der Grenzen meiner eigenen Existenz finden wird. Mit einem Schlag bin ich befreit von der Sorge um jenes monotone Unternehmen, das ich mein Leben nenne. Ich bin nur noch das bezauberte Bewußtsein, durch welches hindurch das souveräne Objekt sich entschleiern wird.

Ich bin lange gelaufen. Als ich an die Brücke kam, war die Sonne ganz rot, das Gitterwerk der metallischen Brükke stand gegen den flammenden Himmel. Durch das Eisennetz hindurch sah ich die hohen, viereckigen Türme der Battery; der horizontale Schwung der Brücke, der vertikale Höhenflug der Wolkenkratzer, welch ein Stelldichein! Und ein glorreiches Licht krönte diese kühne Vision.

Ich habe um 18 Uhr eine Verabredung im *Plaza*, 59. Straße. Ich steige zur Hochbahn hinauf, sie ist rührend wie ein Erinnern, kaum breiter als eine Schmalspurbahn in der Provinz; die Wände sind aus Holz, man könnte meinen: eine Haltestelle auf dem Land. Auch die Drehtür ist aus

Holz, aber sie dreht sich automatisch – kein Angestellter: Man passiert sie mit Hilfe eines Nickels, jenes magischen Geldstücks, das die Telefonapparate in Bewegung setzt und auch die Türen jener stillen Klausen öffnet, die man hier schamhaft *restrooms* nennt. In Höhe der ersten Etage fahren wir über die Bowery dahin. Wir sausen an den Stationen vorbei – da ist schon die 14. Straße, dann die 35., die 42. – ich warte auf die 59., aber wir fliegen an ihr vorbei; 70., 80. Straße, wir halten gar nicht mehr. Unter uns sind alle Lichter entzündet, das ist wieder jenes nächtliche Fest, das ich aus Himmelshöhen sah: Kinos, Bars, *drugstores*, Karusselle. Ich fliege durch einen wunderbaren Lunapark und selbst die kleine Hochbahn ist eine Jahrmarktsattraktion. Wird sie noch einmal halten? Wie groß ist doch New York …

Ich war in einen *express* gestiegen. An der nächsten Station steige ich aus und nehme einen *local*. Ich warte lange in der parfümierten, überheizten *hall* des *Plaza*; die Umgebung ist die gleiche wie in dem Restaurant heute mittag: zuviel Spiegel, zuviel Teppiche, Behänge und Kronleuchter. Ich bin erstaunt, wie lange ich warten muß, und plötzlich bemerke ich, daß ich im *Savoy Plaza* bin; mein Rendezvous ist gegenüber. Ermüdet, durcheinandergebracht und betäubt von so vielen Entdeckungen und Irrtümern, setze ich mich an die Bar des *Plaza*, zu meinem Glück hatte man auf mich gewartet. Der Martini bringt mich wieder zu mir. Der große, in schwarzer Eiche möblierte Saal ist überheizt, überfüllt. Ich sehe mir die Leute an. Überraschend sind die Frauen. Auf ihren gepflegten, in tadellose Wellen gelegten Haaren tragen sie wahre Blumenbeete und Vogelhäuser. Die meisten Mäntel sind aus Nerz, die umständlich drapierten Kleider sind mit glänzenden Pailletten übersät und mit schweren, wert- und phantasielosen Edelsteinen besetzt. Alle tragen weit ausgeschnittene Schuhe mit sehr hohen Absätzen. Ich schäme mich meiner Schweizer Schuhe mit Crêpesohlen, auf die ich so stolz war. Ich habe an diesem winterlichen Tag auf der Straße nicht eine einzige Frau mit flachen Absätzen gesehen; keine hatte den freien, sportlichen Gang, den ich bei den Amerikanerinnen erwartete. Alle tragen Seide, keine Wolle, alle tragen Federn, kleine Schleier, Blumen, Putz. Zuviel Schmuck, zu viele Spiegel und Behänge; zum Essen zu viele Soßen und zuviel Sirup, und überall zuviel Hitze. Auch der Überfluß ist eine Geißel. (...)

31. Januar

Was das Alltagsleben in Amerika so angenehm macht, das ist die gute Laune und die Herzlichkeit der Amerikaner. Natürlich hat das auch seine Kehrseiten. Die unaufhörlich wiederholten gebieterischen Aufforderungen, «das Leben von der guten Seite zu nehmen», fallen mir auf die Nerven. Auf den Reklamen, ob sie nun Quaker-Oats, Coca-Cola oder Lucky Strike anpreisen – welch eine Überfülle von schneeweißen Zähnen: das Lächeln scheint ein Starrkrampf zu sein. Das junge, verstopfte Mädchen schenkt ein verliebtes Lächeln dem Zitronensaft, der ihren Därmen Erleichterung verschafft. In der U-Bahn, auf der Straße, auf den Seiten der Magazine verfolgt mich dieses Lächeln wie eine Zwangsvorstellung. In einem *drugstore* las ich auf einem Aushängeschild: *Not to grin is a sin* – nicht lächeln ist eine Sünde. Man fühlt die Vorschrift heraus, das System. *Cheer up! Take it easy!* Dieser Optimismus ist für die soziale Ruhe und das wirtschaftliche Gedeihen des Landes unentbehrlich. Wenn ein Bankier einem jungen Franzosen, der in Verlegenheit ist, großzügig 50 Dollar ohne Sicherheiten leiht, wenn der Manager meines Hotels das leichte Risiko auf sich nimmt, die Schecks seiner Gäste anzunehmen, dann deswegen, weil dieses Vertrauen Voraussetzung einer auf Kredit und Geldumlauf fundierten Wirtschaft ist. (...)

1. Februar

Spaziergänge in New York, Gemäldegalerien, Museen – ich bin eine gewissenhafte Touristin. Von Zeit zu Zeit besuche ich einen Verleger; den Direktor eines Magazins, aber auch hierbei bleibe ich immer noch Touristin. Ich betrete zum Beispiel ein großes *building* in der Lexington Avenue und bleibe vor einer ungeheuren Wandtafel stehen, auf der alle Büros des Gebäudes verzeichnet sind. Das Haus ist eine Stadt für sich. Wie in der U-Bahn sind hier die Aufzüge unterteilt in *local*, die die sieben ersten Etagen bedienen, und in *express*, die gleich bis zum achten Stock steigen. Ein geschäftliches Rendezvous ist ein Ausflug. Die Wartesäle sind schöne Aussichtspunkte. Ich liebe es, von der sechzehnten Etage auf die Häuser von New York zu blicken. Die Dächer sind flach, es sind keine eigentlichen Dächer, es sind mehr asphaltierte und zementierte Terrassen. Oft dienen sie als Parkplatz für Autos, und es ist komisch, die glänzenden Waben, ordentlich in Reih und Glied, in Höhe der sechsten Etage zu sehen.

Ich lasse keine Gelegenheit aus, Amerikaner zu treffen. Gestern abend war ich bei A. M., wo Richard Wright über seine französischen Erfahrungen sprach. Von diesem Vortrag abgesehen, war der Abend ziemlich trübe. Aber ich habe R. C. getroffen, dessen Name in meinem Heftchen steht. Er ist Dichter und Essayist und übersetzt französische Werke ins Amerikanische, mit anderen Worten: er spricht sehr gut Französisch. Heute haben wir zusammen zu Mittag gegessen, wobei er mir den Vorschlag machte, mich zu einer *party* amerikanischer Intellektueller mitzunehmen. Ich stimme begeistert zu. Gegen 19 Uhr komme ich in eine kleine Wohnung in der 20. Straße. Die Wohnung ist voller Bücher, Bilder, Möbel und altmodischer als viele Wohnungen in Paris. Außer R. C. kenne ich niemand, und niemand spricht Französisch. Wie bin ich hier gelandet? Ich fühle mich neuerdings als Phantom, das durch die Wände hindurchgeht und die Menschenwelt betrachtet, ohne ihr anzugehören. Das ist zwar magisch, aber enttäuschend – denn kann man sehen, wenn man nicht versteht?

Man reicht mir ein großes Glas Manhattan. Die Dame des Hauses trägt ein langes schwarzrotes Taftkleid, ihre Haare fallen in dicken dunklen Locken auf ihre Schultern, sie hat die hervortretenden Augen einer Schlafwandlerin. Die Gäste sind weniger befremdlich, aber bei fast allen ist eine gewisse Sucht nach Originalität festzustellen, sei es nun durch eine ulkig geknotete Schärpe, durch ein gewagtes Zusammenspiel von Farben oder durch eine allzu schwere Franse: Es ist eine Gesellschaft von Schriftstellern und Künstlern. Alle diese Frauen sind elegant. Die Frau von R. C. bedient in einem *drugstore*, die junge Frau mit den dunklen Locken arbeitet in der Anzeigenabteilung eines großen Magazins, diese da schreibt Modeberichte. Weder ihre Kleider noch ihr Auftreten lassen im geringsten auf die Härte ihrer Existenz schließen. Bei den Männern weiß ich nicht, auf wen ich meine Blicke richten soll: Gesichter, Gesichter, alle verschieden, aber alle sind für mich ohne Bedeutung. Das exotische Quaken amerikanischer Stimmen hüllt mich ein. Ich fühle mich verloren. Und doch liegt in diesem Augenblick für mich ein Beginnen, ein Versprechen: Ich nehme es nicht hin, daß alle diese Menschen um mich herum mir nichts bedeuten sollen. Ich trinke einen zweiten, einen dritten Manhattan. Auf die Gefahr hin, Englisch sprechen zu müssen, ich muß eine Plattform für ein Gespräch mit diesen Leuten finden: Amerikaner müssen mich in Amerika einführen. (...)

2. Februar

Diejenigen Franzosen, die das mächtige Amerika auf den Knien anbeten, haben noch unterwürfiger als selbst die Amerikaner alle Vorurteile in sich aufgenommen. Einer von ihnen sagte mir: «Wenn Sie wollen, fahren wir im Auto durch Harlem. Man *kann* im Auto durch Harlem fahren, vor allem aber: gehen Sie nicht zu Fuß!» Und ein etwas Beherzterer: «Wenn Sie durchaus Harlem sehen wollen, verlassen Sie auf keinen Fall die großen Avenuen. Wenn etwas passiert, können Sie immer noch in die U-Bahn flüchten. Vor allem aber: vermeiden Sie die kleinen Straßen.» Und man erzählte mir mit Schaudern, daß man im Morgengrauen erdolchte Weiße in den Abflußrinnen finde. Ich bin in meinem Leben schon an so vielen Orten gewesen, von denen die «Wohlgesinnten» behaupteten, dort *könne* man nicht hingehen, daß ich mich nicht allzusehr beeindrucken ließ: Kurz entschlossen machte ich mich auf den Weg nach Harlem. (...)

Ich lief durch die großen Avenuen und die kleinen Straßen. Wenn ich müde war, setzte ich mich in die Anlagen. In Wahrheit konnte mir gar nichts zustoßen, und wenn ich mich nicht restlos sicher fühlte, dann nur wegen der Furcht im Herzen der Menschen, die meine Hautfarbe haben. Wenn ein reicher Bourgeois, der sich in eine ausgehungerte Vorstadt wagt, Furcht empfindet, so ist das natürlich. Er bewegt sich in einer Welt, die der seinigen feind ist und sie eines Tages besiegen wird. Aber Harlem hat seine vollkommene Gesellschaftsordnung mit seinen Bürgern und Proletariern, seinen Reichen und seinen Armen, die sich nicht in einer revolutionären Aktion zusammengeschlossen haben, die wünschen, sich völlig in Amerika einzuleben, und nicht, es zu zerstören. Diese Neger werden nicht plötzlich die Wall Street überschwemmen, sie sind keine unmittelbare Bedrohung. Die unsinnige Furcht, die sie auslösen, kann nur die Kehrseite eines Hasses und einer Art von Gewissensbissen sein. Im Herzen von New York gelegen lastet Harlem auf dem guten Gewissen der Weißen wie die Erbsünde auf dem Gewissen eines Christen. (...)

Und weil ich eine Weiße bin, lastet dieser Fluch auch auf mir – was ich auch denken, sagen oder tun mag. Ich wage nicht, den Kindern in den Anlagen zuzulächeln, ich fühle mich nicht berechtigt, durch die Straßen zu bummeln, in denen die Farbe meiner Augen Ungerechtigkeit, Hochmut und Haß bedeutet.

Dieses seelische Mißbehagen ist, weit mehr als die Ängstlichkeit, der Grund, weshalb ich glücklich bin, daß mich heute abend Richard Wright ins *Savoy* begleitet; ich werde mich weniger verdächtig fühlen. Er holt mich im Hotel ab, und ich bemerke, daß man ihn in der *lobby* ohne Wohlwollen betrachtet: Würde er hier ein Zimmer bestellen, es würde ihm fraglos verweigert werden. Wir essen in einem chinesischen Restaurant zu Abend, denn wahrscheinlich würde man uns in einem *uptown*-Restaurant nicht bedienen. Wright lebt mit seiner Frau – einer Weißen aus Brooklyn – in Greenwich. Sie erzählt mir: wenn sie mit ihrem Töchterchen in ihrem Viertel spazierengeht, so bekommt sie täglich die unfreundlichsten Bemerkungen zu hören. (...)

Das *Savoy* ist ein großes amerikanisches *dancing*, ohne jede Besonderheit. Auf der einen Seite ist die Tanzfläche abgegrenzt durch eine Wand, an der das Orchester sitzt; auf der anderen Seite sind Nischen mit Tischen und Stühlen, dahinter liegt eine Art *hall*, nicht unähnlich der *lobby* eines Hotels. Der Boden ist mit einem Teppich bedeckt, und Leute mit gelangweilten Gesichtern sitzen auf Sesseln – das sind Gäste, die nichts verzehren. Sie entrichten nur den Eintrittspreis, und zwischen den Tänzen sitzen die Frauen als Mauerblümchen herum wie bei einem Ball auf der Präfektur. Wir nehmen in einer Nische Platz und Wright stellt eine Flasche Whisky auf den Tisch. Whisky wird hier nicht serviert, aber der Gast darf welchen mitbringen. Wir bestellen Soda, wir trinken und sehen uns um. Kein weißes Gesicht. Obwohl man in dieses Lokal ebensogut gehen kann wie durch die Lenox Avenue, wagen sich doch nur einige wenige Jazzenthusiasten und Fremde hierher. Die meisten Frauen sind jung; sie tragen einfache Röcke und kurze Pullover, aber ihre Schuhe mit hohen Absätzen verraten bisweilen einen verschrobenen Geschmack; die mehr oder weniger dunkle Tönung ihrer Haut kleidet ihre nackten Beine besser als Nylonstrümpfe. Viele sind hübsch, vor allem aber machen alle einen lebendigen Eindruck – welch ein Unterschied zu der kalten Aufgeblasenheit der weißen Amerikaner! Und wenn man diese Männer tanzen sieht, deren animalisches Leben nicht unter einem Panzer puritanischer Tugend erstickt worden ist, begreift man, in welchem Umfang sexuelle Eifersucht den Haß nährt, den die weißen, schwerfälligen Amerikaner den Negern gegenüber empfinden. Tatsächlich ist der Prozentsatz der Lynchmorde, deren Täter ein sexuelles Motiv zum Vorwand nehmen, sehr klein. Aber hartnäckig glauben und sagen die Weißen, daß die Neger hinter den weißen Frauen mit der ganzen Geilheit von wilden Tieren her sind – aber auch damit tarnen sie eine ganz andere Furcht: die Furcht, daß die weißen Frauen «bestialisch» von den Negern angezogen werden; sie sind selbst fasziniert von der Liebesfähigkeit, die sie den Negern unterstellen. Ihr Neid erstreckt sich aber noch weiter. Grollend sagen sie: «Diese Leute sind freier und glücklicher als wir.» Es ist etwas Wahres an dieser Behauptung. Wieviel Heiterkeit, Freiheit und Leben schwingt in dieser Musik, in diesem Tanz! Das berührt mich um so stärker, als dieses große *dancing* etwas Gemütliches und Alltägliches hat. Wenn in der Rue Blomet in Paris die Neger mitten unter den Weißen tanzen, sind sie zu selbstbewußt; vor allem bei den Frauen hat die Zügellosigkeit der Gesten etwas Provozierendes, das leicht ins Obszöne ausartet. Hier sind sie unter sich, sie suchen keinerlei Effekthascherei. Viele dieser jungen Frauen gehören gesitteten Familien an und gehen ohne Frage am Sonntagmorgen in die Kirche. Sie haben den ganzen Tag gearbeitet und suchen hier in Gesellschaft ihrer Freunde eine harmlose Zerstreuung. Sie tanzen so einfach, wie es ihrem Naturell entspricht; es bedarf einer völligen inneren Entspannung, um sich so vollkommen von der Musik und dem Jazzrhythmus einfangen zu lassen; es ist die gleiche Entspannung, ohne die es kein Träumen und keine Rührung gibt, kein zielloses Dahinschlendern und kein Lachen, und die die meisten weißen Amerikaner nicht kennen. (...)

Ich höre den Jazz, sehe den Tanz, trinke den Whisky; ich fange an, den Whisky lieb zu gewinnen. Ich fühle mich ganz wohl. Das *Savoy* ist das größte *dancing* von New York, das heißt: das größte der Welt. In dieser Behauptung liegt etwas, das dem Geist Genugtuung verschafft. Und dieser Jazz ist vielleicht der beste der Welt – jedenfalls kann er nirgendwo seine vollkommenere Bestätigung finden – er findet sie im Tanz, in den Herzen, in dem ganzen Leben der Menschen, die hier versammelt sind. Wenn ich in Paris Jazz hörte, wenn ich Neger tanzen sah, so war der Augenblick niemals restlos vollkommen, er deutete auf etwas anderes, auf eine abgeschlossenere Wirklichkeit, deren unbestimmter Abglanz er nur war – er deutete gerade auf diese Nacht. Hier stoße ich auf etwas, das auf nichts anderes, nur auf sich selbst hindeutet: Ich bin aus der Höhle hervorgekommen. Mitunter habe ich in New York jenes Vollgefühl empfunden, das die Betrachtung einer reinen *Idee* dem befreiten Herzen schenkt: Dies ist das größte Wunder dieser Reise und nie war es leuchtender als heute.

7. Februar

Heute abend soll ich im Vassar College einen Vortrag halten. (...)

Man führt mich in den Vortragssaal, die ziemlich große Bühne steht voll griechischer Kulissen; die Schülerinnen geben hier demnächst *Die Fliegen*. Das Theater spielt im Leben des College eine große Rolle. Theater ist hier ein offizielles Studienfach. Ich nehme Platz und beginne meinen Vortrag. Alle *college girls*, die etwas Französisch verstehen, sind hier beisammen; sie sind zwischen sechzehn und zwanzig Jahre alt. Die vier Studienjahre entsprechen ungefähr unseren beiden Jahren der Reifeprüfung und Vorbereitung einer *licence*. Wie hübsch sie sind! Aus der Nähe besehen sind ihre Gesichter gar nicht so außergewöhnlich. Aber die Haare sind schön wie Shampooreklamen, die Gesichter geschminkt wie die von dreißigjährigen Frauen; und – allen Fanatikern des «Natürlichen» zum Trotz – diese Mischung aus Jugendfrische und künstlicher Nachhilfe, dieses schwere Lippenrot über dem jugendlichen Blitzen der weißen Zähne, dieses Lächeln der sechzehnjährigen Augen unter den langen, nachgefärbten Wimpern, das alles erscheint mir entzückend. Viele haben ihr Skikostüm anbehalten. Andere erscheinen in jenem von den alten Professoren vergebens gerügten Aufzug, der in Vassar beinahe zur Uniform geworden ist: blaue, über dem Fußknöchel aufgekrempelte Trainingshosen, ein weißes oder in lebhaften Farben kariertes Männerhemd, das frei über der Hose flattert und dessen Enden vorn mit ausgeklügelter Nachlässigkeit verknotet werden. Die Hemden sind blitzsauber, aber die Trainingshosen müssen schäbig und dreckig aussehen; falls erforderlich zieht man sie durch den Staub, näht scheußliche Flicken darauf und bessert mit einem dunkleren Faden unsichtbare Risse aus. Wie Jungens angezogen, geschminkt wie Straßendirnen, stricken viele dieser jungen Mädchen, während sie mir zuhören. Die Freude am Stricken, sagt man mir, ist ihnen während des Kriegs beigebracht worden. Dieses Handarbeitsüberbleibsel ist im Land der Serienproduktion erstaunlich. Das Stricken ist für viele dieser Studentinnen, wie ich annehme, ein Stück antizipierte Ehe und Mutterschaft.

Vassar ist eines der aristokratischsten Colleges Amerikas, das heißt: das Studium ist sehr teuer und die Studentinnen sind sorgfältig gesiebt nach ihren geistigen Fähigkeiten, ihrer Familie, ihrem Vermögen. Sie kommen aus allen Staaten Amerikas, bisweilen werden sogar ein oder zwei Farbige aufgenommen. Es gibt auch ein paar Stipendiaten, aber im großen und ganzen ist diese Luxuskultur einer begüterten Oberschicht vorbehalten. Alle diese *college girls* sehen gesund und glücklich aus; auch von ihrer Ungezwungenheit ohne Frechheit und von ihrer unaufdringlichen Heiterkeit bin ich angenehm überrascht. Ihre Höflichkeit ist immer natürlich, und ihre Natürlichkeit bewahrt immer einen höflichen Takt. Ich wüßte gern, ob sie sich ihres Glücks bewußt sind und ob ein so sorgloses Leben ihnen nicht schädlich ist. Man antwortet mir vage: Sie sind nett, seriös, sie arbeiten sehr gut. Ich hoffe, anderswo Lehrer anzutreffen, die den Dingen besser auf den Grund schauen oder weniger verschwiegen sind. Ich jedenfalls liege auf der verkehrten Seite: Man müßte zwanzig Jahre jünger sein, um sie wirklich kennenzulernen.

8. Februar

Ich sehe die *college girls* im Zug wieder, der mich nach New York zurückbringt. Sie wollen das *weekend* in der Stadt verbringen. Man erkennt sie kaum wieder. Genau wie ihre Mütter und ihre älteren Schwestern tragen sie Federhüte, Blumen, Schleier, schwere Pelze, Schuhe mit hohen Absätzen. Sie sind weit weniger reizend als gestern. Es wird mir klar, daß ihr origineller Campusaufzug auch nichts anderes war als eine Tracht: Trainingshose – Nerzmantel – zwei

Uniformen. Ich glaube, die Amerikanerinnen ziehen sich nie für sich selbst an. Die Kleidung ist zunächst die Zurschaustellung eines Lebensstandards. Aus diesem Grund fehlt auch jede persönliche Note, die sich nicht in Dollars ausdrücken läßt. (Ausgenommen hiervon sind gewisse Kreise von Künstlern und Intellektuellen, aber selbst hier sind Seide und Pelzwerk selbstverständliche Voraussetzungen.) Die Hierarchie trägt hier quantitativen Charakter: dem gleichen Vermögen steht der gleiche Pelzmantel zu. Der gesellschaftliche Erfolg einer Frau hängt in einem hohen Maß vom Luxus ihrer äußeren Erscheinung ab – eine entsetzliche Sklaverei für die Armen. Eine Angestellte, eine Sekretärin muß ungefähr 25 Prozent ihres Gehalts für den Friseur und für kosmetische Artikel ausgeben. Sie würde an Ansehen verlieren, wenn sie zwei Tage hintereinander im gleichen Kleid in ihr Büro käme. Um für eine gewisse große Frauenzeitschrift zu arbeiten, wo man eine raffinierte Eleganz verlangt, braucht man eine teurere Garderobe als eine Animierdame in einem Pariser Nachtlokal. Viele junge Frauen können das notwendige Geld nicht aufbringen; aus diesem Grund bleibt eine große Anzahl von Stellungen gerade denen verschlossen, die sie am nötigsten hätten. Wenn man in New York ankommt, erscheint einem der Glanz der Haare und des Teints wie ein Wunder – aber das ist ein Wunder, das viel Geld kostet. Eine andere Tatsache ist, wie ich glaube, besonders bezeichnend; die der Amerikanerin aufgezwungene Standardkleidung ist nicht dazu da, ihrer Bequemlichkeit zu dienen; diese Frauen, die bei jeder Gelegenheit so nachdrücklich ihre Unabhängigkeit fordern und deren Haltung dem Mann gegenüber so leicht aggressiv wird, ziehen sich für die Männer an: diese Absätze, die ihren Gang lähmen, diese zerbrechlichen Federn, diese Blumen mitten im Winter – all dieser Putz soll unzweifelhaft ihre Fraulichkeit unterstreichen und die

Blicke der Männer anziehen. Tatsächlich ist die Toilette der Europäerin weniger unterwürfig. (...)

Die Beziehungen zwischen Menschen haben hier eine reizende Ungezwungenheit. Vielleicht sind in Frankreich die Freundschaften fester und tiefer verankert, ich weiß es nicht – jedenfalls hat bei uns ein erstes Kennenlernen nicht diese Wärme. Und mit welcher Beflissenheit sind alle diese Menschen bereit, einem gefällig zu sein! (...)

21. Februar

Meine New Yorker Freunde gaben mir zwei Adressen, eines Schriftstellers und einer alten Dame. Wenn ich meinen Abend nicht verlieren will, muß mir einer von den beiden zu Hilfe kommen. Für die Nächte von Chicago gebe ich dem Schriftsteller den Vorzug. Ich nehme den Hörer und verlange Mr. N. A. [Nelson Algren] Eine mürrische Stimme antwortet mir: «Sie haben eine falsche Nummer.» Ich sehe noch mal ins Telefonbuch – es muß also an meiner Aussprache liegen. Wieder greife ich zum Hörer. Kaum habe ich den Mund aufgemacht, so antwortet mir die gleiche Stimme, diesmal verärgert: «Falsche Nummer!» Ich lege auf – was tun? Ich versuche es bei der alten Dame. Nicht zu Hause. Gut. Ich esse melancholisch an der Theke eines *drugstore* zu Abend, aber ich will mir diesen Abend nicht zwischen den Fingern zerrinnen lassen. Allein freilich kann ich nichts unternehmen. Auch New York hat sich mir erst erschlossen, als ich Führer hatte. Im Wirbel der Lichter, im Wirrwarr der Straße, werde ich niemals vor den rechten Türen landen. Ich versuche es noch einmal mit dem Schriftsteller. Er hängt ein. Ich bin stur. Ich bitte die Telefonistin, die Verbindung herzustellen. Sowie sie es läuten hört, sagt sie mit sanfter Autorität und einer Vertrauen einflößenden Stimme: «Wollen Sie so freundlich sein, die

Verbindung einen Augenblick zu halten.» Am anderen Ende des Drahts wird im Namen unserer gemeinsamen Freunde der Unbekannte zugänglicher, seine Stimme wird klarer; natürlich – er wird entzückt sein –, in einer halben Stunde holt er mich in der *lobby* ab. (...)

Heute abend habe ich nun einen Unbekannten aufgestört, damit er mir zu einem interessanten Abend verhelfe. Das ist aufdringlich. Dabei riskiere ich auch noch, mich zu langweilen. Ich fühle mich nicht gerade glücklich, als ich die *lobby* betrete, ein Buch in der Hand als Erkennungszeichen, als ginge ich zu einem vom Heiratsvermittler zustande gebrachten Rendezvous. Was mich tröstet ist der Gedanke, daß das Schicksal dieses Abends nicht mehr in meine Hand gelegt ist. Ich habe mein Bestes getan, mein Gewissen ist beruhigt.

Bei jedem neuen Zusammentreffen mit einem Amerikaner muß ich seine Sprache von neuem erlernen. Ich frage mich, ob auch in Frankreich die Menschen so verschiedene Ausdrucksformen haben. Ich verstehe mühelos R. W. und A. E. Aber als ich N. A. in einer kleinen, stillen Bar gegenübersitze, geht mir die Hälfte dessen, was er sagt, verloren; und ich habe den Eindruck, er hat nicht weniger Schwierigkeiten als ich. Er weiß nicht recht, was er mir von Chicago zeigen soll. Es gibt keinen guten Jazz, die Nachtlokale für die *middle class* sind hier nicht interessanter als in New York, und für die Burlesken kann ich mich nicht erwärmen. Wenn ich will, kann er mich in Gegenden führen, wohin mich zu wagen ich fraglos in Amerika nicht oft Gelegenheit haben werde. Er kann mir einen Ausschnitt aus der Unterwelt Chicagos zeigen, die er gut kennt. Ich nehme an.

Er fährt mit mir in die West Madison Avenue, die man auch die Bowery von Chicago nennt. Hier sind die Hotels für alleinstehende Männer, die *flop houses*, die armseligen Bars. Es ist sehr kalt, der Fahrweg ist fast ganz leer. Aber man sieht ein paar Menschen mit den Gesichtern Verkommener, die sich im Schatten der Tore verbergen oder auf den vereisten Gehsteigen herumstehen. Wir gehen in eine Bar, die mich an *Sammy's Follies* erinnert, aber es gibt keine Vorführungen und keine Zuschauer. Ich bin der einzige Tourist. N. A. ist kein Tourist, er kommt häufig hierher, kennt hier alle Menschen, Pennbrüder, Säufer, alte, vergangene Schönheiten. Käme hier die Verrückte von Chaillot herein, niemand würde sich umdrehen. Im Hintergrund spielt ein kleines Negerorchester. Auf einem Schild liest man: «Tanzen streng verboten», aber die Pärchen tanzen. Ein Hinkefuß bewegt sich mit schweren Entenschritten vorwärts. Sowie er aber tanzt, gehorchen ihm seine Beine, er dreht sich, springt, ein wahnsinniges, verrücktes Lächeln auf den Lippen. Offenbar verbringt er hier Tag und Nacht und tanzt die ganze Nacht. An der Bar sitzt eine Frau mit langen, feinen und gelockten Haaren, die mit einem großen roten Band geschmückt sind; bald sind ihre Haare blond und ihr puppiges Gesicht scheint einem jungen Mädchen zu gehören, bald ist ihr Kopf wie mit weißem Werg überzogen, dann ist sie eine Hexe von über 60 Jahren. Sie leert eine Literflasche Bier nach der andern, sie spricht zu sich selbst und stößt herausfordernde Schreie aus. Mitunter steht sie auf und tanzt mit hochgehobenen Kleidern. Ein Trunkenbold, der am Tisch eingeschlafen war, wird wach, kriegt ein dickes Frauenzimmer in Lumpen zu packen, und schon hüpfen sie beide davon. Sie tanzen in einer entfesselten Freudigkeit, die an Wahnsinn und Verzückung grenzt. So häßlich, so alt, so elend sie sind, einen Moment lang vergessen sie alles, sind glücklich. Ich fühle mich betäubt, sperre die Augen auf und sage: *«It is beautiful.»* N. A. ist über dieses Prädikat erstaunt, er findet es sehr französisch. «Bei uns», sagt er, «sind Schön und Häßlich, Grotesk und Tragisch, Gut und Böse scharf voneinander geschieden; die Amerikaner lehnen die Idee ab, daß diese Extreme sich vermischen könnten.» Er ist zufrieden, daß ich das Lokal so interessant finde, und sagt: «Ich zeige Ihnen noch etwas Besseres.»

In einem gewissen Sinn ist es tatsächlich besser. Hier sind nur Männer, Männer von West Madison mit verwüsteten oder idiotischen Gesichtern, sie sind so dreckig, daß man meint, sie müßten grau bis auf die Knochen sein, und verbreiten um sich einen entsetzlichen Armeleutegeruch. Um ein Uhr nachts strömen sie herein auf der Suche nach einem Unterschlupf gegen den Schnee und die eisige Nacht. Einige treten – ein paar Nickel in der Hand – an die Theke. Sie trinken Bier, andere versuchen uns Scheren, Bleistifte zu verkaufen und betteln um 50 Cent. Eine Wasserstoffblonde sitzt an der Kasse. «Alles, was ich von moderner französischer Literatur weiß, verdanke ich ihr», sagt N. A. «Sie ist vollkommen auf dem laufenden.» Und als ich zögere, ihm zu glauben, lädt er F. auf ein Gläschen zu uns ein. «Wieweit ist Malraux mit seinem letzten Roman?» fragt sie mich auf der Stelle «Gibt es einen zweiten Band? Und Sartre? Ist er mit *Wege der Freiheit* fertig? Ist der Existentialismus noch Mode?» Ich bin sprachlos.

22. Februar

Ich fühle mich in diesen Bars, in diesen kleinen Straßen, durch die ein eisiger Wind fegt, wohl. Ich fühle mich nicht mehr allzusehr als Touristin. Ich habe den Eindruck, einen authentischen Nachmittag von Chicago in Begleitung eines echten Eingeborenen zu erleben. N. A. hat hier seine Kindheit und die meisten Jahre seines Lebens verbracht. Ich frage ihn nach seinem Leben: Es ist das klassische Leben eines amerikanischen Schriftstellers und ähnelt in vielem dem, was ich darüber gelesen habe. Mit Erstaunen entdeckt man in einem Einzelfall die Wahrheit dieser stereotypen Geschichten. Als Kind strolchte er durch Chicago; hier bilden die Kinder *gangs* wie die Erwachsenen: Sie treten in Banden auf und rauben den Laden irgendeines Grünkramhändlers [Gemüsehändlers] aus. Der Überfall geschieht so schnell, daß die Geschäftsleute sich kaum verteidigen können. Bis sie die Polizei herbeigerufen haben, sind die Einbrecher auf und davon, und hinterher ist es sehr schwer, sie mit Sicherheit zu identifizieren. Das Baseballspiel nimmt ebenfalls einen bedeutenden Platz in der Freizeitgestaltung ein. Zum Zeitpunkt der großen Wirtschaftskrise war N. A. ein junger Mann. In ganz Amerika suchte er Arbeit, fuhr in Güterwagen versteckt durch das Land und aß und schlief auf Kosten der Heilsarmee. In New Orleans wurde er Kolporteur. Der Beruf brachte wenig ein, und wochenlang ernährte er sich ausschließlich von Bananen. Um seinen Umsatz zu erhöhen, kam er auf die Idee, allen Kundinnen, die ihm für 5 Dollar Ware abkauften, eine Dauerwelle bei dem Friseur X zu versprechen. Bald darauf erschienen die Kundinnen massenweise bei dem Friseur und verlangten sehr nachdrücklich ihre Dauerwelle. Als die Sache brenzlig wurde, reiste N. A. nach Mexiko und von dort wieder in die Staaten, wo er eine Menge Berufe ausübte: Verkäufer von *hot-dogs* und *hamburgers*, Masseur, Kegeljunge – dieses Handwerk, meint er, das darin besteht, immer wieder Kegel aufzustellen, die immer wieder umgeschmissen werden, ist nicht sonderlich anstrengend. Als er mit einem Kameraden bei einer Tankstelle angestellt war, begann er zu schreiben, zunächst zu seinem Vergnügen, später mit der Hoffnung, etwas Geld zu verdienen. Sein erster Roman war ein Erfolg, er bekam Verlagsverträge, was ihm gestattete, neue Bücher in Angriff zu nehmen. Er befreundete sich mit R. Wright und J. T. Farrell. Obgleich sie literarisch nicht allzuviel gemein haben, werden sie der Schule von Chicago zugehörig gerechnet. Während des Kriegs war er in Deutschland und in Marseille, kam auch auf der Hin- und Rückfahrt durch New York, aber er kennt die Stadt nicht. Nie kommt er aus Chicago heraus, wo er fast nie mit einem anderen Schriftsteller zusammenkommt. Seine Freunde sind die Leute von der Bowery oder seine Nachbarn im polnischen Viertel. Er ist das schlagendste Beispiel für die große geistige Vereinsamung, in der die amerikanischen Schriftsteller leben.

Als ich später mit J. L. und V. in einem großen, eleganten Restaurant des *Loop* sitze, in dem Cocktails und gerösteter Hummer serviert werden, kann ich kaum glauben, daß dies noch die gleiche Stadt ist. Bevor sie mich zum Bahnhof bringen, zeigen sie mir die *skyline* im Lichterglanz, sie ist fast ebenso schön wie die von New York. Aber rückschauend denke ich: Wenn ich gestern abend nicht so stur gewesen wäre, hätte ich von Chicago kaum mehr als eine Kulisse aus Steinen und Lichtern und kaum mehr als eine verlogene Fassade von gesitteter Üppigkeit kennengelernt. So aber habe ich einen Blick hinter die Kulissen werfen und eine wirkliche Stadt sehen können, tragisch und alltäglich, faszinierend wie alle Städte, in denen Menschen aus Fleisch und Blut zu Millionen leben und kämpfen. Der Bahnhof, von dem aus ich den Zug nach Los Angeles nehme, steht in einem überraschenden Gegensatz zu dem, in dem ich gestern ankam: Er ist kaum mehr als eine große, halb demolierte Holzbaracke. V. steckt mir einen Armvoll Zeitschriften und Bücher zu, J. L. bringt mich bequem in meinem Abteil unter. Es tut mir aufrichtig leid, abreisen zu müssen. Ich muß es irgendwie einrichten, noch einmal nach Chicago zu kommen.

Mein kostbarer geliebter Mann aus Chicago
[Eine transatlantische Liebe. Briefe an Nelson Algren]

Sonntag [18. Mai 1947]

Mein kostbarer geliebter Mann aus Chicago, ich denke an Sie in Paris, in Paris vermisse ich Sie. Die ganze Reise war wunderbar. Während wir nach Osten flogen, verzog sich die Nacht. In Neufundland ging die Sonne unter, aber fünf Stunden später ging sie in Shannon auf, über einer süßen, grünen irischen Landschaft. Alles war so schön, und ich dachte so viel nach, daß ich kaum schlief. Heute früh um 10 (ungefähr 6 Uhr bei Ihnen) war ich mitten in Paris. Ich hatte gehofft, die Schönheit von Paris würde mir helfen, die Traurigkeit zu überwinden; aber das war nicht der Fall. Erstens ist Paris heute nicht schön. Es ist grau und wolkig; es ist Sonntag, die Straßen sind leer; und alles scheint trübe, düster und tot. Vielleicht ist es mein Herz, das für Paris tot ist. Mein Herz ist noch in New York, an der Broadway-Kreuzung, an der wir uns verabschiedet haben; es ist in meinem Zuhause in Chicago, an meiner warmen Stelle über Ihrem liebenden Herzen. Ich vermute, in zwei oder drei Tagen wird es ein bißchen anders sein, das ganze intellektuelle und politische Leben hier wird mich wieder interessieren, meine Arbeit und meine Freunde. Aber heute wünsche ich nicht einmal, daß diese Dinge mein Interesse auf sich ziehen, ich fühle mich müde und träge und habe nur an den Erinnerungen Spaß. Mein Geliebter, ich weiß nicht, warum ich so lange gewartet habe, ehe ich Ihnen sagte, daß ich Sie liebe. Ich wollte einfach sicher sein und keine leichtfertigen und hohlen Worte sagen. Aber jetzt scheint mir, daß von Anfang an Liebe im Spiel war. Wie dem auch sei, jetzt ist sie da, es ist Liebe, und mein Herz schmerzt. Ich bin glücklich, daß ich so tief unglücklich bin, weil ich weiß, daß auch Sie unglücklich sind, und es ist süß, die Traurigkeit zu teilen. Mit Ihnen war die Freude Liebe, und jetzt ist auch das Leiden Liebe. Wir müssen alle Gesichter der Liebe kennenlernen. Wir werden die Freude des Wiedersehens erleben, ich möchte es, ich brauche es und werde es bekommen. Warten Sie auf mich. Ich warte auf Sie. Ich liebe Sie noch mehr, als ich gesagt habe, vielleicht mehr, als Sie wissen. Ich werde sehr oft schreiben. Schreiben auch Sie mir sehr oft. Ich bin für immer Ihre Frau.

Ihre Simone

Ich habe das Buch ausgelesen und mag es sehr. Ich werde mich darum kümmern, daß es übersetzt wird. Küsse über Küsse über Küsse. Es war so süß, als Sie mich küßten. Ich liebe Sie.

Freitag [23. Mai 1947]

Mon bien-aimé, es ist schön, Ihnen in diesem kleinen Zimmer zu schreiben. Es ist 5 Uhr nachmittags, die Sonne scheint sanft auf das Dorf und die grünen Hügel; das Fenster ist geöffnet, und mein Tisch steht am Fenster, so daß ich, obwohl im Zimmer, *in* der Landschaft bin. Vor mir habe ich eine sehr alte französische Szenerie. Port-Royal-des-Champs, das berühmte Kloster, in dem Pascal lange lebte, ist nur 1 Meile von diesem Gasthof entfernt; Racine wuchs dort auf, und hier ganz in der Nähe gibt es einen kleinen Weg, auf dem er bei Vogelgezwitscher spazierenging – er schrieb darüber ein Gedicht, ein sehr schlechtes Gedicht, das in Steinplatten gemeißelt wurde, die den Weg säumen. Ich habe zwei sehr ruhige Tage verbracht, seit ich Ihnen im Garten schrieb. Ich bin um 10 Uhr zu Bett gegangen, und da mich kein reizender Mann vom Schlafen abhielt, schlief ich bis zwölf Uhr morgens. Und heute bin ich vollgepumpt mit Schlaf. Aber ich hatte ihn bitter nötig. Um zwölf esse ich zu Mittag, sehr gute frische Mahlzeiten mit französischem Rotwein, dann gehe ich etwas spazieren; wenn ich in meinem Zimmer zurück bin, lese ich oder versuche, ein bißchen zu schreiben. Um 8 esse ich zu Abend und gehe schlafen. Es kommt äußerst selten vor, daß ich so ein Leben führe, aber ich brauche es jetzt. Ich habe einen Roman von Carson McCullers gelesen; es machte mir Spaß, ein amerikanisches Buch zu lesen, aber es war überhaupt nicht gut. Ich lese auch Kafka, wie ich Ihnen bereits schrieb. Ich hätte es wirklich gern, wenn Sie alles, was Sie von der modernen französischen Literatur auftreiben können, lesen würden: *Der Fremde* von Camus, *Die Fliegen* und *Geschlossene Gesellschaft* von Sartre sind übersetzt. Und auch einige Artikel von Sartre und von mir in *Partisan Review* und anderen Zeitschriften. Ich bin sicher, Mary Goldstein wird es ein Vergnügen sein, Ihnen diese Bücher zu besorgen. Sie müssen, mein liebster Mann, Sie müssen versuchen, etwas von meinem französischen Leben mitzubekommen, so wie ich versucht habe, Ihr Leben in Chicago mit Ihnen zu erleben. Wollen Sie?

Ich schreibe Ihnen mit dem kleinen roten glänzenden Kuli, den Sie mir geschenkt haben; und ich habe Ihren Ring am Finger. Es ist das erste Mal in meinem Leben, daß ich einen Ring trage, und in Paris waren alle verblüfft, aber sie fanden den Ring schön. Ich warte begierig auf einen Brief. Ich vermisse Sie, wissen Sie, ich vermisse Ihre Lippen, Ihre Hände, Ihren ganzen warmen und starken Körper, Ihr Gesicht und Ihr Lächeln, Ihre Stimme. Ich vermisse Sie. Aber ich mag dies schmerzliche Vermissen, weil es mich heftig fühlen läßt, daß Sie kein Traum sind, daß Sie existieren, lebendig sind und ich Sie wiedersehen werde. Vor einer Woche waren wir noch zusammen in dem New Yorker Zimmer. Es kommt mir lange vor, bis ich Sie wiedersehe.

Ich küsse Ihr liebes Gesicht, Ihre süßen Lippen mit den liebevollsten Küssen.

Ihre Simone

Hier sind kleine Blumen aus Frankreich, die ich für Sie gepflückt habe.

Samstag [24. Mai 1947]

Liebster N. Algren*. Heute habe ich Ihre Briefe erhalten, die kleinen gelben Briefe, und ich war sehr glücklich. Die Briefe ähneln Ihnen, zugleich traurig und lustig, linkisch und unbeholfen in der Liebe und so authentisch. Sie sagen, ich würde fühlen, was authentisch ist und was nicht, und ich bin stolz darauf. Ich glaube, ich fühlte von Anfang an, wie authentisch Sie selbst waren, und das war der Anfang meiner Zuneigung und dann meiner Liebe zu Ihnen. Alles an Ihnen ist authentisch, Worte und Verhalten, Liebe und Haß, Freude, Schmerz – Ihr ganzes Leben. Und in Ihrer Gegenwart fühlte ich mich selbst authentisch; alles war gut, weil alles wahrhaftig war. Ich bin glücklich, daß Sie meine Gegenwart in dem kleinen Zuhause in Chicago noch fühlen; ich werde es nicht verlassen, bis wir zusammen nach New Orleans fahren. Ich denke, auch Sie haben jetzt einige meiner Briefe erhalten, den aus Neufundland, das Telegramm aus Paris und vielleicht noch ein oder zwei weitere.

Heute habe ich versucht, ernsthaft zu arbeiten. Ich habe alles, was ich vor sechs Monaten über die Situation der Frau geschrieben habe, noch einmal gelesen. Es macht keinen schlechten Eindruck. Aber es ist sehr schwer, wieder mit Schreiben anzufangen. Noch jetzt begreife ich nicht richtig, warum je irgend jemand irgend etwas schreiben sollte. Die Welt, wie sie ist, existiert und braucht keine Worte. Ich erinnere mich an Chicago, ich sehe die grüne französische Landschaft. Was braucht man noch? Aber morgen werde ich wieder anfangen, hoffentlich mit mehr Erfolg. Es ist nötig.

Schreiben Sie oft, sehr oft. Ihre gelben Briefen waren eine solche Freude. Es gefällt mir, Ihnen zu schreiben. Ich hoffe, Sie können meine Schrift lesen? Auf französisch würde ich mich besser ausdrücken können, aber ich glaube, mein Englisch ist gut genug, um Sie fühlen zu lassen, wie sehr ich Sie liebe, und das ist am wichtigsten. Ich liebe Sie, mein ganz verrückter reizender Mann.

Dienstag

Mon bien-aimé, ich schicke diesen Brief erst heute ab, weil Sonntag und gestern «Pfingsten» war (wie heißt es auf englisch?). Meine Lebensgeister kehren allmählich zurück, zum Beispiel bin ich wieder fähig zu arbeiten. Mir ist ein bißchen, als ob ich die ganze Woche krank gewesen wäre, ich war so verträumt, alles um mich herum schien unwirklich. Ich weiß nicht, wie oft ich mir unsere Chicago-New-York-Geschichte, von Ihrem ersten Kuß auf dem Flugplatz bis zu Ihrem letzten Lächeln an der Straßenkreuzung, erzählt und immer wieder erzählt habe. Ich kenne diese ganze Geschichte auswendig, jedes Lächeln, jeden Blick und Kuß, jedes Wort, und ich werde nicht müde, dem allem stundenlang nachzuhängen. Mein Liebster, wenn Sie fühlen würden, wie sehr ich Sie vermisse, würden Sie so arrogant und eingebildet werden, daß Sie gar nicht mehr nett wären.

Heute fahre ich nach Paris, um einige Freunde zu treffen und vor allem, weil ich hoffe, daß ich im Hotel einen Brief habe. Schreiben Sie mir bitte oft. Ich tue es auch. Ich liebe Sie so tief, mit so viel Wärme, daß ich selbst ein bißchen erstaunt bin. Nun, es ist passiert, und ich bin froh darüber, obwohl es auch Leiden ist. Oh! ich würde so gern bei Ihnen sein, Ihre Schulter an meiner Wange fühlen und Ihre Arme eng um mich geschlungen – und Sie würden mich ansehen, ich würde Sie ansehen, und wir würden alles wissen, was zu wissen ist, und so glücklich sein.

Ihre Simone

* N. Algren ist der Name eines echten Provinz-Jungen, der mein geliebter Freund und Liebhaber, mein Mann einer Woche und mein Mann für immer ist.

Donnerstag, 12. Juni [1947]

Mon bien-aimé. Kein Brief von Ihnen. Mehr als eine Woche ohne Brief von Ihnen. Ich könnte viel mehr aushalten, wenn ich nicht argwöhnen würde, daß Sie mir nicht schreiben. Wir haben einander gesagt: «Ich werde Sie nicht verlieren, Sie werden mich nicht verlieren», und ich glaube an Sie und weiß, daß Sie an mich glauben. Ich weiß, Sie vergessen mich nicht. Dennoch ist es traurig. Wenn ich in Paris ankomme, stürze ich zuallererst zu meinem Hotel, um mir Ihren Brief zu holen; gestern war das kleine Fach leer, heute früh war es leer und blieb so den ganzen Tag.

Ich habe drei Tage auf dem Land verbracht; ich bin mit einem Taxi dorthin gefahren, was ein bißchen teuer, aber sehr schön war. Ich habe hübsche französische Dörfer gesehen, kleine Straßen und Wälder und Täler, ich mochte das. Dann habe ich ganz gut gearbeitet. Das Buch über Amerika fesselt mich; es ist ein langwieriges Unternehmen, da ich nie sehr schnell schreibe; und was ich vorhabe, ist ziemlich schwierig. Ich weiß noch nicht, ob das bereits Geschriebene gut oder schlecht ist, aber ich komme voran, und es macht mir Spaß. Drei Tage lang habe ich sehr viel gearbeitet. Und gestern bin ich nach Paris zurückgekehrt.

Heute abend gebe ich eine Party! Ich habe ungefähr zwanzig Freunde eingeladen, und wir werden auf meine Heimkehr nach Paris trinken (meine Trennung von Amerika, Liebster, aber für *die anderen* meine «Heimkehr nach Paris»). Ich habe einen hübschen kleinen Keller gefunden, wo man tanzen kann. Wir werden schöne Jazz-Platten und ein kleines Orchester haben. Ich habe viele Flaschen Whisky, Cognac, Gin, Wodka gekauft und habe mich so schick ich nur konnte angezogen, das mexikanische Kleid, das ich in New York gekauft habe und das Sie mochten, und die kleine Glasperlenkette, die Sie mochten. Ich *sehe* elegant aus, obwohl Sie mir sagten, ich würde niemals elegant *sein*. Liebster, liebend gern würde ich auf die Leute verzichten, die Flaschen zerschlagen und mir das mexikanische Kleid vom Leib reißen, wenn Sie in mein zahnpastarosa Zimmer einträten! Liebster, es wird dazu kommen. Wir werden des anderen Gesicht wiedersehen, und Ihre Lippen werden meine Lippen küssen, und ich werde Ihre geliebte Stimme hören. Es wird dazu kommen. Aber nicht heute nacht, und ich gehe zur Party. Ich hoffe, es gefällt mir, ich erzähle es Ihnen im nächsten Brief.

Ich habe drei Verleger an der Hand, die an Ihrem Buch interessiert sind. Es wird einige Zeit dauern, bis wir eine feste Zusage haben. Aber ich bin sicher, daß es klappen wird. Und vielleicht werden Sie so zu etwas französischem Geld kommen. Paris war heute schön. Auf den kleinen Plätzen um Saint-Germain-des-Prés saßen eine Menge Maler und malten Bäume, Kirchen, die kleinen Plätze. Sie malen nicht gut (ich weiß nicht warum, aber keiner malt dort gut), aber sie sahen sehr glücklich aus, und man fühlte sich selbst glücklich, wenn man sie ansah. Wie geht's der Wabansia Avenue, Liebster? Bitte schreiben Sie mir.

Sprechen Sie mit mir, lächeln Sie mir zu, küssen Sie mich. Ich liebe Sie.

Ihre Simone

Anbei Fotos aus New York mit Wright.

Freitag [13. Juni 1947]

Liebster. Gestern früh nun war ein Brief da, leuchtend rot und blau und weiß wie eine französische Flagge. Es war ein schöner langer Brief, der mich sehr gefreut hat: Man kann ihn vier-, fünfmal lesen, ohne ihn auswendig zu kennen. Sie sind ein wirklich reizender Mann. (...)

Da Sie sich für den Existentialismus interessieren, erzähle ich Ihnen, daß Camus, der Autor von *Der Fremde*, gerade ein sehr interessantes Buch veröffentlicht hat. Es heißt *Die Pest*. Es handelt sich um die Geschichte der Besetzung von Paris durch deutsche Soldaten unter dem Deckmantel einer Geschichte über die Pest in Oran. Er beschreibt die schreckliche Krankheit, die Einsamkeit der Stadt, die von ihr befallen ist und deren Tore verschlossen bleiben, die Furcht der einen, die Tapferkeit der andern. Und er versucht – durch all dies hindurch – den Sinn des menschlichen Lebens zu finden, die Gründe dafür, daß man es akzeptiert, und die Art, es zu akzeptieren. Ich bin nicht mit allem einverstanden, aber er schreibt ein sehr schönes Französisch, und einige Teile des Buchs sind wirklich bewegend und sprechen das Herz an.

Ich bin sehr stolz, da ich einige Briefe von Amerikanern erhalten habe, die mich zu dem Artikel beglückwünschen, den Sie in *Sunday Supplement* gelesen haben und den der «Gendarm» so niederträchtig heruntergeputzt hat. Ich bin stolz, weil man offenbar findet, daß ich etwas von Amerika begriffen habe. Wissen Sie, ich bin absolut entschlossen, nächstes Jahr für eine lange Zeit nach Amerika zu kommen. Ich weiß, daß ich Mittel und Wege finden werde; es ist absolut sicher. Selbst wenn Sie nicht nach Frankreich kommen können, weil Gott und die Pferde Ihnen nicht beistehen, werden wir also eine schöne Zeit zusammen verbringen. Vielleicht kaufen wir ein Auto und verkaufen es hinterher wieder, oder wir durchstreifen das Land mit Flugzeug und

Bus. Und wir werden eine Weile in New Orleans bleiben. Ich bin aufgeregt, wenn ich daran denke. Ich würde so gern eine richtige Reise mit Ihnen machen. Wenn Sie alles so genießen wie im Flugzeug und in New York, muß das ein wirkliches Vergnügen sein. Sie sind sehr witzig, wissen Sie, und außer uns zu lieben werden wir viel zusammen lachen, was auch eine gute Sache ist. Uns zu lieben und zu lachen, das wäre eine schöne Art zu reisen. (...)

Jetzt ist es Samstag abend, ich bin zurück auf dem Land, es regnet und stürmt, ich mag das. Wie finden Sie mein Englisch? Ist es sehr schwach? Und meine Schrift, gefällt sie Ihnen? Nun, sicher ist mein Englisch gut genug, daß ich Ihnen sagen kann: Ich liebe Sie. Und sicher können Sie es lesen. Liebster, ich küsse Sie mit vielen langen liebevollen Küssen.

Ihre Simone

Donnerstag [3. Juli 1947]

Seit meinem letzten Brief habe ich ein sehr ruhiges Leben geführt: keine Party, kein Jazzkeller, kein «intellektuelles» Leben. Auf dem Land gab es ein herrliches Gewitter, wirklich sehr schön. Den ganzen Tag über war es so heiß gewesen, daß man sich wünschte, tot zu sein; Liebe, Arbeit, Glück spielten keine Rolle mehr. Und dann bildete sich am Himmel ein riesiger schwarzer Rauch, und seltsame Phantasmagorien zogen im düsteren Licht vorbei, und bald war weder der Himmel noch die Landschaft mehr zu erkennen, nur ein Kirschbaum, den der Wind peitschte, während es wie verrückt regnete und der Donner alles erschütterte. Viele Bäume knickten um, die Blumen wurden zerdrückt, die Landschaft war wie ein Schlachtfeld. Noch nie habe ich ein solches Unwetter erlebt, nicht einmal in Griechenland, in Delphi, wo es sich sehr gottgewaltig und erschreckend anhörte, nicht einmal in New Orleans, wo Himmel und Erde aus den Fugen gerieten. Danach war alles seltsam friedlich. Freunde kamen zum Abendessen, und wir verbrachten einen langen Abend zusammen: die Frau mit der Nadel, ihr Mann, die alte Dame, die ich so sehr mag, und Sartre. Aber ich selbst war nicht sehr ruhig; das Unwetter hatte mich nervös gemacht, und ich habe viel getrunken, und wenn ich viel trinke, Liebster, verliere ich den Verstand; als die anderen Freunde weg waren, wurde ich selbst zum Gewitter, und der arme Sartre mußte sich anhören, wie ich über das Leben und den Tod und alles andere faselte. Wenn ich betrunken bin, erscheint mir alles sehr tragisch und pathetisch und schrecklich – so entsetzlich wichtig, und doch auch unwichtig, da ja der Tod am Ende steht; ich könnte mit dem Kopf gegen die Wand rennen. Nun, ich rannte mit dem Kopf nicht gegen die Wand, aber ich redete und raste bis spät in die Nacht auf den friedlichen kleinen Landstraßen, und beschloß, eine Weile nicht mehr zu trinken. Sie sehen, das Leben war für mich nie sehr einfach, obwohl ich immer sehr glücklich bin – vielleicht weil ich es mir so sehr wünsche, glücklich zu sein. Ich liebe das Leben so sehr und verabscheue den Gedanken, eines Tages sterben zu müssen. Und außerdem bin ich schrecklich gierig; ich möchte vom Leben alles, ich möchte eine Frau, aber auch ein Mann sein, viele Freunde haben und allein sein, viel arbeiten und gute Bücher schreiben, aber auch reisen und mich vergnügen, egoistisch und nicht egoistisch sein … Sehen Sie, es ist nicht leicht, *alles*, was ich möchte, zu bekommen Und wenn es mir nicht gelingt, werde ich wahnsinnig vor Zorn … (…)

Da Sartre Paris für eine ganze Woche verlassen hat, habe ich beschlossen, ans Meer zu fahren, zu baden, zu wandern und mich zu vergnügen: Ich fahre für eine Woche nach Korsika. Morgen früh fliege ich nach Ajaccio. Vor zwölf Jahren war ich einmal in Korsika, zusammen mit der Frau mit der Nadel, ihrer Schwester und ihrem Mann; wir übernachteten in Zelten und kochten im Freien – es ist ein schönes Land. Seit langem wünschte ich mir, dorthin zurückzukehren, aber bis jetzt war es schwer, auf einem Schiff oder in einem Flugzeug einen Platz zu bekommen. Ich freue mich. Ich hoffe, ich werde im Flugzeug nicht «getoastet»; die Zeitungen werden Sie unterrichten. Wundern Sie sich nicht, wenn meine Briefe Sie eine Woche lang nicht so schnell erreichen, von Korsika dauert es länger. Aber ich schreibe wie gewohnt.

Liebster, ich habe die Bücher vor einer Stunde mit Luftpost abgeschickt. Fangen Sie bitte mit *Das Blut der anderen* an. Liebster, ich würde Ihnen mit meinen Briefen gern so viel Glück geben wie Sie mir mit Ihren. Ich hätte gern, daß Sie mich so nahe bei sich fühlen, wie ich Sie nahe bei mir fühle. Wenn wir uns nicht sehen können, so nur weil das Licht aus ist, aber ich könnte Sie mit der Hand berühren, ich könnte Sie mit den Lippen küssen, und das tue ich, mein geliebter netter Mann.

Ihre Simone

Mittwoch [23. Juli 1947]

Mein einzig Geliebter, keine weiteren Briefe von Ihnen, ich hatte ja letzte Woche zwei erhalten; ich habe also die alten noch einmal gelesen. Wissen Sie, ich mißbillige Ihre Spiel-Leidenschaft nicht so sehr. Wenn Sie tagsüber wirklich arbeiten, warum nicht? Wichtig ist nur, daß Sie gut arbeiten, wenn Sie arbeiten; wenn Sie damit fertig sind und sich entspannen wollen, können Sie machen, was Sie wollen. Ich ziehe es vor, einen zu trinken, aber das ist nicht besser als zu spielen, weder besser noch schlechter. Ich glaube, ich trinke zur Zeit ein bißchen viel, weil ich Sie so sehr vermisse. Ich hätte nicht geglaubt, daß es so kommen würde. Nelson, Liebling, Sie sind der liebenswürdigste Mann der Welt, es ist so nett, daß Sie, wie Sie sagen, alles gut für meine Rückkehr vorzubereiten wünschen – aber lassen Sie es beim Wunsch. Was sonst? Wenn Sie am Leben sind und mich immer noch lieben, was sonst verlangen? Sie sollen nichts machen. Nun. Wenn Sie für zehn Dollar ein Auto kaufen und fahren könnten, wäre es schön, aber mit Bussen und Flugzeugen, oder nur mit Bussen ohne Flugzeuge, mit Steaks und Mais in der kleinen Küche oder auch nur mit Mais ohne Steaks werden wir glücklich sein, nicht wahr? Sie wissen, ich bin nicht anspruchsvoll, ich kann von Brot und Kartoffeln leben, von Luft und Liebe. Kümmern Sie sich um nichts.

Es ist wahr, in gewisser Weise habe ich etwas Angst. Heute nachmittag habe ich Sartres Film [*Das Spiel ist aus*] gesehen, er ist inzwischen fertig und ziemlich gut, aber nicht so gut, wie er hätte sein können. Macht nichts, das ist nicht der springende Punkt. Der springende Punkt ist, daß die Geschichte mich etwas aufgewühlt hat. Sie handelt von einem toten Mann und einer toten Frau, die sich begegnen und sich verlieben. Da sie sich lieben, erhalten sie die Erlaubnis, auf die Erde zurückzukehren: Wenn es ihnen gelingt, aus dieser Liebe eine reale, lebendige, menschliche Liebe zu machen, dürfen sie noch einmal ein ganzes menschliches Leben leben; wenn nicht, werden sie erneut sterben. Sie scheitern. Es ist sehr bewegend, und ich dachte an Sie und an mich. Wir lieben einander durch Erinnerungen und Hoffnungen hindurch, über die Entfernung hinweg und durch Briefe: Wird es uns gelingen, aus dieser Liebe eine glückliche, lebendige, menschliche Liebe zu machen? Es muß uns gelingen. Ich glaube, es wird uns gelingen, aber es wird nicht so leicht sein. Nelson, ich liebe Sie. Aber verdiene ich Ihre Liebe, wenn ich Ihnen nicht mein Leben gebe? Ich habe versucht, Ihnen zu erklären, warum ich Ihnen mein Leben nicht geben kann. Verstehen Sie es? Haben Sie deshalb keinen Groll? Niemals? Werden Sie trotzdem immer glauben, daß es wirklich Liebe ist, was ich Ihnen gebe? Vielleicht sollte ich diese Fragen nicht stellen, es tut mir weh, sie so brutal zu stellen. Aber ich kann nicht ausweichen, ich stelle mir diese Fragen selbst. Ich will Sie nicht belügen, Ihnen nichts verheimlichen. Ich glaube, ich bin seit zwei Monaten so aufgewühlt, weil eine Frage mein Herz bewegt und peinigt: Ist es richtig, etwas von sich hinzugeben, wenn man nicht bereit ist, alles zu geben? Darf ich ihn lieben und ihm sagen, daß ich ihn liebe, ohne die Absicht zu haben, ihm mein ganzes Leben zu geben, wenn er mich darum bitten würde? Wird er mich je hassen? Nelson, mein Liebster, es wäre leichter für mich, diese Fragen nicht aufzuwerfen, es wäre leicht, da Sie es nicht getan haben, aber Sie sagten so nett, wir könnten uns niemals belügen und nie etwas voreinander verschweigen. Ich würde jede Art von schlechtem Gefühl, von Enttäuschung, von Groll zwischen uns verabscheuen. Nun, jetzt ist es geschrieben, gut so. Antworten Sie nicht, wenn Sie nicht möchten, wir sprechen darüber, wenn wir uns wiedersehen. Sie erinnern sich, ich sagte Ihnen einmal, wie sehr ich Sie achte; deshalb habe ich diese Seite geschrieben. Ich glaube nicht, daß Sie mich um mein Leben bitten werden, aber folgendes: Wir wissen nicht, was geschehen wird, wenn wir uns wiedersehen, ich weiß nur, daß ich Ihnen, was immer auch geschehen mag, niemals alles werde geben können, und ich habe deswegen ein ungutes Gefühl.

Oh Liebling, es ist die Hölle, so weit weg zu sein und sich nicht ansehen zu können, wenn man über so wichtige Dinge spricht. Fühlen Sie, daß es aus Liebe geschieht, wenn ich trotz allem versuche, die Wahrheit zu sagen, daß es mehr ist, als nur «ich liebe Sie» zu sagen? Fühlen Sie, daß ich Ihre Liebe genauso stark verdienen möchte, wie ich sie mir wünsche? Sie müssen diesen Brief mit einem sehr liebenden Herzen lesen, während mein Kopf auf Ihrer Schulter liegt. Vielleicht klingt er in Ihren Ohren sehr kindisch, da Sie bereits alles wissen, was ich schreibe. Aber heute abend konnte ich nicht anders, als ihn zu schreiben, unsere Liebe muß wahrhaftig sein, unser Wiedersehen muß gelingen. Ich hoffe auf Sie genauso wie auf mich. Was Sie auch denken mögen, küssen Sie mich sehr stark.

Ihre Simone

Freitag, 26. [September 1947]

Nelson, mein Liebster. Heute fange ich an, Sie zu vermissen und auf Sie zu warten, auf den gesegneten Tag zu warten, an dem Sie mich wieder in Ihren starken liebenden Armen halten. Es schmerzt sehr, Nelson, aber ich bin froh, daß es so sehr schmerzt, weil dieser starke Schmerz Liebe ist und ich weiß, daß auch Sie mich lieben, Sie, so nah und so fern, so fern und so nah, mein Geliebter.

Das Taxi fuhr also los, vorbei an dem Bestattungsunternehmen Rago, an der Pizzeria, wo ich so glücklich war, Chianti trank und Ihnen zulächelte, an vielen Geschäften und vielen Straßen vorbei, die ich nicht kannte, aber die noch Chicago waren. Dann kam ich am Flugplatz an, zu früh, ich setzte mich und schloß die Augen. Nach einer Weile kam ein Mann mit einer kleinen Schachtel und sagte zu mir: «Miss de Beauvoir, Sie haben hier sicher Freunde, dies ist für Sie.» Ich sah die schönen, süß duftenden weißen Blumen und legte sie mir ans Herz. Ich habe nicht geweint, ich ging zum Telefon und rief Sie an. Da war Ihre geliebte Stimme, so nah, so fern, und als ich auflegte, zerbrach etwas in mir, etwas, das stumm und kalt und gestorben bleiben wird bis zu dem gesegneten Tag, an dem Sie mich wieder küssen werden. Es ist schwer zu schreiben, denn wenn ich Ihnen schreibe, muß ich wie wahnsinnig weinen. Ich liebe Sie so sehr.

Nun, um 11 Uhr stiegen wir ins Flugzeug, aber kurz darauf mußten wir wieder aussteigen; der Starter ging nicht an. Wir sind erst um Mitternacht abgeflogen. Stunden um Stunden sind wir zwischen Wolken und Sternen geflogen, dann zwischen Meer und Himmel, während die Blumen still an meinem Herzen dahinwelkten. Ich hatte ein bißchen Angst und konnte nicht schlafen. Ich habe Kriminalromane gelesen und die Theaterstücke und das Buch über die Philippinen, die Sie mir besorgt haben. Ab und zu trank ich einen Schluck Whisky aus der Flasche, die Sie mir gekauft hatten. Sie haben so viel für mich getan, so ruhig und zärtlich. Überall war Liebe, im Duft der Blumen, im Geschmack des Whiskys, in der Farbe der Taschenbücher, kostbare, süße und schmerzvolle Liebe.

Der Flug bis Paris hat nur 23 Stunden gedauert, wir sind um 6 gelandet, der Morgen dämmerte. Nach zwei schlaflosen Nächten war ich sehr müde, ich habe Kaffee getrunken und zwei kleine Pillen geschluckt, um diesen langen Tag wach durchzustehen. Paris war sehr schön, ein bißchen neblig, unter einem sanften grauen Himmel duftete es nach welkem Laub. Mit Freude stellte ich fest, daß ich hier viel zu tun habe, so viel, daß ich erst nächsten Monat aufs Land fahren werde. Zunächst einmal gewährt der Rundfunk den *Temps Modernes* jede Woche eine ganze Stunde, wir können reden, über was wir wollen, wie wir wollen. Sie wissen, was das bedeutet: die Möglichkeit, Tausende von Menschen zu erreichen und vielleicht zu bewirken, daß sie so denken und fühlen werden, wie wir es für richtig halten. Das muß sehr sorgfältig vorbereitet werden, und wir hatten heute früh ein Treffen, um darüber zu reden. Außerdem will die sozialistische Partei mit uns über die Verbindung von Politik und Philosophie debattieren. Es scheint, man sieht hier allmählich ein, daß Gedanken etwas Wichtiges sind. Außerdem gab es alle möglichen Briefe, und für die Zeitschrift selbst ist viel zu tun. Ich war froh: Ich möchte arbeiten, sehr viel arbeiten. Der Grund, weshalb ich nicht in Chicago bleibe, ist dies Bedürfnis zu arbeiten und meinem Leben durch Arbeit einen Sinn zu geben, das ich immer in mir gefühlt habe. Sie haben dasselbe Bedürfnis, und das ist einer der Gründe, weshalb wir uns so gut verstehen. Sie möchten Bücher schreiben, gute Bücher, und dadurch der Welt helfen, ein wenig besser zu werden. Ich möchte das auch. Ich möchte den Leuten meine Art zu denken, die ich für wahr halte, mitteilen. Ich würde auf das Reisen und alle möglichen Vergnügungen verzichten, ich würde meine Freunde und die Süße von Paris aufgeben, um für immer bei Ihnen zu bleiben; aber ich könnte nicht nur für das Glück und die Liebe leben, ich könnte nicht darauf verzichten, an dem einzigen Ort zu schreiben und zu arbeiten, an dem mein Schreiben und meine Arbeit vielleicht einen Sinn haben. Das ist hart, denn unsere Arbeit hier ist, wie ich Ihnen erzählt habe, nicht sehr aussichtsreich, während Liebe und Glück so wahr und so sicher sind. Aber sie muß getan werden: Inmitten der Lügen des Kommunismus und des Antikommunismus und gegen den Mangel an Freiheit, der fast überall in Frankreich herrscht, müssen diejenigen etwas tun, die die Möglichkeit und den Wunsch haben, es zu versuchen. Mein Liebster, das schafft doch keine Distanz zwischen uns; im Gegenteil, ich fühle mich Ihnen sehr nah bei diesem Versuch, für das zu kämpfen, was ich für wahr und gut halte, wie auch Sie es tun. Obwohl ich weiß, daß das alles richtig ist, muß ich heute abend doch wie wahnsinnig weinen: Ich war mit Ihnen so glücklich, ich liebte Sie so sehr, und Sie sind weit weg. (…)

Samstag

(...) Nelson, mein Geliebter, jetzt weiß ich, wie kostbar Sie mir sind. Ich weiß, solange Sie mich lieben und mich begehren, werde ich alles tun, um mit Ihnen alles zu teilen, was ich zu teilen habe. Jetzt warte ich auf Ihre Briefe, ich warte auf das Frühjahr und unser Zusammensein. Ich warte voll Vertrauen und Hoffnung und voll Schmerz, der auch Glück ist. «Wiegen Sie mich in Ihren Armen, mein Geliebter», ich bin Ihr liebender kleiner Frosch, ganz Ihre

Simone

Freitag [2. Januar 1948]

Mein Nelson. Es ist sehr nett von mir, Ihnen heute abend zu schreiben, todmüde, wie ich bin, weil ich den ganzen Tag gearbeitet und nur gearbeitet habe. Ich bin mit meinem amerikanischen Tagebuch fertig, noch nicht ganz, denn kleine Verbesserungen sind notwendig, ich mache sie, sobald alles getippt ist; auch für mich ist es ein Problem, meine Handschrift zu lesen. Vielleicht bringen Sie mir das Tippen bei? Ich habe also mit dem Buch ausgesetzt und bin zu meinem Essay über die Frauen zurückgekehrt. Ich habe es Ihnen schon erzählt, ich habe nie darunter gelitten, eine Frau zu sein, und wie Sie wissen, bin ich manchmal sogar froh darüber. Wenn ich jedoch andere Frauen um mich herum sehe, stelle ich fest, daß sie sehr spezifische Probleme haben; und es wäre interessant zu untersuchen, inwiefern sie spezifisch sind. Ich muß sehr viel lesen: Psychoanalyse, Sozialwissenschaften, Recht, Geschichte und so weiter, aber es freut mich. Ich freue mich bei dem Gedanken, wie während der Studienzeit wieder in öffentliche Bibliotheken zu gehen, zu lesen, zu lernen und über die Dinge, die ich lerne, nachzudenken. Sobald ich in Paris zurück bin, das heißt in vier Tagen, werde ich mich daranmachen. Ich habe alles, was ich zu dem Thema bisher geschrieben habe, eben noch einmal überflogen und eine Art Raster verfertigt: die allgemeinen Gedanken und den Plan des ganzen Buches. Es hat mich sehr mitgerissen, deshalb habe ich den ganzen Tag so hart gearbeitet.

Wir haben eine schöne Silvesternacht verbracht. Wir hatten Champagner gekauft, und die alte Dame und ihre kleine Enkelin waren ziemlich betrunken; das Mädchen war sehr reizend, sie tanzte und schlug auf kindliche und jungenhafte Weise Purzelbäume, obwohl sie fast fünfzehn und sehr hübsch ist. Es ist wirklich witzig, solch ein junges Mädchen, das so viele Dinge weiß und so viele andere nicht. Wenn ich ein Mann wäre, wäre ich vermutlich ein sehr verdorbener, denn mit Sicherheit würde es mir gefallen, mit jungen Mädchen zu schlafen und von ihnen geliebt zu werden, dann würde ich sie allerdings fallenlassen, weil sie oft sehr dumm und zu kindisch sind und schnell langweilig werden. Als ich Lehrerin war, verliebten sie sich häufig in mich, und manchmal genoß ich es ein wenig, und drei- oder viermal lag mir sogar wirklich etwas daran, und es kam vor, daß ich mich sehr schlimm verhielt; es ergaben sich lange Geschichten, die für mich zwar angenehm, aber nicht wichtig waren, während sie für die Mädchen zumindest zeitweise wichtig waren; ich mußte also sehr bedächtig mit ihnen umgehen. Ich werde Ihnen die Geschichte erzählen, wenn wir uns am blauen Meer bei Mexiko lang und geruhsam unterhalten. Nun, jetzt würden mich solche Angelegenheiten nicht mehr interessieren. Ich fühle, daß junge Mädchen sowohl etwas sehr Anziehendes als auch etwas sehr Abstoßendes an sich haben. (...)

Meine Mutter hat mir am Telefon noch einmal gesagt, wie wunderbar das Geschenk war, das Sie ihr geschickt haben. Ich danke Ihnen noch einmal. Immer wenn ich daran denke, was für ein reizender Mann Sie sind, wird mir ganz warm ums Herz, und ich fühle mich wohl. Das war mein erster Eindruck von Ihnen, erinnern Sie sich? Ein wirklich reizender Mann. Jetzt denke ich allerdings eine Menge anderer süßer Dinge, aber jetzt liebe ich Sie, und Liebe, heißt es, macht blind; daß Sie ein reizender Mann sind, da bin ich sicher, denn ich dachte das schon, als ich Sie noch nicht liebte.

Samstag

Ein blauer sonniger Tag heute mit milder lauer Luft, und ich habe einen schönen kleinen Spaziergang gemacht. Ich bin ein bißchen traurig, daß ich wegfahre, hier könnte ich arbeiten und lesen und schlafen, wann ich wollte. Ich habe hier sechs Wochen verbracht, die sehr schnell herumgegangen sind. Aber ich muß nach Paris zurück.

Auf Wiedersehen, Honey. Ich werde noch ein wenig arbeiten. Ich bin Ihre Nelson-Liebende,

Ganz Ihre Simone

Freitag [9. Januar 1948]

Nelson, mein geliebter Mann. Paris wird jeden Tag trauriger: kalt, feucht, düster, leer. Wenn ich eine richtige Behausung hätte, würde ich vielleicht nicht so frieren, ich weiß nicht. Der Frühling scheint so weit weg. Ich mag den Schmerz, wenn mein Körper Sie begehrt, nicht diese Traurigkeit in meinem sehnsuchtsvollen Herzen. Nun, es nützt nichts zu klagen. Wie Sie sagten: Wer in der Hölle ein Glas Wasser verlangt, erhält es nicht.

Morgens gehe ich in die Bibliothèque Nationale. Dort habe ich, als ich zwanzig war, meine letzte Prüfung, die schwierigste, vorbereitet; ich traf um 9 Uhr ein und ging um 6 Uhr weg, mit einer Mittagspause von einer Stunde. Meine Eltern waren mir nicht sehr gewogen und verstanden nicht, daß ich wirklich hart arbeiten und eigentlich gut essen mußte, zumal ich jung war. Sie gaben mir kein Geld fürs Mittagessen und meinten, ich sollte zum Essen nach Hause kommen, aber das wäre ein großer Zeitverlust und anstrengend gewesen, so daß ich nicht nach Hause fuhr, sondern nur Brot in einem nahe gelegenen Park aß, manchmal eine kleine kalte Wurst dazu. Und ich las und schrieb und las wieder, ich konnte unendlich viel lesen. (…)

Als ich (vor 20 Jahren) um 6 Uhr die Bibliothek verließ, sah ich mir die Leute auf der Straße an, sie sahen frei aus, und ich dachte, Glück würde darin bestehen, keine Eltern zu haben und in sein eigenes Zimmer zurückzukommen, ohne daß einem jemand Fragen stellte. Ich sehnte mich so sehr nach dieser Freiheit! Diese armselige häßliche Wohnung mit schlechtgelaunten Eltern und kein bißchen Freiheit war so traurig! Nach dem Abendessen durfte ich nie allein ausgehen, ich mußte also weiter lesen und schreiben und arbeiten, es war das Beste, was ich tun konnte, aber mein Kopf war bereits müde, mein Körper voll Ungeduld, mein Herz leer. Wissen Sie, ich liebte das Leben *so sehr*, sogar noch mehr als jetzt, und Sie wissen, daß ich es liebe; ich sehnte mich nach Einsamkeit und Freiheit, die ich ein Jahr später bekam, als ich meine Prüfung bestanden hatte. Aber in jenem Jahr waren die Abende, wenn ich aus der Bibliothèque Nationale kam, traurig. Heute war es anders; ich fühlte mich nicht so jung wie vor 20 Jahren. Wissen Sie? heute bin ich vierzig geworden. Ich schämte mich. Ich würde Ihnen gern die Liebe einer jüngeren Frau geben, obwohl ich weiß, daß Sie mich lieben, wie ich bin. Ich bin traurig, weit weg und alt zu sein und Ihnen so wenig von dem geben zu können, was ich in einem anderem Leben hätte geben können. Nun, Sie werfen mir nie irgend etwas vor, und es ist richtige Liebe, was ich Ihnen gebe, aber … Ich mag es nicht, mich alt zu fühlen. Letztes Jahr machte es mir nichts aus, jetzt doch, Ihretwegen. Inzwischen macht mir vieles etwas aus. Zum Beispiel habe ich Angst, nach Berlin zu fliegen, so daß ich wahrscheinlich überhaupt nicht hinfahre, mit dem Zug ist es zu lang. Vielleicht ändere ich meine Meinung noch, vielleicht fahre ich am Ende doch. Aber ich habe Angst, gerade jetzt zu sterben; vorher hatte ich diese Angst nicht, nicht in dieser Weise. Der allgemeine Gedanke, eines Tages zu sterben, hat mich immer in Angst versetzt, aber er hat mich nie daran gehindert, irgend etwas zu tun: Jetzt oder später machte keinen Unterschied, da es sein mußte. Jetzt ist es anders. Ich möchte Sie wieder küssen, ich möchte etwas mehr mit Ihnen zusammen haben, ich möchte nicht, daß Sie durch irgend etwas von mir verletzt werden; ich würde mich schuldig fühlen zu sterben. Nun, ich habe eine Menge solcher albernen Gedanken. Um Ihretwillen wäre es mir zuwider, zu sterben, krank zu sein, alt, häßlich oder gebrechlich zu werden. Ich möchte, daß Sie in den Genuß der Liebe einer lebendigen, gesunden, netten und schönen Frau kommen. Ich werde mein Bestes tun, Liebling.

Gute Nacht. Mein Herz ist heute abend schwer und sehr trübsinnig. Wenn ich nur Ihr Lächeln sehen könnte! Ich brauche Ihr Lächeln, ich fühle mich wie ein dummer, sehr dummer fröstelnder Frosch. Ich würde mich gern in der Wärme Ihres Krokodilmagens zusammenrollen und ruhig einschlafen. Gute Nacht, mein Liebster.

Sonntag

Ich lese weiter Bücher über die Situation der Frau, ich habe viel amüsante Dinge gelernt, manche sehr unschickliche! Wie seltsam sich die Menschen, Männer und Frauen, verhalten, und was sie alles im Kopf haben! Es ist für die meisten nicht sehr leicht, in dieser Welt gut zu leben, und vor allem ist es für die Frauen nicht sehr leicht, sich richtig zu verhalten, sowohl mit Selbstachtung als auch mit Freude an sich selbst. Selbst jetzt, wo sie viele Rechte haben, ist es nicht so leicht. Ich werde Ihnen traurig-amüsante Geschichten erzählen, wenn ich Zeit habe, auf dem Mississippi. Ich warte darauf, Honey, ich vermisse Sie, ich brauche Sie, ich liebe Sie.

Ganz Ihre Simone

Montag nacht, 19. Juli [1948]

Nelson, mon cher amour. Ja, ich habe einen süßen Brief heute früh bekommen, sehr sanft und liebevoll. «Sie sehen heute so glücklich aus», sagten viele Leute zu mir. Jetzt ist Mitternacht, ich bin nicht übermüdet, ich habe nur einen kleinen Gin in Grapefruit-Saft getrunken (kein Scotch in Paris), und ich gebe Ihnen vor dem Schlafen einen Gutenachtkuß. (...)

Wissen Sie, um Ihretwillen könnte ich viel mehr als einen netten jungen Mann aufgeben, ich könnte die meisten Dinge aufgeben, aber ich wäre nicht die Simone, die Sie mögen, wenn ich mein Leben mit Sartre aufgeben könnte. Ich wäre ein übles Geschöpf, eine Verräterin und Egoistin. Was Sie auch immer in Zukunft beschließen, ich möchte, daß Sie dies wissen: Nicht aus Mangel an Liebe bleibe ich nicht bei Ihnen. Ich bin sogar sicher, daß unsere Trennungen für mich härter sind als für Sie, daß ich Sie auf schmerzlichere Weise vermisse als Sie mich; ich könnte Sie nicht stärker lieben, begehren und vermissen, als ich es tue. Vielleicht wissen Sie das. Aber Sie müssen auch wissen, obwohl es vielleicht arrogant klingt, in welchem Maße Sartre mich braucht. In Wirklichkeit ist er sehr einsam, sehr ruhelos, innerlich sehr aufgewühlt, und ich bin seine einzige wirkliche Freundin, der einzige Mensch, der ihn wirklich versteht, ihm wirklich hilft, mit ihm arbeitet, ihm etwas Frieden und Gelassenheit gibt. Fast zwanzig Jahre lang hat er alles für mich getan, hat mir geholfen zu leben, mich zu finden, hat eine Menge Dinge für mich geopfert. Nun, seit vier, fünf Jahren kann ich ihm zurückgeben, was er für mich getan hat, kann ihm helfen, ihm, der mir so viel geholfen hat. Ich könnte ihn nicht im Stich lassen. Ich könnte ihn für mehr oder weniger lange Perioden verlassen, aber nicht mein ganzes Leben an jemand anderen binden. Es ist mir zuwider, wieder davon anzufangen; ich weiß, daß ich Gefahr laufe, Sie zu verlieren; ich weiß, was es für mich bedeuten würde, Sie zu verlieren. Aber Sie müssen verstehen, wie die Lage ist, Nelson, ich muß sicher sein, daß Sie die Wahrheit verstehen: Ich wäre glücklich, bis an mein Lebensende Tage und Nächte mit Ihnen zu verbringen – in Chicago, Paris oder Chichicastenango, es ist nicht möglich, mehr zu lieben, als ich Sie liebe, mit Körper, Herz und Seele. Aber ich würde lieber sterben als jemanden, der alles für mein Glück getan hat, tief zu verletzen, ihm wirklich weh zu tun. Doch würde ich nicht gern sterben, und Sie zu verlieren, der Gedanke, Sie zu verlieren, kommt mir so hart vor wie der Gedanke zu sterben. Nun, vielleicht denken Sie, ich mache zuviel Theater, aber mein Leben ist mir wichtig, unsere Liebe ist mir wichtig: sie sind es wert, daß man ein bißchen Theater macht. Und Sie fragen mich, was ich denke; ich hege freundliche Gefühle für Sie, und ich mag es, Ihnen alles zu erzählen was ich in meinem Herzen fühle. Jetzt gehe ich schlafen, nachdem ich Ihnen einen langen liebenden Kuß gegeben habe. (…)

Arbeiten Sie gut, mon amour, schicken Sie mir dicke gelbe Briefe und werden Sie so glücklich, wie Sie können, mit der
Liebe von Simone, die ganz die Ihre ist.

Sonntag [8. August 1948]

Bonjour, mon amour. Wir schlugen die Augen im selben Moment auf, Sie drohten mir mit der Faust, und dann

… nun gut. Es ist kühl und einsam, wenn ich in dem runden Zimmer aufwache!

Heute ist ein windiger, friedlicher Sonntag. Sartre ist für eine Woche mit seiner Mutter weggefahren, und sie haben mir ihre schöne Wohnung überlassen. Ich sitze also hier, die Kirche und die *Deux Magots* vor meinen Augen. Ich werde den ganzen Tag hier bleiben und von jetzt, 10 Uhr, bis heute abend, 8 Uhr, arbeiten. Damit es besser läuft, habe ich eine kleine Pille geschluckt; ich möchte, daß das Kapitel, an dem ich arbeite, heute abend fertig ist. Auch Sie arbeiten vermutlich den ganzen Tag. Mein Essay *Für eine Moral der Ambiguität* wird in Amerika erscheinen, Teile davon wurden gerade von *Twice a Year* veröffentlicht. Ich habe den Zauberkünstler noch einmal gesehen und verstehe allmählich einige seiner Tricks; ich bin noch zu einem anderen Keller gegangen, der so überfüllt war, daß ich nicht bleiben konnte, er ist unten in den *Deux Magots*, wunderbar dekoriert auf angenehm verrückte Weise; es gibt dort den besten Jazz von Paris, einen wirklich schönen Jazz, und einige junge Leute tanzen wunderbar. Der «junge Mann mit der Trompete» leitet die Band, er hat gerade *The Big Clock* von Ihrem Freund Kenneth Fearing fertig übersetzt. Seltsam, dieser Freund von mir, der das Buch eines Freundes von Ihnen übersetzt – so fern, zwei Welten, wo wir, Sie und ich, uns doch so nah sind. Ich habe weiterhin den ganzen Tag über gearbeitet und abends Leute getroffen auf den Café-Terrassen oder in den Kellern und Whisky getrunken, immer dieselben Leute: Sartre, Bost (der nette junge Mann), Giacometti, Wright – ein sehr beständiges Leben. Und ich habe Sie weiterhin vermißt – das war hart; ich würde lieber manchmal ein bißchen weinen, aber vermutlich habe ich in einer gewissen Nacht zu sehr geweint, was in meinem Herzen einen trockenen, harten Schmerz hinterlassen hat, so daß ich keine leichten, ruhigen Tränen mehr weinen kann.

Ich weinte jedoch fast, als ich in meinem Koffer ein mit einem A besticktes Taschentuch fand und als ich den kleinen schwarzen Pullover anzog, den Sie so sehr mochten.

Gestern war ich im Kino und habe *Feuerkugel* [von Howard Hawks] mit Gary Cooper und Barbara Stanwyck gesehen, manchmal amüsant, aber insgesamt sehr dumm.

An diesem langen ruhigen Tag würde ich gern mit Ihnen reden. Da ich nicht wie Sie in der Lage bin, schöne Geschichten zu erfinden, erzähle ich Ihnen reale. Sie haben doch nichts dagegen? Nun, ich habe Ihren letzten Brief noch einmal gelesen und möchte etwas dazu sagen. Erstens habe ich den netten jungen Mann nicht deswegen erwähnt, weil ich prahlen wollte, zwischen uns kann es keine Prahlerei geben. Wenn ich in meinem Leben auf etwas stolz wäre, so wäre es unsere Liebe. Ich fühle, wir müssen uns möglichst viele Dinge erzählen, dann sind wir nicht nur Liebende, sondern zugleich engste Freunde. Es gibt in meinem Leben jedenfalls nicht viel, womit ich prahlen könnte; ich werde Ihnen heute von meinem Liebesleben erzählen, wie Sie es an einem glücklichen Liebesabend in der *Casa Contenta* taten. Ich habe Ihnen erzählt, daß ich aus einer «kleinbürgerlichen» katholischen und altmodischen Familie stamme: Ich wurde sehr streng erzogen, die meisten Bücher waren verboten, erst als Studentin fing ich an, alles zu lesen – ich glaubte schon nicht mehr an Gott, war aber weiterhin sehr «moralisch». Mit 17 war ich sehr stark in einen gleichaltrigen Cousin verliebt, der schön, klug und anziehend war und den ich bewunderte, weil er ein Mann war; er mochte mich, gab mir moderne Literatur zu lesen und half mir, mich geistig von meiner Familie zu lösen, aber er «respektierte» mich, wie ein junger Bourgeois seine Cousine «respektiert», und was die Ehe angeht, heiratete er eine reiche dumme, häßliche Frau. Später vertat er sein Leben, trank und machte seine Umgebung unglücklich. Es war eine sehr sentimentale, idealistische Jungmädchenliebe; diese Heirat war ein ziemlicher Schock, aber ich machte mir nicht allzuviel daraus, weil ich zu dieser Zeit gerade neue Freunde kennengelernt hatte, Studenten wie ich, unter ihnen Sartre.

Bald lag uns viel aneinander. Ich war zweiundzwanzig und er fünfundzwanzig, und ich gab ihm voller Begeisterung mein Leben und mich selbst. Er war mein erster Liebhaber, vorher hatte niemand mich auch nur geküßt. Wir haben eine lange Zeit zusammen verbracht, und ich erzählte Ihnen schon, wie sehr mir an ihm liegt, aber es war eher tiefe Freundschaft als Liebe; in der Liebe war unsere Beziehung nicht sehr erfolgreich. Hauptsächlich, weil er sich aus der Sexualität nicht viel macht. Er ist in allem ein warmherziger, lebhafter Mann – nur nicht im Bett. Ich spürte das bald, obwohl ich keine Erfahrung hatte, und allmählich wurde es sinnlos, ja, sogar ungehörig, weiterhin wie Geliebte zusammenzuleben. Wir gaben es nach acht oder zehn Jahren, die in dieser Hinsicht eher erfolglos waren, auf. Da – vor zehn Jahren also – erschien der nette junge Mann – Bost. Er war viel jünger als ich, ein früherer Schüler von Sartre, der ihn sehr mochte. Mir machte es vor allem Spaß, im Sommer mit ihm in den Bergen zu wandern. Zu dieser Zeit hatte er eine Liebschaft mit meiner russischen Freundin, aber er wollte sie beenden; sie war meine Schülerin gewesen, und in gewisser Weise mochte ich sie, aber sie hatte sich auch mir gegenüber unschön verhalten: Jedenfalls ist sie die Sorte Frau, die von jedem zuviel verlangt, die jeden belügt, so daß jeder sie belügen muß. Als Bost und ich während einer Bergwanderung im selben Zelt übernachteten und zusammen schlafen wollten, war das für uns also kein Problem. Wir haben es ihr nie gesagt. Er wollte mit ihr brechen, aber er konnte nicht: Sie liebte ihn bereits zu tief und er wollte sie nicht verletzen. Dann kam der Krieg; und sie wurde krank; er war immer mehr an sie gebunden und heiratete sie, er lebt mit ihr zusammen, wie ich Ihnen erzählte. Wir blieben jedoch eng befreundet und schliefen weiter miteinander. Es war eine schöne Beziehung, ohne Leidenschaft, aber auch ohne Eifersucht, ohne Lügen, mit viel Freundschaft und Zärtlichkeit. Wissen Sie, ich war mit meinem Leben zufrieden, es schien zu genügen, tiefe Freundschaften im Leben zu haben, selbst wenn das keine Liebe war. Ich glaubte, ich sei für die Liebe zu alt, doch ich hätte bis zum Tod so fortfahren können – arbeiten und Leute gern haben, die mich gern haben. Dann passierte es, Sie wissen Bescheid. Außer mit Sartre und Bost habe ich dreimal in meinem Leben mit Männern eine Nacht verbracht, mit Männern, die ich bereits kannte und schätzte, obwohl ein wirkliches Liebesverhältnis nicht möglich war. Als ich zu Ihnen nach Chicago zurückkam, glaubte ich, es würde etwas Derartiges werden: Ich mochte Sie; wir konnten ein paar Tage lang zusammen glücklich sein. Deshalb sage ich, Sie haben mich in eine Falle gehen lassen. Ich erwartete keine Liebe, ich glaubte nicht, mich verlieben zu können, und Sie haben es geschafft, daß ich mich in Sie verliebte! Und veranlassten, daß ich nach Chicago zurückkehrte und Sie immer mehr liebte. Ich mußte es also Bost sagen, und wie ich Ihnen erklärte, war es ein bißchen traurig, aber wir sind sehr enge Freunde geblieben, ich sehe ihn oft, meist zusammen mit Sartre, manchmal mit seiner Frau und manchmal allein. Wir hatten eine lange Beziehung, deshalb habe ich sie neulich erwähnt. Aber wie Sie spürten, war sie schon nicht mehr wirklich wichtig, jedenfalls nicht so, wie sie es in den ersten Jahren, vor langer Zeit, gewesen war.

Und all dies, Nelson, ist eine andere Art, Ihnen zu sagen, daß ich in Ihren Armen wirkliche, vollständige Liebe erfahren habe, Liebe, bei der Herz, Seele und Fleisch eins sind. Letztes Jahr gab es keinen netten jungen Mann, dies Jahr wird es keinen geben, vermutlich wird es nie mehr einen anderen Mann geben.

So ist es gelaufen, Honey, so läuft es. Sehen Sie, es ist, als hätte ich eine Familie in Paris. Ich kenne diese Menschen seit so langer Zeit, so nah und unter so vielen Lebensbedingungen, im Guten wie im Schlechten, daß sie eher eine Familie sind als nur Freunde. Da meine tatsächliche Familie nichts für mich bedeutet, habe ich mir, so vermute ich, selbst eine gewählt. In gewisser Weise ist es ein Glück, eine Familie zu haben, sie hilft einem zu leben; in einem andern Sinn läßt sie einen jedoch allein; vor allem, wenn man jemanden (wahnsinnig) liebt, hilft sie einem nicht. Ich weiß nicht, ob Sie mich nun besser verstehen, aber wenn ich schreibe, ich habe Bost, Sartre, Olga getroffen, möchte ich, daß Sie wissen, was ich meine. Und ich muß noch so viele Briefe schreiben, bevor ich aufhören kann, Worte zu benutzen, und wieder mit Ihnen verschmelze.

Leben Sie wohl, Nelson, ich war glücklich, mit Ihnen zu sprechen. Ich küsse Ihre Lippen im Traum.

Ganz Ihre Simone

Freitag [3. Dezember 1948]

Sie liebster Liebling. Ich freue mich, daß ich den Septemberbrief erhalten habe und wir diese Sache gründlich besprochen haben. In gewisser Weise kann ich nicht sagen, daß mich Ihr letzter langer Brief glücklich gemacht hat. Sicher, seit jener Nacht, in der ich so heftig weinte, *wußte* ich, daß unsere Geschichte in ziemlich kurzer Zeit aus sein könnte, daß etwas gewissermaßen schon gestorben war; aber es war für mich ein ziemlicher Schock, zu begreifen, daß sie bereits im Herbst hätte zu Ende sein können, daß sie morgen zu Ende sein kann – nein, das macht mich nicht glücklich. Doch ich glaube, Sie haben vollkommen recht, und alles, was Sie sagen, ist fair. Ich kann sehr wohl nachfühlen, wie sehr Sie eine Ehefrau brauchen, und Sie verdienen sie: eine Frau, die nicht ihr eigenes Schicksal vernachlässigen muß, um Sie zum Ehemann zu nehmen. Sie werden für jede Frau ein Schicksal sein, das es sehr gut mit ihr meint, und ich hätte dies Schicksal aus ganzem Herzen für mich gewählt, wenn andere Dinge es mir nicht unmöglich gemacht hätten. Ja, ich verstehe, Nelson. Ich wünsche nur, daß Sie nicht bedauern, letztes Jahr treu gewesen zu sein; es hatte einen Sinn. Ein Jahr lang hat es für mich so viel bedeutet, eine treue, wahre warmherzige Liebe zu erleben, sie ergriff mich so stark, und ich gab sie so voller Glück zurück, daß Sie, wenn Sie mich noch ein bißchen mögen, es nicht bedauern können; Sie können es sich nicht vorwerfen, mir so viel gegeben zu haben, wo ich doch so dankbar dafür war. Das Leben ist kalt und kurz, ja, deshalb können Sie wirklich warmherzige und intensive Gefühle nicht verachten. Wir waren nicht verrückt, daß wir einander so liebten, wie wir es taten, und andere Dinge dafür opferten; wir haben einander für eine Weile glücklich gemacht, wirklich glücklich; das ist mehr, als viele Menschen jemals bekommen, etwas, das ich nie vergessen werde, und ich hoffe, Sie werden sich auch manchmal daran erinnern. Nun, Honey, alles, was ich hoffe, ist, daß wir wenigstens noch einmal eine lange Zeit zusammen verbringen: Sie kommen zum Beispiel zwischen April und September nach Paris. Und ich hoffe, daß wir Freunde und in Kontakt bleiben, selbst wenn Sie heiraten. (…)

Auf Wiedersehen, Nelson. Es ist kaum zu glauben, meine Arme sind so kalt, wo doch mein Herz so warm ist. Aber es stimmt: Ferne Arme sind sehr kalt. Ich hoffe, Sie finden sie eines Tages wieder warm (Sie wissen, daß sie warm sein können). Oh, Sie würden mich in diesem Augenblick mögen! Ich fühle mich wie an dem Tag, an dem Sie die Eierschalen zerbrochen haben, innerlich ganz aufgewühlt und ohne die Überheblichkeit des Glücks. Doch ich liebe Sie noch genauso.

Ganz Ihre Simone

Samstag [14. Januar 1950]

Nelson, mein Liebster. Sie sagten mir einmal, Sie liebten mich, weil Sie mich glücklich gemacht hätten (vielleicht erinnern Sie sich nicht, Sie sagen so viele alberne Sachen), dann müssen Sie mich gerade jetzt sehr stark lieben, denn Sie haben mich noch glücklicher gemacht, als ich mich selbst um Ihretwillen unglücklich gemacht hatte. Danke, Nelson, danke, daß Sie so freundlich ja gesagt haben, es ist sehr süß, Sie zu lieben, mir ist ein Stein vom Herzen gefallen, und jetzt beginnt langsam, aber sicher, die Rückkehr zu Ihnen. Diesen Sommer bin ich in Ihren Armen. Der Gedanke, ein Haus zu mieten, gefällt mir sehr. Ist es möglich, eins in der Nähe des Strandes zu finden? Ist der Strand schön? Wird es sehr heiß sein? Erzählen Sie mir von dem Ort, der ja monatelang unser Ort sein wird. O Nelson! Ich werde so nett und gut sein, Sie werden sehen, ich werde den Fußboden putzen, ich werde alle Mahlzeiten kochen, ich werde sowohl Ihr Buch als auch meines schreiben, ich werde mit Ihnen zehnmal in der Nacht und genauso oft am Tag schlafen, selbst wenn ich ein bißchen erschöpft bin. Ja, es wird reizend sein, in einem kleinen Haus, das uns allein gehört, zu leben, zu schreiben und zu schwimmen und uns zu lieben. Bitte, machen Sie das eher vom 1. Juli bis 1. Oktober fest, denn ich habe meine Abreise so weit wie nur möglich hinausgeschoben – in der Annahme, es würde Ihnen besser passen. Ich werde Paris am 25. Juni verlassen, zwei oder drei Tage in New York haltmachen, um mir mein Geld zu holen, und werde am letzten Junitag oder am 1. Juli in

Wabansia sein. Kümmern Sie sich nicht um billige Flüge, ich habe davon gehört, aber es gilt nur bei zwei Monaten Aufenthalt, außerdem möchte ich mit der besten Fluggesellschaft fliegen, um nicht wieder einem Motor, der über dem Ozean ausfällt, ausgesetzt zu sein.

(...)

Nelson, ich bin sicher, Sie haben nie jemanden so glücklich gemacht wie mich. Sie können stolz auf sich sein. Sie scheinen so nah, wenn ich meinen Kopf drehen würde, würde ich Sie im Bett sehen, im Halbschlaf, warm und behaglich, es ist, als ob ich mich jeden Augenblick an die Seite dieses warmen kräftigen Körpers legen könnte. Ich sehne mich nach ihm.

Wir werden in unserer kleinen Hütte glücklich sein, mein süß zu liebender Geliebter.

Ganz Ihre Simone

Man wird nicht als Frau geboren, man wird es
[Das andere Geschlecht]

Ich habe lange gezögert, ein Buch über die Frau zu schreiben. Das ist ein Reizthema, besonders für Frauen, und es ist nicht neu. In der Debatte über den Feminismus ist genug Tinte geflossen. Jetzt ist sie nahezu abgeschlossen: Reden wir nicht mehr darüber. Es wird aber doch weiter darüber geredet, und es sieht nicht so aus, als hätte die in den letzten hundert Jahren produzierte Flut von Sottisen das Problem geklärt. Gibt es überhaupt ein Problem? Und worin besteht es? Gibt es überhaupt Frauen? Die Theorie vom Ewigweiblichen hat zwar noch Anhänger, die sich zuflüstern: «Sogar in Rußland bleiben *sie* Frauen», aber andere gut informierte Leute, manchmal auch dieselben, klagen: «Das Frauliche geht verloren, es gibt keine Frauen mehr.» Man weiß nicht mehr genau, ob es noch Frauen gibt, ob es sie immer geben wird, ob dies wünschenswert ist oder nicht, welchen Platz sie in dieser Welt einnehmen, welchen sie einnehmen sollten. «Wo sind die Frauen?» fragte kürzlich eine unregelmäßig erscheinende Zeitschrift namens *Franchise*, die inzwischen eingestellt wurde. Doch zunächst einmal: Was ist eine Frau? «*Tota mulier in utero*: eine Gebärmutter», sagt der eine. Über manche Frauen urteilen Kenner jedoch: «Das sind keine Frauen», obwohl sie einen Uterus haben wie alle anderen. Von allen wird einmütig anerkannt, daß es innerhalb der menschlichen Spezies «Weibchen» gibt. Sie stellen heute wie ehedem etwa die Hälfte der Menschheit. Und doch sagt man uns, die Weiblichkeit sei «in Gefahr», man ermahnt uns: «Seid Frauen, bleibt Frauen, werdet Frauen.» Nicht jeder weibliche Mensch ist also zwangsläufig eine Frau; er muß an jener geheimnisvollen, bedrohten Realität, der Weiblichkeit, teilhaben. Wird diese von den Eierstöcken produziert? Oder ist sie eine abgehobene platonische Idee? Genügt ein aufreizender Unterrock, um sie auf die Erde herunterzuholen? Obwohl manche Frauen sich eifrig bemühen, sie zu verkörpern, wurde ein Gebrauchsmuster nie festgelegt. Das Weibliche wird gern in unbestimmten schillernden Ausdrücken beschrieben, die dem Wortschatz von Seherinnen zu entstammen scheinen. Zur Zeit des Thomas von Aquin galt es als ebenso eindeutig definierte Essenz wie etwa die einschläfernde Wirkung des Mohns. Aber der Konzeptualismus hat an Boden verloren: Die Biologie und die Sozialwissenschaften glauben nicht mehr an die Existenz unwandelbarer Anlagen, die gegebene Charaktertypen wie die Frau, den Juden oder den Schwarzen hervorbringen; sie betrachten den Charakter als Sekundärreaktion auf eine *Situation*. Wenn es heute keine Weiblichkeit mehr gibt, so, weil es nie eine gegeben hat. Bedeutet das etwa, daß das Wort «Frau» keinerlei Inhalt hat? Das jedenfalls behaupten die Anhänger der Aufklärung, des Rationalismus und des Nominalismus, indem sie nachdrücklich erklären, die Frauen seien unter den Menschen nur jene, die willkürlich mit dem Wort «Frau» bezeichnet werden. Vor allem die Amerikanerinnen hängen an dem Gedanken, die Frau als solche komme nicht mehr vor. Und wenn eine Rückständige sich immer noch für eine Frau hält, raten ihr die Freundinnen zu einer Psychoanalyse, um diese Zwangsvorstellung loszuwerden. Dorothy Parker schreibt über ein – nebenbei gesagt höchst ärgerliches – Werk mit dem Titel *Modern woman: the lost sex*: «Ich kann Büchern, die die Frau als Frau behandeln, nicht gerecht werden ... Nach meiner Auffassung müssen wir alle, Männer wie Frauen, als Menschen betrachtet werden.» Aber der Nominalismus ist eine Doktrin, die etwas kurz greift, und die Gegner des Feminismus haben leichtes Spiel nachzuweisen, daß Frauen keine Männer *sind*. Mit Sicherheit ist die Frau wie der Mann ein Mensch –

aber eine solche Behauptung ist abstrakt. Tatsächlich befindet sich jeder konkrete Mensch immer in einer einzigartigen Situation. Die Begriffe vom Ewigweiblichen, von der schwarzen Seele, vom jüdischen Charakter abzulehnen, bedeutet ja nicht zu verneinen, daß es heute Juden, Schwarze, Frauen gibt. Diese Verneinung wäre für die Betroffenen keine Befreiung, sondern eine Flucht ins Unauthentische. Selbstverständlich kann keine Frau, ohne unaufrichtig zu sein, behaupten, sie stünde jenseits ihres Geschlechts. Vor einigen Jahren lehnte eine bekannte Schriftstellerin es ab, ihr Portrait für eine Fotoserie mit ausschließlich weiblichen Autoren zur Verfügung zu stellen. Sie wollte den Männern zugeordnet werden. Um dieses Privileg zu erlangen, ließ sie den Einfluß ihres Mannes spielen. Frauen, die Männer zu sein behaupten, verlangen deshalb nicht weniger Rücksichten und Huldigungen von Seiten der Männer. Hier muß ich auch an eine junge Trotzkistin denken, die bei einer stürmischen Versammlung auf dem Podium stand und trotz ihrer offensichtlichen Zartheit zu einem Faustschlag ausholte: Sie verleugnete ihre weibliche Schwäche, doch sie tat es aus Liebe zu einem Genossen, dem sie ebenbürtig sein wollte. Die herausfordernde Haltung, in der die Amerikanerinnen sich verkrampfen, zeigt, wie sehr sie sich vom Gefühl ihrer Weiblichkeit verfolgt fühlen. Dabei braucht man nur mit offenen Augen durch die Welt zu gehen, um festzustellen, daß die Menschheit sich in zwei Kategorien von Individuen teilt, deren Kleidung, Gesichter, Körper, Lächeln, Gang, Interessen und Betätigungen sichtlich verschieden sind. Vielleicht sind diese Unterschiede oberflächlich, vielleicht sind sie dazu bestimmt zu verschwinden. Sicher ist, daß sie derzeit unübersehbar existieren.

Wenn die Funktion des «Weibchens» nicht ausreicht, um die Frau zu definieren, wenn wir es auch ablehnen, sie mit dem Ewigweiblichen zu erklären, aber gelten lassen, daß es, zumindest vorläufig, Frauen auf der Erde gibt, müssen wir uns wohl die Frage stellen: Was ist eine Frau?

Schon beim Formulieren der Frage kommt mir eine erste Antwort. Es ist bezeichnend, daß ich sie überhaupt stelle. Ein Mann käme gar nicht auf die Idee, ein Buch über die einzigartige Situation der Männer innerhalb der Menschheit zu schreiben. Der *Kinsey-Report* zum Beispiel beschränkt sich darauf, das Sexualverhalten des amerikanischen Mannes zu beschreiben, was etwas ganz anderes ist. Wenn *ich* mich definieren will, muß ich zuerst einmal klarstellen: «Ich bin eine Frau.» Diese Wahrheit ist der Hintergrund, von dem sich jede weitere Behauptung abheben wird. Ein Mann beginnt nie damit, sich als Individuum eines bestimmten Geschlechts darzustellen. Daß er ein Mann ist, versteht sich von selbst. In Amtsregistern und auf Personalbögen sind die Rubriken «männlich» und «weiblich» nur der Form halber symmetrisch. Das Verhältnis der beiden Geschlechter ist nicht das zweier elektrischer Ströme, zweier Pole: Der Mann vertritt so sehr zugleich das Positive und das Neutrale, daß im Französischen *les hommes* (die Männer) die Menschen schlechthin bezeichnen, da die spezielle Bedeutung des Wortes *vir* in der allgemeinen von *homo* aufgegangen ist. Die Frau dagegen erscheint als das Negative, so daß jede Bestimmung ihr zur Einschränkung gereicht, ohne daß die Sache umkehrbar wäre. Bei theoretischen Diskussionen hat es mich manchmal geärgert, von Männern gesagt zu bekommen: «Sie denken das und das, weil Sie eine Frau sind.» Mir war aber klar, daß ich mich nur mit der Antwort verteidigen konnte: «Ich denke es, weil es stimmt», das heißt unter Ausklammerung meiner Subjektivität. Keinesfalls hätte ich entgegnen dürfen: «Und Sie denken das Gegenteil, weil Sie ein Mann sind», denn es steht fest, daß ein Mann zu sein keine Besonderheit darstellt. Ein Mann ist im Recht, weil er ein Mann ist, die Frau dagegen ist im Unrecht. Wie es für die Menschen der Antike eine absolute Vertikale gab, von der die Definition des Schrägen abgeleitet wurde, gibt es einen absoluten Menschentyp, nämlich den männlichen. Die Frau hat Ovarien und einen Uterus. Das sind Sonderbedingungen, die sie zur Subjektivität verurteilen. Man sagt gern, sie denke mit ihren Drüsen. Der Mann sieht großzügig darüber hinweg, daß zu seiner Anatomie auch Hormone und Testikel gehören. Er begreift seinen Körper als direkte, normale Verbindung zur Welt, die er in ihrer Objektivität zu erfassen glaubt, während er den Körper der Frau durch alles, was diesem eigentümlich ist, belastet sieht und ihn als Behinderung, als Gefängnis betrachtet. «Das Weib ist Weib dadurch, daß ihm bestimmte Eigenschaften *fehlen*», sagt Aristoteles. «Wir müssen das Wesen der Frauen als etwas natürlich Mangelhaftes sehen.» Und Thomas von Aquin schließt sich ihm in der Auffassung an, die Frau sei ein «verfehlter Mann», ein «zufälliges Wesen». Das gleiche symbolisiert auch die Geschichte der Genesis, in der Eva nach den Worten Bossuets aus einem «überzähligen Knochen» Adams hervorgezaubert wird. Die Menschheit ist männlich, und der Mann definiert die Frau nicht als solche, sondern im Vergleich zu sich selbst: Sie wird nicht als autonomes Wesen angesehen. «Die Frau, das relative Wesen ...» schreibt Michelet. Das gleiche sagt Julien Benda im *Rapport d'Uriel*: «Der Körper des Mannes ist sinnhaft durch sich selbst, auch ohne den der Frau, während der ihre sinnentblößt scheint, wenn man den männlichen nicht einbezieht ... Der Mann denkt sich ohne die Frau. Sie denkt sich nicht ohne den Mann.» Und sie ist nichts anderes als das, was der Mann bestimmt. In Frankreich zum Beispiel nennt man sie einfach *le sex*, womit gemeint ist, daß sie für den Mann in erster Linie ein geschlechtliches Wesen ist: Für ihn ist sie sexuell, das heißt, sie ist es absolut. Sie wird mit Bezug auf den Mann determiniert und differenziert, er aber nicht mit Bezug auf sie. Sie ist das Unwesentliche gegenüber dem Wesentlichen. Er ist das Subjekt, er ist das Absolute: Sie ist das Andere. (...)

Ein Mann kann schwer ermessen, wie außerordentlich groß die Bedeutung sozialer Diskriminierungen ist, die von außen unerheblich erscheinen, deren moralische und intellektuelle Auswirkungen auf die Frau aber so tief gehen, daß es den Anschein haben kann, sie entsprängen einer Urnatur. Selbst bei den größten Sympathien für die Frau weiß der Mann nie richtig über ihre konkrete Situation Bescheid. Daher gibt es keinen Grund, den Männern zu glauben, die sich der Tragweite der Privilegien, die sie zu verteidigen suchen, nicht einmal bewußt sind. Wir werden uns also von der Vielzahl und Heftigkeit der Angriffe gegen die Frauen nicht einschüchtern lassen, auch werden wir uns nicht von den eigennützigen Lobreden auf die «wahre Frau» einwickeln oder uns von der Begeisterung anstecken lassen, die das weibliche Schicksal bei Männern wachruft, welche es um nichts in der Welt teilen möchten.

Den Argumenten der Feministinnen sollten wir allerdings nicht weniger mißtrauisch begegnen. Oft macht das polemische Anliegen sie ganz wertlos. Daß die Frauenfrage so ergebnislos geblieben ist, liegt an der männlichen Arroganz, die einen «Streit» daraus gemacht hat; wenn man sich streitet, argumentiert man nicht mehr gut. Man hat unablässig zu beweisen versucht, daß die Frau dem Mann überlegen, unterlegen oder gleich sei. Nach Adam erschaffen, ist sie offenkundig ein zweitrangiges Wesen, sagten die einen; im Gegenteil, sagten die anderen, Adam war nur ein Rohentwurf, und der vollkommene Mensch ist Gott erst gelungen, als er Eva schuf. Ihr Gehirn ist kleiner als seines, relativ gesehen ist es aber größer. Christus kam als Mann auf die

Welt – vielleicht tat er es aus Demut. Jedes Argument ruft sofort das gegenteilige hervor, und oft gehen beide daneben. Um klarzusehen, muß man diese eingefahrenen Gleise verlassen; man muß den verschwommenen Begriffen Überlegenheit, Unterlegenheit und Gleichheit, die alle Diskussionen entstellt haben, eine Absage erteilen und ganz von vorn beginnen.

Wie aber sollen wir dann die Frage stellen? Und zunächst einmal, wer sind wir, daß wir sie stellen? Die Männer sind Richter und Partei, die Frauen ebenfalls: Wo soll man einen Engel finden? Aber auch ein Engel wäre schlecht geeignet, etwas dazu zu sagen; alle Grundlagen des Problems wären ihm unbekannt. Der Hermaphrodit ist ein Sonderfall: Er ist nicht sowohl Mann wie Frau, sondern weder Mann noch Frau. Ich glaube, die besten Voraussetzungen zur Klärung der Situation der Frau haben immer noch bestimmte Frauen. Es wäre ein Trugschluß, Epimenides auf den Begriff Kreter und die Kreter auf den des Lügners festlegen zu wollen: Es ist keine geheimnisvolle Essenz, die Männern und Frauen Aufrichtigkeit oder Unaufrichtigkeit diktiert; es ist vielmehr ihre Situation, die sie mehr oder weniger zur Wahrheitssuche befähigt. Viele Frauen von heute, die das Glück hatten, daß ihnen alle Privilegien des Menschen zurückgegeben wurden, können sich den Luxus der Unparteilichkeit leisten: Wir haben sogar ein Bedürfnis danach. Wir sind nicht mehr so im Kampf wie unsere Vorläuferinnen, wir haben die Partie im großen und ganzen gewonnen. Bei den letzten Diskussion über den Status der Frau hat die UNO nachdrücklich gefordert, daß die Gleichberechtigung der Geschlechter vollständig verwirklicht werden muß, und viele von uns haben ihre Weiblichkeit schon nicht mehr als Behinderung oder Einschränkung zu empfinden brauchen. Uns erscheinen zahlreiche Probleme wesentlicher als die, die speziell uns betreffen. Eben diese

Distanziertheit läßt uns hoffen, daß unsere Haltung objektiv sein wird. Außerdem sind wir mit der weiblichen Welt vertrauter als die Männer, weil wir in ihr unsere Wurzeln haben; wir begreifen unmittelbarer, was es für einen Menschen bedeutet, weiblich zu sein, und uns liegt mehr daran, es zu erfahren. Ich habe gesagt, daß es wesentlichere Probleme gibt, doch bleibt es meiner Ansicht nach von erheblicher Bedeutung, inwieweit die Tatsache, daß wir Frauen sind, unser Leben beeinflußt hat. Welche Chancen wurden uns im einzelnen gegeben und welche wurden uns vorenthalten? Welches Los können unsere jüngeren Schwestern erwarten, und welche Richtung soll man empfehlen? Auffällig ist, daß es der gesamten Frauenliteratur heutzutage viel weniger um Forderungen geht als um ein Streben nach Klarheit. Am Ende einer Zeit wirrer Polemiken soll dieses Buch ein Versuch unter anderen sein, die Dinge auf den Punkt zu bringen. (…)

Nun gibt es aber heute eine recht große Zahl privilegierter Frauen, die in ihrem Beruf durchaus eine ökonomische und gesellschaftliche Autonomie finden. Auf sie beruft man sich, wenn es um die Frage nach den Möglichkeiten der Frau und nach ihrer Zukunft geht. Aus diesem Grund ist es, auch wenn sie bislang nur eine Minderheit darstellen, von besonderem Interesse, sich mit ihrer Situation näher zu beschäftigen. Sie sind Gegenstand der anhaltenden Diskussionen zwischen Feministen und Antifeministen. Während diese behaupten, den emanzipierten Frauen von heute sei in der Welt nichts Bedeutendes gelungen, sie hätten aber Mühe, ihr inneres Gleichgewicht zu finden, übertreiben jene die erzielten Resultate und sehen über die seelischen Probleme geflissentlich hinweg. In Wahrheit spricht nichts für die Behauptung, diese Frauen hätten die falsche Richtung eingeschlagen, aber es steht auch fest, daß sie sich in ihrer neuen Lage noch nicht bequem eingerichtet haben. Sie sind erst auf halbem Wege. Eine Frau, die sich ökonomisch vom Mann unabhängig macht, befindet sich darum noch lange nicht in der gleichen sittlichen, sozialen und psychologischen Situation wie er. Die Art und Weise, wie sie in ihren Beruf einsteigt und wie sie sich ihm widmet, hängt von ihrem gesamten Lebenszusammenhang ab. In dem Moment, in dem sie ihr Erwachsenenleben beginnt, hat sie nicht die gleiche Vergangenheit hinter sich wie ein junger Mann, sie wird von der Gesellschaft nicht mit den gleichen Augen angesehen, und die Welt stellt sich ihr in einer anderen Perspektive dar. Die Tatsache, eine Frau zu sein, stellt einen autonomen Menschen heute vor ganz besondere Probleme.

Der Vorteil, den der Mann besitzt und der für ihn von Kindheit an spürbar ist, besteht darin, daß seine Berufung als Mensch keinen Widerspruch zu seiner Bestimmung als Mann darstellt. Durch die Gleichsetzung von Phallus und Transzendenz ergibt es sich, daß seine sozialen oder geistigen Erfolge ihm ein männliches Prestige verleihen: Er ist nicht gespalten. Von der Frau dagegen wird verlangt, daß sie sich, um ihre Weiblichkeit zu erfüllen, zum Objekt und zur Beute macht, das heißt, auf ihre Ansprüche als souveränes Subjekt verzichtet. Eben dieser Konflikt charakterisiert in besonderer Weise die Situation der befreiten Frau: Sie lehnt es ab, sich auf ihre weibliche Rolle zu beschränken, weil sie sich nicht verstümmeln will. Würde sie aber auf ihr Geschlecht verzichten, wäre dies ebenfalls eine Verstümmelung: Der Mann ist ein geschlechtlicher Mensch. Die Frau kann nur dann ein vollständiges Individuum und dem Mann ebenbürtig sein, wenn auch sie ein geschlechtlicher Mensch ist. Auf ihre Weiblichkeit verzichten hieße, auf einen Teil ihrer Menschlichkeit verzichten. Die Frauenfeinde haben den «Geistesarbeiterinnen» oft vorgeworfen, daß sie «sich vernachlässigen». Sie haben ihnen aber auch gepredigt: «Wenn ihr uns gleich sein wollt, hört erst einmal auf, euch die Gesichter anzumalen und euch die Nägel zu lackieren.» Solche Ratschläge sind absurd. Eben weil die Vorstellung von Weiblichkeit künstlich durch Gewohnheiten und Moden definiert ist, wird sie jeder Frau von außen aufgezwungen. Sie mag sich dahingehend entwickeln, daß ihre Regeln sich denen der Männer annähern. Am Strand gilt die Hose mittlerweile als weibliches Kleidungsstück. Aber das ändert nichts an der grundsätzlichen Frage: Es steht dem Individuum nicht frei, nach Belieben darauf einzuwirken. Eine Frau, die sich der herrschenden Vorstellung nicht anpaßt, entwertet sich sexuell und folglich auch gesellschaftlich, da die Gesellschaft die sexuellen Werte integriert hat. Dadurch daß man weibliche Attribute ablehnt, erlangt man keine männlichen. Nicht einmal die Transvestitin kann sich zu einem Mann machen: Sie bleibt eine Transvestitin. Wie wir gesehen haben, stellt auch die Homosexualität eine Spezifizierung dar: Neutralität ist unmöglich. Es gibt keine negative Haltung, in der nicht ein positives Gegenstück inbegriffen wäre.

Die Jugendliche glaubt oft, sie könne sich über Konventionen einfach hinwegsetzen. Aber schon das ist demonstrativ. Sie schafft eine neue Situation, deren Folgen sie übernehmen muß. Sobald man sich einem bestehenden Gesetz entzieht, wird man ein Aufrührer. Eine Frau, die sich extravagant kleidet, lügt, wenn sie mit unschuldiger Miene behauptet, sie folge nur ihrem Geschmack, das sei alles. Sie weiß sehr wohl, daß es eine Extravaganz ist, dem eigenen Geschmack zu folgen. Umgekehrt paßt sich diejenige, die nicht exzentrisch wirken möchte, den üblichen Regeln an. Sofern die Herausforderung nicht eine positiv wirksame Handlung ist, zahlt sie sich nicht aus. Man verbraucht damit mehr Zeit und Kraft, als man damit sparen kann: Eine Frau, die nicht schockieren möchte, die sich gesellschaftlich nicht entwerten will, muß ihr Frausein als Frau leben. Sehr oft ist dies sogar eine Voraussetzung ihres beruflichen Erfolgs.

Doch während der Konformismus für den Mann etwas ganz Natürliches ist – nachdem sich die Sitten und Gebräuche mit Rücksicht auf seine Bedürfnisse als autonomes und aktives Individuum ausgebildet haben –, muß sich eine Frau, die ebenfalls Subjekt, Aktivität ist, in eine Welt einfügen, die sie zur Passivität verdammt. Dieses Joch ist um so schwerer, als die auf die weibliche Sphäre beschränkten Frauen deren Bedeutung maßlos übersteigert haben: Sie haben die weibliche Aufmachung, den Haushalt zu einer hohen Kunst gemacht. Der Mann muß sich um seine Kleidung kaum Gedanken machen. Sie ist bequem, seinem aktiven Leben angepaßt und braucht nicht besonders ausgewählt zu sein. Sie gehört nur ganz am Rande zu seiner Persönlichkeit. Im übrigen erwartet niemand, daß er sie selbst instand hält. Irgendeine Frau entlastet ihn freiwillig oder gegen Bezahlung von dieser Sorge. Die Frau dagegen weiß, daß man sie, wenn man sie anschaut, nicht von ihrem Äußeren unterscheidet: Sie wird über ihre Aufmachung beurteilt, geachtet, begehrt. Ursprünglich dazu bestimmt, sie handlungsunfähig zu machen, ist ihre Kleidung empfindlich geblieben. Die Strümpfe zerreißen, die Absätze laufen sich ab, die hellen Blusen und Kleider nehmen jeden Schmutz an, die Plissees geraten aus der Form. Dennoch muß sie die Dinge meistens selbst wieder in Ordnung bringen. Andere Frauen werden ihr kaum freiwillig zu Hilfe eilen, und sie hat Skrupel, ihr Budget auch noch für Arbeiten in Anspruch zu nehmen, die sie selbst erledigen *kann*. Dauerwellen, Wasserwellen, Kosmetik und neue Kleider kosten schon Geld genug. Wenn die Sekretärin, die Studentin abends nach Hause kommt, hat sie immer noch eine Laufmasche zu reparieren, eine Bluse zu waschen, einen Rock zu bügeln. Eine gut verdienende Frau wird sich diese Mühsal sparen, aber dafür ist sie zu einer raffinierteren Eleganz genötigt. Sie verliert ihre Zeit mit Einkäufen, Anproben und ähnlichen Dingen mehr.

Darüber hinaus verlangt die Tradition selbst von der unverheirateten Frau eine gewisse Aufmerksamkeit für ihre Einrichtung. Ein Beamter, der in eine fremde Stadt versetzt wird, wohnt ganz einfach im Hotel. Seine Kollegin dagegen wird versuchen, sich ein «Heim» einzurichten, das sie denn auch sorgfältig pflegen muß, da man ihr eine Nachlässigkeit, wie sie beim Mann nur als natürlich gilt, nicht verzeihen würde. Nun ist es aber nicht nur die Meinung anderer Leute, die eine Frau veranlaßt, sich mit viel Zeitaufwand der Pflege ihrer Schönheit und ihres Heims zu widmen. Sie möchte auch zu ihrer eigenen Befriedigung eine wirkliche Frau bleiben. Sie kann sich vor dem Hintergrund der Gegenwart und der Vergangenheit nur bejahen, wenn sie das Leben, das sie sich geschaffen hat, mit jenem Schicksal in Einklang bringt, das ihre Mutter, die Spiele ihrer Kindheit und die Phantasien ihrer Jugend für sie vorbereitet hatten. In der Vergangenheit hat sie narzißtische Träume gehegt, und sie setzt dem phallischen Stolz des Mannes auch weiterhin die Verehrung ihres Spiegelbilds entgegen. Sie möchte sich zur Schau stellen, ihre Reize spielen lassen. Ihre Mutter, ihre älteren Schwestern haben sie auf den Geschmack an einem «warmen Nest» gebracht: Das eigene Heim war die erste Form ihrer Unabhängigkeitsträume. Von diesen Träumen will sie sich auch dann nicht lossagen, wenn sie die Freiheit auf anderen Wegen gefunden hat. Und in dem Maße, in dem sie sich in der Männerwelt noch unsicher fühlt, bewahrt sie das Bedürfnis nach einem Ort des Rückzugs, Symbol jener inneren

Zuflucht, die man sie in sich selbst zu suchen gelehrt hat. Der weiblichen Tradition getreu wachst sie ihre Böden und kocht für sich selbst, statt wie ihr Kollege ins Restaurant zu gehen. Sie will zugleich wie ein Mann und wie eine Frau leben: Dadurch vervielfacht sie ihre Aufgaben und Belastungen.

Wenn ihr daran liegt, im vollen Sinne Frau zu bleiben, so auch, weil sie dem anderen Geschlecht mit möglichst guten Erfolgsaussichten gegenübertreten möchte. Die schwierigsten Probleme liegen für sie im sexuellen Bereich. Um ein vollständiges, dem Mann gleichgestelltes Individuum zu sein, muß die Frau Zugang zur männlichen Welt haben, wie der Mann ihn zur weiblichen hat, sie muß Zugang zum *anderen* haben. Nur sind die Ansprüche des *anderen* in beiden Fällen nicht symmetrisch. Einmal erworben, können Reichtum oder Berühmtheit, die als immanente Vorzüge erscheinen, die sexuelle Anziehungskraft einer Frau erhöhen. Aber die Tatsache, autonom und aktiv zu sein, widerspricht ihrer Weiblichkeit, und das weiß sie. Die unabhängige Frau – und vor allem die Intellektuelle, die über ihre Situation nachdenkt – leidet in ihrer Eigenschaft als Frau unter einem Minderwertigkeitskomplex. Sie hat nicht die Muße, sich ihrer Schönheit so aufmerksam zu widmen wie die Kokette, deren einzige Sorge darin besteht, verführerisch zu sein. Sie mag sich noch so gut von Fachleuten beraten lassen – auf dem Gebiet der Eleganz wird sie immer eine Amateurin bleiben. Der weibliche Charme verlangt, daß die zur Immanenz herabsinkende Transzendenz nur noch als eine subtile fleischliche Regung in Erscheinung tritt. Die Frau muß eine spontan dargebotene Beute sein.

Die Intellektuelle aber weiß, daß sie sich darbietet, sie weiß, daß sie ein Bewußtsein, ein Subjekt ist. Man kann nicht beliebig den eigenen Blick abtöten und seine Augen in ein Stück Himmel oder Wasser verwandeln. Ein auf die

Welt hin strebender Körper läßt sich seinen Schwung nicht einfach nehmen, läßt sich nicht auf Anhieb in eine vor dumpfer Erregung bebende Statue verwandeln. Die Intellektuelle versucht dies um so eifriger, je mehr sie einen Mißerfolg befürchtet. Aber ihr bewußter Eifer ist wiederum Aktivität, und er verfehlt sein Ziel. Sie macht die gleichen Fehler, wie das Klimakterium sie oft mit sich bringt: Sie sucht ihre Intellektualität zu verleugnen wie die alternde Frau ihr Alter. Sie kleidet sich im Kleinmädchenstil, überlädt sich mit Blumen und Tand, trägt grelle Farben, gebärdet sich niedlich und täuscht kindliche Freude vor. Außer Rand und Band hüpft sie herum, plappert, spielt die Vorlaute, die Leichtsinnige, die Kurzentschlossene. Aber sie wirkt dabei wie jene Schauspieler, die, weil sie sich in ein Gefühl, das bestimmte Muskeln entspannen würde, nicht hineinversetzen können, durch willentliches Anspannen der Muskeln eine Bewegung herbeiführen, indem sie etwa Augenlider oder Mundwinkel senken, statt sie fallen zu lassen. So verkrampft sich die Intellektuelle, wenn sie Hingebung vortäuscht. Sie spürt es, sie ärgert sich darüber, und plötzlich flackert eine verräterische Intelligenz in ihrem vor Naivität ganz verlorenen Gesicht auf. Die verheißungsvollen Lippen werden schmal. Wenn es ihr Schwierigkeiten macht zu gefallen, so deshalb, weil sie nicht wie ihre hörigen kleinen Schwestern ist, deren reiner Wille es ist, zu gefallen. Der Wunsch, verführerisch zu sein, steckt ihr, so lebhaft er auch sein mag, nicht tief genug in den Knochen. Und sobald sie sich unbeholfen fühlt, ärgert sie sich über ihre Unterwürfigkeit. Sie will Rache üben, indem sie den Spieß umdreht und männliche Waffen benutzt. Statt zuzuhören, redet sie, sie breitet kluge Gedanken, unerhörte Empfindungen aus. Statt ihrem Gesprächspartner beizupflichten, widerspricht sie ihm; sie versucht, die Oberhand über ihn zu gewinnen. Madame de Staël verstand es, beide Methoden so geschickt zu mischen, daß sie durchschlagende Erfolge erzielte: Nur selten konnten Männer ihr widerstehen. Aber diese herausfordernde Haltung, nicht zuletzt bei den amerikanischen Frauen sehr verbreitet, ist den Männern oft eher lästig, als daß sie ihnen Eindruck macht. Im übrigen ziehen die Männer sie durch ihre eigene Arroganz auf sich. Wären sie bereit, statt einer Sklavin eine Ebenbürtige zu lieben – wie es nebenbei gesagt diejenigen tun, die weder unter Arroganz noch unter Minderwertigkeitskomplexen leiden –, wären die Frauen sehr viel weniger von der Sorge um ihre Weiblichkeit geplagt. Sie gewännen wieder an Natürlichkeit, an Einfachheit, und sie könnten leichter wieder Frauen sein, zumal sie es ja schließlich sind.

Tatsache ist, daß die Männer anfangen, sich mit den neuen Bedingungen des Frauseins abzufinden. Da die Frau sich nicht mehr von vornherein verurteilt fühlt, hat sie viel an Ungezwungenheit zurückgewonnen. Die Berufstätigkeit hindert sie heute nicht mehr, ihre Weiblichkeit zu pflegen: Sie bewahrt ihre sexuelle Anziehungskraft. Dieser Erfolg – der schon einen Schritt zum Gleichgewicht bedeutet – ist allerdings nur ein Teilerfolg. Für die Frau ist es immer noch sehr viel schwieriger als für den Mann, die ihren Wünschen entsprechenden Beziehungen zum anderen Geschlecht herzustellen. Ihr erotisches und Gefühlsleben stößt auf zahlreiche Hindernisse. In diesem Punkt geht es der untertänigen Frau übrigens keineswegs besser: Sexuell und gefühlsmäßig ist die Mehrheit der Ehefrauen oder Kurtisanen radikal frustriert. Wenn die Schwierigkeiten bei der unabhängigen Frau deutlicher hervortreten, so weil sie sich anstelle der Resignation für den Kampf entschieden hat. Alle Lebensprobleme finden im Tod eine schweigende Lösung. Eine Frau, die ihr Leben in die Hand nimmt, ist daher gespaltener als diejenige, die ihren Willen und ihre Wünsche begräbt. Aber die erste wird die zweite nicht als ihr

Vorbild akzeptieren. Nur im Vergleich zum Mann hält sie sich für benachteiligt.

Eine Frau, die sich verausgabt, die Verantwortung trägt, die den harten Kampf gegen die Widerstände der Welt kennt, empfindet – genau wie der Mann – nicht nur ein Bedürfnis nach Sättigung ihrer körperlichen Begierde, sie sehnt sich auch nach Entspannung und Zerstreuung durch glückliche sexuelle Abenteuer. Nun gibt es aber noch gesellschaftliche Kreise, in denen ihr diese Freiheit nicht konkret zugestanden wird. Diejenige, die sie sich dennoch herausnimmt, setzt ihren Ruf, ihre Karriere aufs Spiel. Mindestens verlangt man von ihr eine Scheinheiligkeit, die schwer zu ertragen ist. Je besser sie sich gesellschaftlich hat durchsetzen können, um so eher ist ihre Umgebung bereit, ein Auge zuzudrücken. Doch in den meisten Fällen und vor allem auf dem Lande wird sie streng beobachtet. Selbst unter günstigeren Bedingungen – wenn die Furcht vor der öffentlichen Meinung keine Rolle spielt – ist ihre Situation hier nicht mit der des Mannes zu vergleichen. Die Unterschiede resultieren sowohl aus der Tradition als auch aus den Problemen, die sich durch die besondere Beschaffenheit der weiblichen Erotik ergeben. (...)

Man wird nun einwenden, daß die Frauen doch im allgemeinen gar nicht so viel Umstände machen. Sie ergreifen die Gelegenheit, ohne sich viel zu fragen, und kommen dann mit ihrem Stolz und ihrer Sinnlichkeit schon irgendwie zurecht. Das stimmt. Aber es stimmt auch, daß sie in der Stille ihres Herzens eine Menge Enttäuschung, Demütigung, Sehnsucht und Groll begraben, während bei Männern – in der Regel – etwas Entsprechendes nicht zu finden ist. Aus einer mehr oder weniger mißglückten Affäre bezieht der Mann mit ziemlicher Sicherheit einen Lustgewinn. Die Frau kann durchaus ohne einen Nutzen daraus hervorgehen. Selbst wenn sie gleichgültig ist, gibt sie sich im entscheidenden Moment höflich der Umarmung hin. Es kann sein, daß der Liebhaber sich als impotent erweist und die Frau darunter leidet, sich auf ein lächerliches Spiel eingelassen zu haben. Wenn sie nicht zur Wollust gelangt, fühlt sie sich ausgetrickst, hereingelegt. Wenn sie dagegen Erfüllung findet, möchte sie den Liebhaber dauerhaft bewahren. Nur selten ist sie ganz ehrlich bei der Behauptung, sie wolle nur ein unverbindliches Abenteuer, das ihr Lust bereiten soll, denn die Lust macht sie nicht frei, sondern gebunden. Eine Trennung, auch wenn, wie man so sagt, in aller Freundschaft erfolgt, verletzt sie. Viel seltener hört man eine Frau wohlwollend von ihren ehemaligen Geliebten sprechen als einen Mann von seinen früheren Mätressen.

Die Beschaffenheit der weiblichen Erotik und die Schwierigkeiten eines freien sexuellen Lebens verleiten die Frau zur Monogamie. Doch eine feste Liaison oder eine Ehe verträgt sich bei ihr viel weniger mit einer Karriere, als dies beim Mann der Fall ist. Es kommt vor, daß sie vom Geliebten oder vom Ehemann dazu aufgefordert wird, auf ihre berufliche Laufbahn zu verzichten. Möglicherweise zögert sie wie Colettes Renée Néré, die sich glühend eine männliche Wärme an ihrer Seite wünscht, aber die Fesseln der Ehe fürchtet. Gibt sie nach, ist sie wieder eine Hörige. Lehnt sie ab, verurteilt sie sich zu einer unerquicklichen Einsamkeit. Im allgemeinen aber akzeptiert der Mann heutzutage, daß seine Gefährtin ihren Beruf beibehält. Die Romane von Colette Yver, in denen die junge Frau sich um des lieben Friedens willen genötigt sieht, ihren Beruf zu opfern, sind etwas veraltet. Das Zusammenleben zweier freier Wesen ist für beide eine Bereicherung, und in den Betätigungen des Partners findet jeder das Pfand seiner eigenen Unabhängigkeit. Eine Frau, die sich selbst genügt, befreit ihren Mann von der ehelichen Sklavenschaft, die das Lösegeld ihrer eigenen Abhängigkeit war. Wenn der Mann wirklich darauf bedacht ist, guten Willen zu beweisen, gelangen Liebende und Eheleute in einer anspruchslosen Großzügigkeit zu vollkommener Gleichheit. Eine Zeitlang scheint das Leben von Clara und Robert Schumann ein Erfolg dieser Art gewesen zu sein. Manchmal ist es sogar der Mann, der die Rolle des ergebenen Dieners spielt. So war es Lewes, der für George Eliot eine bekömmliche häusliche Atmosphäre schuf, wie es sonst die Ehefrauen für ihre allgewaltigen Männer tun. Aber meistens ist es noch die Frau, die den Preis für das traute Heim bezahlt.

Dem Mann kommt es ganz natürlich vor, daß sie diejenige ist, die den Haushalt besorgt, die sich allein um die Betreuung und Erziehung der Kinder kümmert. Und die Frau selbst ist der Meinung, daß sie mit der Heirat bestimmte Pflichten übernommen hat, von denen ihr persönliches Leben sie nicht entbindet. Sie will ihren Mann nicht um die Vorteile bringen, die ihm sicher gewesen wären, hätte er sich mit einer «wahren Frau» zusammengetan: Sie will ebenso elegant, eine ebenso gute Hausfrau und hingebungsvolle Mutter sein wie die traditionelle Ehefrau. Diese Aufgabe kann leicht erdrückend werden. Die Frau übernimmt sie sowohl mit Rücksicht auf den Partner als auch aus Treue zu sich selbst, denn wie wir schon gesehen haben, legt sie Wert darauf, von ihrem Frauenschicksal nur nichts zu versäumen. Für den Ehemann ist sie ein Double, gleichzeitig aber auch sie selbst. Sie nimmt an seinen Sorgen, an seinen Erfolgen im gleichen Maße teil, in dem sie sich für ihr eigenes Los interessiert, manchmal sogar mehr. Erzogen im Respekt vor der männlichen Überlegenheit, mag sie heute noch der Meinung sein, daß der erste Platz dem Mann gehört. Vielleicht fürchtet sie auch, ihre Ehe zu ruinieren, wenn sie selbst den ersten Platz beansprucht. Geteilt zwischen dem Wunsch, sich zu behaupten, und dem Wunsch, sich auszulöschen, ist sie gespalten, zerrissen.

Es gibt jedoch einen Vorteil, den die Frau aus ihrer Unterlegenheit selbst beziehen kann. Da sie zunächst weniger Möglichkeiten hatte als der Mann, fühlt sie sich ihm gegenüber nicht von vornherein schuldig. Es ist nicht an ihr, die gesellschaftliche Ungerechtigkeit wieder gutzumachen, und sie wird auch nicht darum gebeten. Ein gutwilliger Mann muß die Frauen «schonen», weil er begünstigter ist als sie. Er läßt sich durch Skrupel, durch Mitleid fesseln. Er läuft Gefahr, eine Beute «klebriger», «vereinnahmender» Frauen zu werden, nur weil sie wehrlose Geschöpfe sind. Die Frau, die eine männliche Unabhängigkeit erlangt, besitzt das große Privileg, daß sie sexuell mit Individuen zu tun hat, die ihrerseits autonom und aktiv sind, die – für gewöhnlich – keine Parasitenrolle im Leben der Frau spielen, die sie nicht durch Schwäche oder Bedürftigkeit fesseln werden. Nur gibt es in Wirklichkeit sehr wenige Frauen, die in der Lage sind, eine freie Beziehung zu ihrem Partner herzustellen. Die meisten schmieden sich selbst die Ketten, mit denen er sie nicht belasten möchte: Sie nehmen ihm gegenüber die Haltung der Liebenden ein.

Zwanzig Jahre lang hat das wartende, träumende, hoffende junge Mädchen dem Mythos des heldenhaften Befreiers und Retters gehuldigt. Die in der Arbeit erlangte Unabhängigkeit reicht nicht aus, um den Wunsch nach einer glorreichen Selbstaufgabe aufzuheben. Die Frau müßte schon genau wie ein Junge erzogen worden sein – das heißt nicht nur nach den gleichen Methoden, sondern auch in dem gleichen Klima, was trotz aller Bemühungen seitens der Erzieher heutzutage unmöglich ist –, um den Narzißmus der Adoleszenz ohne weiteres zu überwinden. So setzt sie den Ich-Kult, dem die ganze Jugend sie geneigt gemacht hat, im Erwachsenenleben fort. Aus den beruflichen Erfolgen macht sie Verdienste, mit denen sie ihr Bild anreichert. Sie braucht einen Blick von oben, der ihren Wert enthüllt und bestätigt. Selbst wenn sie strenge Maßstäbe an die Männer legt, mit denen sie täglich umgeht, verehrt sie doch den Mann als solchen, und wenn sie ihm begegnet, ist sie bereit, vor ihm auf die Knie zu fallen.

Sich von einem Gott rechtfertigen zu lassen, ist einfacher, als sich durch eigene Anstrengung zu rechtfertigen. Die Welt ermutigt die Frau, an die Möglichkeit eines *gegebenen* Heils zu glauben. Sie entscheidet sich, daran zu glauben. Manchmal verzichtet sie ganz auf ihre Autonomie, sie ist nur noch eine Liebende. Meistens versucht sie einen Ausgleich. Aber die verzehrende Liebe, die selbstvernichtende Liebe ist verheerend: Sie besetzt alle Gedanken, alle Augenblicke, sie ist zwanghaft und tyrannisch. Sowie es im Berufsleben Ärger gibt, sucht die Frau leidenschaftlich Zuflucht in der Liebe. Ihre Mißerfolge äußern sich in Szenen und Forderungen, die auf Kosten des Geliebten gehen. Wenn sie aber Seelenkummer hat, spornt dieser keineswegs ihren beruflichen Eifer an. Im allgemeinen ärgert sie sich ganz im Gegenteil über eine Lebensart, die ihr den Königsweg der großen Liebe verbietet. Eine Bekannte, die vor zehn Jahren bei einer von Frauen geleiteten politischen Zeitschrift arbeitete, erzählte mir, daß in den Büros nur selten über Politik, aber laufend über die Liebe geredet würde. Die eine beklagte sich, nur um ihres Körpers willen, unter Mißachtung ihrer wunderbaren Intelligenz geliebt zu werden, während die andere darunter litt, daß man immer nur ihren Geist schätze, ohne sich je für die Verlokkungen ihres Fleisches zu interessieren. Auch hier müßte die Frau, damit sie wie ein Mann lieben könnte, das heißt, in der Freiheit und ohne ihr *Sein* selbst in Frage zu stellen, wie er denken, ja sie müßte konkret er sein: Sie müßte mit der gleichen Entschlossenheit wie er ihre Vorhaben durchführen, was, wie wir sehen werden, noch nicht häufig der Fall ist. (...)

Heute haben die Frauen es schon etwas leichter, sich zu behaupten. Aber sie haben die Jahrhunderte lange Spezifizierung und Festlegung auf ihre Weiblichkeit noch nicht vollständig überwunden. Klarsicht beispielsweise ist eine Eroberung, auf die sie mit Recht stolz sind, mit der sie sich aber allzu schnell zufriedengeben. Tatsache ist, daß die dem traditionellen Bild entsprechende Frau ein getäuschtes Bewußtsein hat und ein Instrument der Täuschung ist. Sie versucht, ihre Abhängigkeit zu verhehlen, was eine Art Einwilligung ist. Das Anprangern dieser Abhängigkeit ist bereits eine Befreiung. Und Zynismus ist eine Abwehr gegen Demütigungen, gegen die Scham: Er ist der Ansatz zu einer unabhängigen Position. Mit dem Willen zur Klarsicht erweisen die Schriftstellerinnen der Sache der Frauen den allergrößten Dienst. Aber sie bleiben – meist ohne sich darüber klar zu sein – zu sehr darauf bedacht, dieser Sache zu dienen, um angesichts der Welt jene unparteiische Haltung einzunehmen, die den Horizont in seiner ganzen Weite öffnet. Wenn sie den Schleier der Illusion und der Lügen gelüftet haben, glauben sie schon, sie hätten genug getan. Doch dieser negative Mut stellt uns immer noch vor ein Rätsel, denn die Wahrheit selbst ist zweideutig, abgründig, geheimnisvoll. Nachdem man ihre Anwesenheit aufgezeigt hat, müßte man sie denken, sie wieder entstehen lassen. Es ist schön und gut, auf Täuschungen nicht hereinzufallen, aber da fängt eigentlich erst alles an. Die Frau erschöpft ihren Mut in dem Bemühen, Trugbilder zu zerstreuen, doch an der Schwelle der Wirklichkeit bleibt sie ängstlich stehen. (...)

Die freie Frau wird gerade erst geboren. Wenn sie soweit ist, daß sie sich selbst erobert hat, wird sie vielleicht Rimbauds Prophezeiung rechtfertigen, der in einem Brief vom 15. Mai 1871 an Paul Demeney schrieb: «Dichter werden sein! Wenn die endlose Leibeigenschaft der Frau zerschlagen sein wird, wenn sie für sich und durch sich leben wird, weil der – bislang abscheuliche – Mann sie entlassen hat, wird auch sie Dichterin sein! Die Frau wird das Unbekannte finden! Werden ihre Gedankenwelten anders sein als unsere? Sie wird seltsame, unergründliche, abstoßende, köstliche Dinge finden, wir werden sie nehmen, wir werden sie verstehen.» Es ist nicht gesagt, daß ihre «Gedankenwelten» anders sein werden als die der Männer, da die Frau sich befreien wird, indem sie sich mit ihnen gleichsetzt. Es wäre reichlich gewagt, voraussehen zu wollen, in welchem Maße sie besonders bleiben wird und in welchem Maße ihre Besonderheiten von Bedeutung bleiben werden. Fest steht nur, daß die Möglichkeiten der Frau bisher erstickt worden, daß sie der Menschheit verlorengegangen sind und daß es in ihrem eigenen Interesse wie auch im Interesse aller höchste Zeit ist, sie ihre Fähigkeiten endlich ausschöpfen zu lassen.

Im Reich der Mitte

[China – das weitgesteckte Ziel]

In dem Flugzeug, das die Wüste Gobi überflog, befanden sich zwei Tschechen, drei Sowjetrussen, eine Ungarin mit ihrer kleinen Tochter, ein Südafrikaner und zwei französische Staatsbürger. Erstere waren Techniker – und die Frau eines Ingenieurs –, die zu ihrem Arbeitsplatz zurückkehrten; die drei letztgenannten waren von der chinesischen Regierung eingeladen. Während der Konferenz von Bandoeng hat Chou En-lai einen Aufruf erlassen, den er an die ganze Welt richtete: ‹Kommt und seht!› Nicht ohne Verwunderung profitierten wir von dieser Politik. Der blonde, nonchalante Südafrikaner, der ein kariertes Sporthemd trug, hielt ein Beil in der Hand, dessen geschnitzter Holzgriff mit folkloristischen Ornamenten verziert war; mehrmals schon hatte er das Kap der Guten Hoffnung verlassen und sich erst kürzlich monatelang in Paris, in London, in Helsinki und in Warschau herumgetrieben; doch als er auf dem Flugplatz von Moskau in dem Gebrumm des Lautsprechers das Wort ‹Peking› vernahm, hatte er mit den Augen gezwinkert: «Kneifen Sie mich bitte», hatte er gesagt. Was mich betrifft, so hatten eine helle Nacht und sechsunddreißig Flugstunden – von lächerlich kurzen Siesten und diversen Frühstücken mit rotem Kaviar unterbrochen – eher den Eindruck in mir erweckt, daß ich den Ritus einer Überfahrt vollzog, als daß ich eine Reise unternahm. In Irkutsk, an der Grenze zwischen der UdSSR und der Mongolei, hatten die drei Sowjets das baldige Passieren dieser nationalen Grenzscheide gefeiert, indem sie reihum Wodka anboten; einige Spanier und Portugiesen, die aus einem anderen Flugzeug gestiegen waren, hatten mit uns angestoßen. In Ulan-Bator hatten wir uns alle mitten auf einer Wiese niedergelassen, die nach Anis und sonnenwarmem

Gras roch; ich hatte die Steppe, die weißen runden Jurten und die Pferde wiedererkannt, die ich seinerzeit in dem Film *Sturm über Asien* gesehen hatte. Während ich nun, die Nase an die Fensterscheibe gepreßt, unter dem verhangenen Himmel die farblose Kahlheit der Landschaft betrachtete, wurde mir klar, daß ich bald in Peking anlangen würde, und verdutzt fragte ich mich: Was werde ich dort wohl wirklich zu sehen bekommen? (…)

Sechs Wochen später überflog ich die Wüste Gobi in umgekehrter Richtung. Die Sonne vergoldete sie, ringsum auf den Bergen glitzerte der Schnee. Auch China sah ich nun anders. Keine symbolische Farbe wollte mehr dazu passen, weder Schwarz noch Grau noch Rosa: Für mich war es jetzt eine Realität. Der trügerische Reichtum der Phantasiegebilde hatte sich als völlig unzulänglich erwiesen; das echte China hatte die Begriffe und Worte, mit denen ich es mir vorzustellen versucht hatte, weit übertroffen. Es war nicht mehr eine Idee, es hatte Gestalt angenommen. Von dieser Inkarnation will ich erzählen.

Wenn man im Flugzeug reist, sind alle Erscheinungen abrupt. Auf einmal zerteilt sich der Nebel, die Erde bekommt Farbe – unter mir liegt China. Unabsehbar dehnt sich das Land, ganz flach, in winzige blaßviolette, dunkelgrüne und kastanienbraune Streifen geschnitten; da und dort ragt ein Dorf auf, dessen Häuser aus gebranntem Lehm einen von engen Höfen durchbrochenen rechteckigen Block ergeben. Der scheckige Boden bildet einen scharfen Kontrast zu den eintönigen Flächen der sibirischen Kolchosen; diese Äcker und Felder gehören augenscheinlich nicht zu einem Kollektiv, jeder Streifen stellt ein privates Grundstück dar. Es wird mir nicht gleich bewußt, warum die Landschaft mich so öde anmutet: weil hier nämlich nicht ein einziger Baum wächst; weil auf den Dörfern nirgends ein Schatten liegt.

Aus der Vogelperspektive gesehen, wirkt diese fruchtbare Ebene kahl wie eine Wüste.

«Die Große Mauer!» ruft jemand. Ich vermag sie kaum zu erkennen. Das Flugzeug geht herunter und kurvt um einen See; schräg zum Himmel gewahre ich eine hohe Pagode und dann einen Pavillon mit vergoldetem Dach: Gebäude, die China auf eine so konventionelle Weise symbolisieren, daß mich der Anblick geradezu enttäuscht. Man zeigt mir den Fleck, wo Peking liegt, aber ich sehe keine Stadt, sondern nur graue Bäume. Die Maschine landet. Der Südafrikaner geht auf die Tür zu, ich folge ihm; doch die Stewardeß hält uns an; ein Beamter kommt an Bord, um unsere Papiere zu überprüfen. Erste Überraschung: Dies ist nicht Ikarien, es ist ein reales Land, das in gewissen Hinsichten jedem anderen gleicht. Zweite Überraschung: Es ist ein Land, das sich von allen anderen unterscheidet; der Begriff ‹Kommunismus› ist so universell und so abstrakt, daß er mir die elementarsten geographischen Gegebenheiten verschleiert hatte; als ich beim Aussteigen die in leichte Baumwolle gekleideten schwarzhaarigen Männer mit den gelben Gesichtern betrachte, die sich da auf dem Flugplatz tummeln, wird mir jäh bewußt, daß ich mich in Asien befinde. Die zu unserer Begrüßung erschienenen Delegierten tragen sämtlich den schlichten Anzug mit kleinem hochgeschlossenen Kragen, den die Anhänger der Kuomintang Erde 1911 als einheitliche Tracht erwählten; und während sie uns versichern, daß uns das chinesische Volk mit Ungeduld erwarte, atme ich den herben pflanzlichen Geruch ein, der von der Erde aufsteigt. Die Feuchtigkeit der Luft, das grelle Rot der Blumenbeete machen mich ganz benommen – ich hatte nicht gedacht, daß sich mir auch hier der starke Eindruck von Exotik aufdrängen sollte, den ich in Guatemala und in Afrika empfing und der seitdem für mich mit dem Gedanken an Sklaverei und Unterdrückung verbunden blieb.

In einer mit den Bildern von Lenin, Stalin, Bulganin und Chruschtschow geschmückten Halle setzen wir uns ans äußerste Ende eines langen Tisches und trinken, während wir auf unser Gepäck warten, Limonade, die wie der grüne Tee ein Nationalgetränk der Chinesen ist. Von einem jungen Dolmetscher namens Tsai begleitet, steigen wir dann in ein Auto. Zu beiden Seiten der lehmgelben Landstraße ist Mais und einheimisches Gemüse angepflanzt, dessen Namen ich nicht kenne. Männer in blauen Hosen und mit nacktem Oberkörper graben die Erde um; andere schlürfen unter einem Holzdach ihren Tee. Wieder andere, die auf den Schultern das traditionelle Joch aus Bambus tragen, an dem Eimer, Körbe, Ballen hängen, gehen kräftig ausschreitend an uns vorbei: Mit ihren breitrandigen Strohhüten gleichen sie so sehr den klassischen Bildern vom chinesischen Kuli, daß ich sie gern für Statisten hielte, die mir bedeuten sollen, daß ich tatsächlich *in* China bin. Doch nein: diese altmodischen Klischees gehören durchaus der Gegenwart an. Die Volksrepublik ist nicht eines schönen Morgens wie neugeboren dem Meerschaum entstiegen; die Vergangenheit lebt in ihr fort. Wir begegnen Handkarren, von Mauleseln gezogenen Wagen, Fahrrädern, einigen Lastautos – die Schichten der Zeit lagern übereinander, und ich versinke darin. Ich bin sehr weit von Paris entfernt, irgendwo im Fernen Osten, aber wo dort, wo? Die Frauen haben ihr Haar entweder kurz geschnitten oder in zwei Zöpfe geflochten, die das Gesicht umrahmen; wie die Männer tragen sie blaue Hosen und dazu passende Jacken oder häufig weiße Kittelblusen. An einer Straßenkreuzung stehen unter dem Laubdach einiger Bäume ein paar Velo-Taxis, die man hierzulande Fahrrad-Rikschas oder auch Pedi-Cabs nennt. Hinter ihren Vehikeln räkeln sich – schläfrig, schwatzend und rauchend wie italienische Droschkenkutscher – die Fahrer. «Bald werden wir Autos haben», sagt der Dolmetscher, «dann verschwinden die Fahrrad-Rikschas.» An Bauplätzen mit halbfertigen Neubauten vorbeifahrend, passieren wir eine graue Mauer und rollen nun durch schmale Gassen mit festgestampftem Lehmboden und niedrigen, ebenfalls grauen Häusern, die uns ihre fensterlosen Wände zukehren. Doch gibt es da kleine Buden, auf deren Glasscheiben knallrote chinesische Schriftzeichen gemalt sind; mit schwarzen Schriftzeichen verzierte rote Fahnen dienen als Aushängeschilder: Das sieht sehr hübsch aus, erweckt aber den Eindruck, wir führen durch ein größeres Dorf; ist das wirklich die Hauptstadt von China? Tsai hat offenbar meine Gedanken erraten; mit weit ausholender Armbewegung fegt er über das Gelände hinweg und erklärt: «Bald wird man dieses Stadtviertel niederreißen, das ist schon in den Plänen vorgesehen.» Ich finde mich wieder zurecht. Diese Verachtung des Malerischen, dieses Vertrauen in die Zukunft bestätigen mir, daß ich mich in einem fortschrittlichen Lande aufhalte. Wir gelangen auf eine breite Allee, die eine von grünen Rabatten gesäumte Straßenbahnlinie durchschneidet; es ist die Hauptader von Peking, auf der es von Fahrrädern genauso wimmelt wie in Holland. Aber man sieht dort nur sehr wenige Autos; ein roter Omnibus trägt auf seiner Motorhaube das Firmenschild *Skoda*. Auf zylinderförmigen, teils von Blütensträuchern umgebenen, schwarz-weiß gestreiften Sockeln regeln die Schutzleute mit Hilfe eines Sprachrohrs den Verkehr. Sie tragen orangegelbe Uniformen mit nur knielangen Hosen und dazu weiße Gamaschen, weiße Stulpenhandschuhe und weiße Helme. Unser Auto fährt jetzt sehr langsam. Tsai zeigt auf eine ockerrote Mauer zu unserer Linken – die Mauer der Verbotenen Stadt. Ein in das Mauerwerk eingebauter und zur Straße hin offener, rotgoldener Pavillon, der in gleicher Höhe mit dem Bürgersteig liegt, entpuppt sich als ein altes Tor des Kaiserpalastes, das nun als Eingang zum Sitz der neuen Regierung benutzt wird. Oberhalb eines Bogens, der einen anderen Pavillon überwölbt, verbreitert sich die Mauer zu einer Terrasse: T'ien An Men! Diese alten Bauten verwirren mich aufs neue. Ich weiß, daß ihre zinnoberroten Kolonnaden, ihre geschweiften und vergoldeten Ziegeldächer echt chinesisch sind; dennoch scheinen sie mir mit der Stadt kein Ganzes zu bilden. Gleich der Pagode und dem Tempel, die ich beide vom Flugzeug aus erblickte, kommen sie mir wie symbolische Zeichen vor, die mir Peking ankündigen, aber nicht erschließen. Nein, an diesem Abend erschließt Peking sich mir nicht. Wir sind am Hotel angelangt. Aus dem Fenster meines Zimmers betrachte ich die nächtliche Allee. Das Licht der Straßenlaternen fällt auf Backsteinbauten, die, weder schön noch häßlich, ohne Charakter sind. Links von der Esplanade spielen junge Burschen mit nacktem Oberkörper Basketball; an der anderen Seite der Allee liegt ein hell erleuchtetes Stadion, in dem Hunderte von Menschen dem Spiel zuschauen. Wenn jene schmalen grauen Gassen verschwunden sein werden, wird dann ganz Peking diesem Boulevard ähneln? Welchen Standort muß man einnehmen, um China richtig zu sehen? Zwischen der Vergangenheit, deren trügerische Erscheinung Tsai mit so entschiedener Geste abgetan hat, und der Zukunft, die man mit bloßem Auge noch nicht zu erkennen vermag, scheint die Gegenwart kein sicheres Terrain zu sein. Jedenfalls habe ich bereits erfaßt, daß dieses Land keine politische Einheit und auch kein analysierbarer Begriff ist: Es hat sein Klima, seine Flora, seine Sitten und Gebräuche; es ist eine Realität aus Fleisch und Blut, die zu ergründen einige Mühe erfordern wird. (...)

Der Text der Speisekarte ist englisch, und die Bedienung ist erstaunlich schnell; junge Mädchen in weißen Jacken, das kurze Haar von einem Band zusammengehalten, tragen in weniger als fünfundzwanzig Minuten die Schüsseln auf und wieder ab. Tsai erzählte mir, daß es ihn und seine Kameraden, als sie gemeinsam eine Reise ins Ausland unternahmen, zur Verzweiflung brachte, wie lange die Mahlzeiten immer dauerten. Mein Zimmer wird ebenfalls im Nu gemacht: Ich brauche nur hinunterzugehen und eine Tasse Tee zu trinken, und wenn ich zurückkomme, ist alles in Ordnung. Eines Morgens, als ich meine Handtasche liegenließ und zurückging, um sie zu holen, sah ich, daß ihrer vier damit beschäftigt waren, das Zimmer zu fegen, zu entstauben und aufzuräumen. Aber die Zahl erklärt nicht alles: Auch bei anderen Gelegenheiten konnte ich mich davon überzeugen, daß die Chinesen, ohne sich zu überhasten, mit bemerkenswerter Geschicklichkeit arbeiten.

Das Hotel *Peking* ist heute das Zentrum des kosmopolitischen Lebens, das zwischen April und Dezember die Hauptstadt überflutet und um den ersten Oktober herum am stärksten brandet; früher, als das Hotel nur aus dem alten Trakt bestand, war es eines der Zentren abendländischer Geselligkeit. Von Franzosen erbaut, hat es später Japanern gehört: Der alte, kahlköpfige Fahrstuhlführer hat unter diesen verschiedenen Besitzern unbeirrt seinen Dienst versehen. Die von einer breiten Terrasse flankierten Salons des zehnten Stockwerks waren längere Zeit an einen englisch-französischen Club vermietet, in dem getanzt und stark getrunken wurde; eine der Zerstreuungen dieser Elite der weißen Herrenmenschen bestand darin, von der Terrasse aus auf den Schutzmann zu pinkeln: Trotz seiner – ohnehin schmutzigen und abgetragenen – Uniform war er ja nur ein Chinese ... Die Allee war damals nur halb so breit; an der anderen Straßenseite erstreckte sich ein Pologelände, und das angrenzende Diplomatenviertel war nicht nur durch eine Mauer, sondern auch durch Maschinengewehre geschützt. Was die Esplanade anbelangt, so hat ein Franzose namens Casseville sie 1934 folgendermaßen beschrieben: «Am Fuß des Hotelpalastes besudeln übelriechende Abfälle kaum noch erkennbare Blumenbeete; inmitten eines ganzen Regiments von Kulis, deren Rikschas wie zu einer Inspektion aufgereiht sind, lungern schmierige Bettler herum, lausen sich, spucken in die Gegend und jammern laut.»

Heute ist die Esplanade ein Parkplatz. Taxis und Privatautos gibt es in Peking zwar nicht – alle diese Autos gehören einer städtischen oder staatlichen Behörde. Man sieht da russische Pobiedas, tschechische Skodas, einige englische Wagen – China kauft Automobile in England – und viele Luxuslimousinen amerikanischer Herkunft: eine Hinterlassenschaft der Regierung Chiang Kai-sheks. Frühmorgens sind die Chauffeure fleißig beim Putzen; mit langstieligen Wedeln aus rostroten Hahnenfedern wischen sie sorgfältig den Staub vom Lack der Karosserien.

Zwei- oder dreimal am Tag steigen wir in eines dieser Autos, stets in Begleitung von Tsai. Er ist dreißig Jahre alt, trägt eine Brille, sieht sehr jung und sympathisch aus, ist aber recht wortkarg. Jeden Morgen um neun und jeden Nachmittag um zwei telefoniert er von der Halle herauf: «Ich stehe zu Ihrer Verfügung.» Nach einem höheren Orts aufgestellten Programm führt er uns zu Besichtigungen von Tempeln, Palästen und Parks oder Handwerkergenossenschaften, Universitäten und Krankenhäusern. Gegen fünf Uhr sind wir dann frei. Doch an Theaterabenden muß man um halb sieben dinieren, denn in China beginnen die Vorstellungen bereits um halb acht. Nach elf sind auch in der Hauptstadt die Straßen verödet: Peking schläft. (...)

In den ersten Tagen meines Aufenthalts empfand ich das offizielle Tagesprogramm vor allem auch deshalb als unbefriedigend, weil ich zum Ausgleich nicht einmal die Möglichkeit hatte, Peking zu entdecken; es entzog sich mir.

Von der Terrasse des Hotels, von den künstlich errichteten Hügeln, die hinter dem pompösen Gebäude aufragen, vermochte ich weder Dächer noch Straßenzüge zu erblicken, sondern nur einen großen Park – das graugrüne Laub der Bäume verbarg mir alles. Zu ebener Erde wiederum wurde mir die Sicht durch Mauern versperrt. Am Tag meiner Ankunft hatte ich nur das ‹neue› Peking, jenseits der Mauern, gesehen und anschließend den von einer hohen Mauer umfriedeten Kaiserpalast; abends besuchten wir eine Vorstellung im Theater, und auf dem langen Weg dorthin sind wir die ganze Zeit an Mauern entlanggefahren. Wo mögen nur die Einheimischen wohnen? fragte ich mich. Wo stehen ihre Häuser? Wo ist hier das eigentliche Peking? Das Auto hielt zwischen der hell beleuchteten Front des Theaters und einigen Buden, in denen es hübsche Grabkränze aus bunten Papierblumen zu kaufen gab. Befand ich mich noch in Peking oder in einer Vorstadt? In den nächsten Tagen wanderte ich durch die Geschäftsstraßen, konnte mir jedoch von ihrer Lage keinen rechten Begriff machen; Peking blieb fragmentarisch: Um es als ein geschlossenes Ganzes sehen zu können, hätte ich lange Spaziergänge unternehmen müssen; die dazu nötige Muße ließ mir aber das ‹Programm› nicht, und außerdem regnete es heftig und ausdauernd.

Den ersten Sonntagvormittag konnten wir frei über unsere Zeit verfügen, aber der Regen verstärkte sich noch; die Allee war fast menschenleer. Der Schutzmann hatte seine schöne orangefarbene Uniform unter einem wasserdichten Wettermantel verborgen, die Rikscha-Radler verschwanden unter Umhängen aus gelbem Gummi, und die wenigen Fußgänger schützten sich vor der Nässe mit den ortsüblichen großen Regenschirmen aus Ölpapier, das nach Fischleim riecht. Zwei junge Leute liefen barfüßig am Hotel vorbei und trugen ihre dünnen Leinenschuhe in der

Hand. Ich kam mir so verloren vor in diesem Phantom von einer Hauptstadt und konnte diesem China, das der amtliche Optimismus mit einer allzu glänzenden Lackschicht überzog, keinen rechten Geschmack abgewinnen. Tsai ist zwar mit der französischen Sprache wohlvertraut, doch hatte er bisher für eine Sportvereinigung gedolmetscht. Seine neue Aufgabe schüchterte ihn ein, und infolgedessen ließ er sich kein überflüssiges Wort entschlüpfen. Ein Mann aus dem Amt der ‹kulturellen Beziehungen› hatte mit uns zusammen mehrere Tassen Jasmintee getrunken, doch hatten wir uns beiderseits darauf beschränkt, unseren Reiseplan zu besprechen. Das erste Diner mit chinesischen Schriftstellern war ebenfalls ziemlich unergiebig verlaufen: Sie kannten unsere Bücher nicht und wir nicht die ihrigen; so hatten wir uns hauptsächlich über die chinesische Küche unterhalten …

Würde es dabei bleiben – oder würde sich das noch ändern? fragte ich mich verdrossen, während ich dem Rundfunk lauschte: Der Sender wurde sowohl in Hong Kong und in Tokio als auch in Moskau gehört; umschichtig konnte man da eine chinesische Oper und amerikanischen Jazz vernehmen. An jenem Morgen sang Yves Montand *Les feuilles mortes* von Prévert. (…)

Bei unserer Fahrt von Mukden nach Canton reisten wir mit einer Schriftstellerin, Madame Sheng, zusammen. Sie ist in meinem Alter, hat fünfzehn Jahre ihrer Jugend in Frankreich verbracht und ist über die französische Literatur verblüffend genau orientiert. Wir haben uns rasch mit ihr angefreundet, und bevor wir einschlummerten, habe ich mich im Schlafwagenabteil noch lange mit ihr unterhalten. Für mich war sie eine typische Repräsentantin der chinesischen Intellektuellen und zugleich der chinesischen Frau unserer Generation. Von reger Intelligenz, überaus kultiviert und eine bemerkenswert gute Beobachterin, hat sie mir über alle möglichen Themen wertvolle Informationen erteilt. Nicht ein einziges Wort der Propaganda kam ihr über die Lippen: Sie ist von der Notwendigkeit des Regimes und seinem segensreichen Wirken zu fest überzeugt, als daß es ihr in den Sinn käme, die Wahrheit zu verdrehen. Geistig völlig unabhängig, impulsiv, stets zum Lachen aufgelegt und sehr beredt, ist sie über jegliche Zensur erhaben; ihre sorglose Offenherzigkeit hat die Zurückhaltung der meisten Kader, mit denen ich zu tun hatte, in hohem Maße wettgemacht. (...)

Den Mädchen wird oft der Vorwurf gemacht, daß sie die Ehe als ein Geschäft betrachteten. Madame Sheng nahm sie jedoch in Schutz: «Da sie immer nur als Handelsware betrachtet wurden, darf man sich nicht wundern, wenn sie sich nun selber so einschätzen.» Die Tageszeitung *Kuangming* brachte 1955 einen Leitartikel, in dem die ‹bourgeoise› Einstellung der Ehe gegenüber angeprangert wurde. Zu viele Mädchen suchten einen Mann, der sie zu ernähren vermag, so daß sie selber nicht mehr zu arbeiten brauchen. Die Arbeiterinnen wollen nicht mehr in die Fabrik gehen, und die Mädchen auf dem Lande möchten lieber in der Stadt leben. «Das hängt von den Arbeitslöhnen ab», meinte Madame Sheng. «Auch bei uns werden die Frauen erst unabhängig sein, wenn sie ihren Lebensunterhalt selber verdienen.» (...)

Daß die persönliche Freiheit nur durch die wirtschaftliche Unabhängigkeit gewährleistet wird, versteht sich von selbst. Der Werbefeldzug für die Emanzipation dient unter anderem auch dem Zweck, die Arbeitskraft der Frauen nutzbar zu machen und dadurch ihre Position zu stärken. Solange sich zum Beispiel die Bäuerin auf ihre häuslichen Pflichten beschränkt, wird ihre Arbeitsleistung in den Augen der Familie nicht voll anerkannt – obwohl sie bei der Bodenreform genau soviel Land erhielt wie die Männer.

Die Feldarbeit, die sie an manchen Tagen auf dem der Familie verbliebenen Acker leistet, stellt einen Beitrag dar, dessen Wert sich schwer abschätzen läßt. Wenn sie aber als Mitglied einer Genossenschaft einen Arbeitslohn erhält, der ihr allein zusteht, wagt es niemand mehr, sich ein Recht über sie anzumaßen; dann ist ihre Selbständigkeit unbestritten. Die Emanzipation der chinesischen Bäuerin wird also durch die Kollektivierung gefördert. (...)

Der scharfe Kontrast zwischen Tradition und Fortschritt, der den Reisenden in China immer aufs neue überrascht, tritt bei den Frauen am deutlichsten zutage. Während die einen noch nicht einmal die Klippschule der Selbständigkeit absolvierten, haben die anderen das Steuer schon so weit herumgeworfen, daß sie bis zu den höchsten Regierungsämtern vorgedrungen sind: 147 von den 1226 Mitgliedern des Volkskongresses und vier von den 29 Ministern des Staatsrates sind Frauen. Die Studentinnen bilden eine Kategorie für sich; sie sind über jedes Vorurteil erhaben und halten es für selbstverständlich, daß sie die gleiche Verantwortung übernehmen und ebenso unabhängig sind wie ihre männlichen Kommilitonen. In Peking habe ich mich zwei Stunden mit einer Medizinstudentin unterhalten, die geläufig französisch spricht – einem intelligenten und sehr hübschen Mädchen, das Hängezöpfe und zu einem marineblauen Rock einen roten Pullover trug. Sie ist im vierten Semester und interessiert sich besonders für Chirurgie, doch macht es ihr nicht viel aus, daß man sie wahrscheinlich zur Gynäkologin ausbilden wird; sie hat schon bei mehreren Entbindungen assistiert und erzählte mir stolz, daß die Mütter in den meisten Fällen ohne Schmerzen entbunden hätten. Zur Zeit wohnt sie bei ihren Eltern, mit denen sie sich gut verträgt; sie muß freilich darauf gefaßt sein, daß man ihr später im Süden eine Praxis zuweist, was ihr im Hinblick auf den spärlichen Urlaub und die weiten Entfernungen ein bißchen Kummer macht. «Aber wenn man jung ist, gewöhnt man sich schnell ein», sagte sie zuversichtlich, «und ich arbeite lieber dort, wo ich am nötigsten gebraucht werde.» Das war bei ihr keine Phrase; ihr Lerneifer ist ebenso echt wie ihr Bestreben, sich nützlich zu machen. Auch wenn sie heiraten, denken diese Mädchen nicht daran, ihr Studium aufzugeben, wie es so viele französische Studentinnen tun. Sie wollen dem Staat, der die Kosten ihres Studiums trägt, nichts schuldig bleiben. Unwillkürlich dachte ich an die amerikanischen Girls vom Vassar- und Smith-College, die mir freimütig anvertraut hatten: «Wir studieren nur, weil man dann leichter einen Mann bekommt. Für ein, zwei Jahre ist es ja ganz nett, einen Job zu haben, aber wenn wir heiraten, werden wir ihn mit Vergnügen an den Nagel hängen.»

Ich fragte die junge Medizinerin, ob es denn in der Fakultät zwischen Studenten und Studentinnen keinen Konkurrenzneid gebe; sie verstand erst gar nicht, was ich meinte, und dann lachte sie nur. In China gibt es für Ärzte Arbeit genug – jeder Akademiker findet hier sein Auskommen. Im übrigen sieht der Chinese in der Frau keine Rivalin. Da ein Mädchen noch vor kurzem nur dafür erzogen wurde, dem Mann zu gefallen und zu dienen, hatten die chinesischen Männer es nicht nötig, sich ihre Überlegenheit zu beweisen, indem sie maskuline Komplexe entwickelten. Solange sie jung waren, wurden sie selber von der Autorität der älteren Generation zu stark unterdrückt, als daß sie sich ihren Frauen und Konkubinen gegenüber als die Herren der Schöpfung hätten fühlen können. Einen Mythos der Virilität und einen Kampf der Geschlechter hat es in China nie gegeben. (…)

Die sonst von Nord bis Süd über China verstreuten Besucher finden sich alle zu den Festlichkeiten des 1. Oktober wieder in Peking ein. Auch ich komme nach einer Reise in die Mandschurei Ende September wieder dorthin zurück. Die Physiognomie der Stadt hat sich verändert. Der neue Flügel des Hotels ist fertig, die Gerüste sind verschwunden. In der Halle des alten Gebäudes ist ein Verkaufsstand eröffnet worden, wo man Schirme, gestickte Seidenstoffe, Lackarbeiten, Nippsachen jeglicher Art feilhält. Die Fassaden des Hotels und der öffentlichen Gebäude sind mit Spruchbändern in Rot und Gold dekoriert und mit großen roten Laternen, pausbäckig wie Kürbisse; rote Fahnen wehen auf den Dächern. Von jeher haben die chinesischen Städte ihr Grau in Grau gern mit scharlachrotem Schmuck aufgehellt. Das Rot ist heute die Farbe des Regimes, stets aber ist es die Farbe des Glücks gewesen. Die Straßen, die mir nach und nach so vertraut geworden waren, daß ich sie schließlich nicht mehr sah, setzen mich von neuem in Erstaunen; sie haben auch in den Augen der Chinesen einen exotischen Charakter angenommen; man dreht sich nach Tibetanern um, die lange gelbe Talare und einen Kupferring an einem Ohr tragen, sieht Mongolen nach, deren Röcke in der Taille mit grellbunten Gürteln geschnürt sind, und Moslems mit weißen Käppchen und Bergbewohnern aus Hsi-chiang mit großen gezackten, pelzgesäumten Hüten. Wir sind ungefähr 1700 ausländische Delegierte. Während der Tage vor und nach dem 1. Oktober hört das Kommen und Gehen der Reisenden nicht auf. (…)

29. September. Heute abend gibt Chou En-lai ein Bankett zu Ehren des diplomatischen Korps und der ausländischen Delegierten; es sind 2200 Gäste. Zur Hälfte versammeln sie sich in dem während der letzten Monate im neuen Flügel des Hotels *Peking* eingebauten riesigen Festsaal. Die übrigen verteilen sich auf die angrenzenden Hallen und Zimmer, das ganze Erdgeschoß ist überfüllt.

Zwischen dem Haupteingang zum Festsaal und dem kleinen Theater, das seinen hinteren Teil einnimmt, ist eine lange Tafel zu hundert Gedecken aufgestellt; rechts und links von ihr stehen an die hundert runde Tische zu je neun Gedecken. Ich hatte volle Muße, die Ausstattung eingehend zu betrachten. Fünfzig Säulen, fünfundzwanzig freistehend, fünfundzwanzig halb in die Mauer eingelassen, jede von etwa fünfzig Zentimetern Durchmesser und rot bemalt, tragen das bunte Gebälk in Grün, Blau, Gold und Rot. Für Beleuchtung sorgen drei Kronleuchter, jeder trägt fünfundzwanzig elektrische Birnen; im ganzen sind es dreihundert. Die Decke befindet sich etwa fünfzehn Meter über dem Fußboden. Um die Wände läuft eine mit grauen Stoffen behängte Empore. Der rote Vorhang der kleinen Bühne ist heruntergelassen.

Die Tafel ist mit kalten Speisen bedeckt. Beiderseits des Eingangs befindet sich je ein Orchester; sie spielen abwechselnd, das eine chinesische, das andere europäische Musik. Um sieben Uhr stimmen sie die Nationalhymne an; Chou En-lai setzt sich an das eine Ende der Tafel, dicht an der Bühne; am andern Ende nimmt einer der Marschälle Platz, in funkelnagelneuer Uniform, hellblau mit Gold. Die Diener füllen unsere Gläser mit Reiswein, mit Wein aus wilden Trauben, mit Limonade, Bier, Schaumwein, während Chou En-lai im Strahl der Scheinwerfer eine Rede hält, in der er uns für unseren Besuch Chinas dankt; am Ende bringt er einen Trinkspruch auf Völkerfreundschaft und Frieden aus. Er setzt sich, erhebt sich wieder, bringt Trinkspruch auf Trinkspruch aus, zu Ehren jeder Gäste-Gruppe und zuletzt allen zu Ehren. Jedesmal blenden die Scheinwerfer auf und beleuchten ihn grell. Der birmanische Botschafter hält eine Ansprache im Namen des diplomatischen Korps. Dann setzt das Orchester ein: ‹Auf in den Kampf, Torero ...› Und Chou En-lai macht die Runde an den Tischen, stößt mit jedem Gast an, wechselt lächelnd einige Worte; er begrüßt insbesondere die Mutter Zoyas, der berühmten sowjetischen Heldin, deren Geschichte in China jedes Kind kennt.

«Wer ist dieser Chou En-lai», fragte eines Tages Mr. Dulles. Heute kann man nicht mehr tun, als wisse man es nicht, die ganze Welt kennt Chou En-lais Namen. Edgar Snow rühmte vor nunmehr zwanzig Jahren seine gertenschlanke Grazie. Er hat sie nicht verloren, und der Charme seines George Raft-Lächelns ist legendär. In seinem Gesicht ist etwas, das man in China selten antrifft: weder Zynismus noch Ironie, aber ein scharfer Widerspruchsgeist. Er macht den Eindruck eines Mannes, der zwar ganz und gar mit dem beschäftigt ist, was er tut, und dennoch ein wenig darübersteht. Im Augenblick geht er nach dem Klang der Torero-Melodie von Tisch zu Tisch; seine Haltung, seine Gebärden sind entspannt, während sein scharfer Blick all die Leute gleichsam genau erkennt, die er nicht kennt; man könnte wahrhaftig sagen, er stoße zum Vergnügen mit ihnen an. Wie er in die angrenzenden Zimmer hinübergeht, wo die Delegationen der Jugend versammelt sind und auch die der Schauspieler, der Tänzer, der Sportsleute, da brechen die Hochrufe aus; man umringt, man umarmt ihn, man überhäuft ihn mit Geschenken, Beifall und Jubel halten an bis zum Schluß des Banketts.

Dieses dauert nicht lange: Die Chinesen haben Sinn fürs Maßhalten; ich habe schon gesagt, daß es ihnen verhaßt ist, sich lange bei Tisch aufzuhalten. Nach beendeter Mahlzeit tanzt die Jugend in der anstoßenden Halle; da sind albanesische und polnische Soldaten in Uniform und Delegierte der Minderheiten in ihrer traditionellen Tracht. Wir gehen hinaus, und ich bekomme einen kleinen Stich ins Herz: Peking ist illuminiert! Lampions bezeichnen First und Sims der Dächer, sie markieren die Fassaden. Die Umrisse der öffentlichen Monumente und der befestigten Tore heben sich funkelnd und flach vom dunklen Himmel ab. Diese Relieflosigkeit, die akkurate Zeichnung machen den Eindruck einer künstlichen Dekoration. Man sollte meinen, man sehe da keine wirkliche Stadt schimmern, sondern die Pavillons irgendeiner großen Ausstellung. Und doch ist Peking sehr wirklich, sein vergänglicher Schmuck schafft eine Art umgekehrter Luftspiegelung. (...)

30. September. (...) Im Hotel *Peking* geht es drunter und drüber; die Halle ist voll von zierlichen birmanischen Tänzerinnen, von Hindus, von Mongolen. Die asiatischen Delegierten sind viel zahlreicher als die europäischen. Da gibt es Sportmannschaften, religiöse Vereinigungen und vor allem kulturelle Gruppen und solche von Künstlern. Während meines Aufenthaltes in Peking fanden eine indische Kunstausstellung und ein indisches Film-Fest statt; ich habe indonesischen und birmanischen Tänzen beigewohnt und von der Viet Minh veranstalteten Bankettvorführungen. Namentlich an die Völker Asiens hat ja Chou En-lai den Appell gerichtet: «Kommt und seht!», der hohen Vorstellung gemäß, die China sich von seiner Mission auf dem Kontinent macht. (...)

1. Oktober. Es ist nicht sehr schön. Jäh ist das Thermometer im Laufe der Nacht um zehn Grad gefallen, und der Himmel ist bedeckt. Ich schlüpfe in meinen Mantel und stecke das Abzeichen an, das Tsai mir gestern feierlich überreicht hat; es ist eine rote Brosche mit dem Wappen der Chinesischen Republik, an der ein rotes mit schwarzen Schriftzeichen bedecktes Band befestigt ist; es wird mich dann berechtigen, die Tribünen zu betreten, die sich an die Mauer des T'ien An Men lehnen.

Wir verlassen das Hotel schon um neun im Auto, wenn auch T'ien An Men nahe ist; wir begeben uns auf einem Umweg hin, da die Allee für Wagen verboten ist. Wir fahren um den Kaiserpalast herum; in den kleinen Straßen sehen wir Wagen mit Maschinenmodellen darauf, mit Statuen, mit Tafeln; da sind auch Gruppen wartender Leute. Wir befinden uns in den Kulissen der gewaltigen Bühne, die Pekings Stadtzentrum heute darstellt. Wir betreten die Verbotene Stadt durch das Nordtor und durchqueren den ganzen Park. Der Ordnungsdienst weist uns zur linken Tribüne. Unter den Sitzreihen sind kleine Salons eingerichtet, wo man Tee, Limonade und Sandwiches aufträgt. Man kann während des Vorbeimarsches dort hinuntersteigen, um zu rauchen, zu trinken, sich auszuruhen. Die Regierung beschränkt ihre Fürsorge nicht auf ihre Gäste; auf der ganzen Strecke, wo der Vorbeimarsch erfolgen wird, hat man Trinkwasserleitungen mit Hähnen angelegt, damit die Zuschauer während dieser langen Stunden ihren Durst löschen können.

Wir nehmen in der ersten Reihe Platz, denn wir sind früh angekommen und die Tribüne ist noch halb leer. Hinter uns, ein wenig rechts, ragt der auf der Terrasse errichtete Vorbau empor. Mao Tsê-tungs Bildnis hängt genau über der Eingangswölbung. An den roten Mauern stehen in riesigen chinesischen Schriftzeichen die Losungen: ‹Es lebe die Chinesische Republik! – Es lebe die Einigkeit unter allen Völkern! – Es lebe der Marxismus-Leninismus! – Es lebe der Frieden!› Zu unseren Füßen ist die Allee menschenleer; drüben aber, auf dem ungeheuren Roten Platz, da sind Soldaten in beigefarbenen Uniformen beim Aufmarsch, da sind Matrosen, weißbehemdete Pioniere, die Zweige in der Hand halten und künstliche Blumen, rosa und rot. Über diesem Gartenbeet wehen rote Fahnen und andere in grellen oder zarten Farben. In den ersten Reihen ist längs der Allee die Militärmusik aufgestellt. Es ist wirklich kalt, und um sich zu wärmen, springen in wohlgeordneten Gruppen die Soldaten auf der Stelle; von weitem würde man es eine Parade kleiner Holzsoldaten nennen. Die harmonische Zusammenstellung der Weißhemden mit dem Braun der Uniformen, den reichen Nuancen der Banner und Blumensträuße bezeugt, daß die Chinesen sich wunderbar aufs Arrangieren von Blumenbildern verstehen.

Die Tribüne füllt sich; zwölftausend Personen finden Platz auf dem ringförmigen Stufengebäude; wir treffen Freunde wieder und machen neue Bekanntschaften; da ist Nenni, seit drei Tagen in Peking, der polnische Arzt Infeld, der Einsteins Mitarbeiter war, und der Schriftsteller Matthias, der gestern abend mit einer französischen Frauendelegation gelandet ist. Man tauscht Eindrücke aus. «Die Chinesen sind das einzige Volk auf der Welt, dem der Zynismus unbedingt fremd ist», sagt Infeld, der seinerseits witzig-freimütige Aussprüche liebt.

Um zehn Uhr stimmt das Orchester die Nationalhymne an. Beifall bricht los: Mao Tsê-tung, begleitet von Chuh Teh, Liu Shao-ch'i, Chou En-lai, Soon Ch'ing-ling, der Witwe Sun Yatsens, und anderen Ministern und Marschällen, erscheint in dem Säulengang, der an der Terrasse entlangführt; er nimmt genau über seinem Bildnis Platz. Er trägt die klassische Kleidung aus graugrünem Wollstoff und eine Mütze, die er dann während des Vorbeimarsches unter dem Jubel der Menge abnimmt. Von weitem unterscheidet man ihn nicht von den übrigen Amtspersonen; nichts zeichnet ihn fürs Auge besonders aus. (…)

Ich schalte hier eine Zwischenbemerkung ein. Die bürgerliche Presse hat sich im Frühjahr 1956 ausgedacht, daß die ‹Entstalinisierung› Mao erheblich störe, der ebenfalls zu seinen Gunsten dem ‹Persönlichkeitskult› huldigen wolle. Dieselbe Presse, die ihn plötzlich zu einem chinesischen Stalin erklärt, verbreitete einige Monate vorher mysteriöse Gerüchte über seine schwache Gesundheit, seine häufige Abwesenheit, seine Schattenhaftigkeit. Man ließ durchblicken, Liu Shao-ch'i, der kommunistische Parteisekretär, sei Chinas eigentlicher Machthaber, und das zog, wie sich denken läßt, sinnreiche Deutungen in Menge nach sich. Man wunderte sich darüber, daß Mao aus seiner Reserve heraustrat, um im Juli die berühmte Rede über die Kooperativen zu halten; da mußte die Lage schon recht verzweifelt sein! Bei meiner Rückkehr nach Paris waren Leute sehr überrascht, daß ich mehrmals seiner ansichtig geworden war, wie er leibt und lebt; man hielt ihn für endgültig entmachtet. Wie ist diese – verdächtige – Zurückhaltung mit dem ‹Persönlichkeitskult› vereinbar? Die Zeitungen müßten sich darüber einig werden: Ist nun Mao eine dem Tode nahe Marionette oder ein Despot? Der blindeste unter Roussets Lesern wird dennoch Mühe haben, diese beiden Geschichten zugleich zu schlucken.

Die Wahrheit ist, daß Mao Tsê-tungs offizielle Stellung als Präsident der Republik nur recht eingeschränkte Befugnisse mit sich bringt. Maos persönliches Ansehen, seine Fähigkeiten, seine Sachkenntnis jedoch sichern ihm eine ausschlaggebende Rolle; insbesondere ist er seit 1927 der unbestrittene Fachmann in Landwirtschaftsfragen. Aber die Macht, die er ausübt, ist nicht diktatorischer als etwa diejenige, die beispielsweise ein Roosevelt innegehabt hat. Die Verfassung des neuen China macht die Konzentration der Autorität in den Händen eines einzigen Mannes unmöglich. Das Land wird von einer Mannschaft gelenkt, deren Mitglieder durch einen langen gemeinsamen Kampf und eine enge Kameradschaft verbunden sind. Andererseits macht Mao Tsê-tungs äußerste Schlichtheit, das gelassene Zutrauen, womit er ohne jeglichen polizeilichen Schutz kommt und geht, ihn nicht Stalin, sondern Lenin ähnlich. Es gibt in China sehr zahlreiche Bildnisse von ihm, man singt ihm zu Ehren gern ein oder das andere Lied, er ist populär; ist das allein das Los der Tyrannen?

Der Vorbeimarsch geht weiter. Und indem wir ihm zusehen, beobachten wir uns zugleich gegenseitig; Polen, Franzosen, Italiener – uns allen sitzt die Ironie locker, und alle sind wir fest gewillt, uns nicht zum besten haben zu lassen. Es tut uns wohl, Infeld murmeln zu hören: «Wenn man das sieht, dann hat man keine Lust mehr, zynisch zu sein.» Und da fühlen wir uns geradezu ein wenig beschämt; wozu all die falsche Scham, all der vorschriftsmäßige Skeptizismus? Nenni gibt seinerseits unseren gemeinsamen Gewissensbissen Ausdruck, wie er mit einer Art Heimweh sagt: «Unmöglich, sich so etwas in Rom oder Paris vorzustellen: Uns fehlt es viel zu sehr an Seelenfrische.» Ja, das ist vielleicht das Ergreifendste, was es in China gibt: diese Frische, die auf Augenblicke dem menschlichen Leben den Glanz eines schön reingefegten Himmels verleiht. (…)

Ich beginne, mit Sitten und Gewohnheiten der Chinesen vertraut zu werden. Anfangs haben sie mich verblüfft, weil sie mir gleichzeitig viel natürlicher und viel geschraubter vorkamen als die Leute aus dem Westen. Sie sind sehr unbefangen in ihrer Beziehung zu sich selbst, zu ihrem Körper, ihren Bedürfnissen und von äußerster Reserviertheit in allem, was die Verbindung mit anderen Leuten betrifft. Madame Sheng hat mich von Anfang an durch ihre Natürlichkeit bezaubert. «Ich bin schläfrig», sagte sie eines Tages in Anshan am Ende eines offiziellen Frühstücks. Und indem sie uns mit unseren Gastgebern unseren Tee trinken ließ, legte sie sich gelassen auf ein Sofa und schlief eine Viertelstunde. Tsai hat mir anvertraut, daß er sich im

Westen unbehaglich fühle. «In der Tschechoslowakei, in Frankreich muß man sich immerfort Zwang antun. In China zum Beispiel ist es nicht unziemlich, wenn man beim Suppeessen oder Teetrinken hörbar schlürft, in Prag, in Paris ist es das. Wenn ich mit Genossen reise, dann beobachten wir uns gegenseitig, und man hat immerzu Angst, Schnitzer zu machen.» Besonders haben die Chinesen von jeher die Gewohnheit gehabt, zu spucken und es in der Öffentlichkeit zu tun; sogar im Verlauf einer etwas zeremoniösen Unterhaltung finden sie es normal, ebenso normal, wie es bei uns ist, sich zu schneuzen. Hätte ich aus Peking wirklich typische Gegenstände mitbringen wollen, ich würde einen Spucknapf und eine Thermosflasche gewählt haben. Es ist das erste, was man beim Eintreten in einen Laden sieht: Regale, beladen mit diesen beiden Gerätschaften, alle beide mit Blumen und Vögeln bemalt. Man findet Spucknäpfe in den Wohnungen, den Büros, den Zügen, den Parks, kurz überall. Was die Thermosflaschen angeht, so gibt es in allen Häusern welche, in den Krambuden, bei den Verwaltungen; die Chinesen lassen keine Stunde vorübergehen, ohne Tee zu trinken. ‹Teestellen› sind in den Wartesälen der Bahnhöfe eingerichtet, in den Theaterfoyers; es sind große Behälter, an denen man nur den Hahn aufzudrehen braucht. Das Ausscheiden dessen, was man getrunken hat, kommt den Chinesen nicht genierlicher vor als das Trinken. In Peking sieht man keine Frauen sich zierend, mit entschuldigendem Getue, die Toilettentür suchen. Der Körper wird dort in aller Ruhe akzeptiert – außer in seinen Sexualfunktionen, wo ernstliche Tabus bestehen. Wahrscheinlich danken die Chinesen ihrem tiefen Verwurzelt-sein im Bauerntum eine Unbefangenheit, die von keiner Gemeinheit befleckt wird.

Die Verkünstelung dagegen kommt ins Spiel in den Beziehungen zu anderen. Die Liebenswürdigkeit der Chinesen sitzt tief, ihre Aufmerksamkeiten bezeugen Feingefühl; und heute äußern sie ihren Besuchern gegenüber gern herzliche Gesinnung durch Beifallsbekundungen und – unter Frauen – durch Umarmungen. Aber zur Intimität kommt es nicht leicht. Die zwischen Madame Sheng und mir erscheint mir als große Ausnahme. Eine lange Tradition hat die Chinesen gelehrt, ihre Gefühle zu verbergen, ihre Überzeugungen nicht zu äußern, persönliche Fragen und vertrauliche Mitteilungen zu meiden. Als unser südafrikanischer Freund den Abgesandten, der ihn in Nanking empfing, fragte: «Sind Sie verheiratet, haben Sie Kinder?», da lächelte der Dolmetscher und weigerte sich, die Frage zu übersetzen. «Das ist indiskret», erläuterte er. Ein Franzose, ein Mann in den Fünfzigern, fragte seine junge Dolmetscherin: «Sind Sie verheiratet?» Sie antwortete von oben herab: «Was würden Sie sagen, wenn ich Ihnen diese Frage stellte?» – «Ich würde sagen, daß ich verheiratet bin und zwei Kinder habe», sagte er lachend. Das junge Mädchen zögerte und besänftigte sich dann. «Ich habe einen Verlobten im Süden.» Tsai hat nach zwei oder drei Wochen begonnen, ganz ungezwungen mit mir zu reden, zu Anfang aber befleißigte er sich großer Reserviertheit. Als ich bei Ting Ling frühstückte, bemerkte ich Pinsel auf ihrem Arbeitstisch. Ich fragte sie, ob sie male. Sie lächelte, ohne zu antworten. Die Leute aus dem Norden sind noch geschraubter. In Mukden war der Gegensatz auffallend zwischen Madame Sheng und Tsai, die alle beide aus dem Süden sind, beide klein und lebhaft, und den großen Mandschus mit den starren Gesichtern. Am Ende des Diners, im Augenblick, da der letzte Trinkspruch ausgebracht wurde, sagte der Schriftsteller, der uns den ganzen Tag über schweigsam das Geleit gegeben hatte, lächelnd zu uns: «Ich habe einen großen Fehler, ich kann die Gefühle nicht äußern, die ich im Herzen empfinde.» Nachdem Tsai diese knappe Selbstkritik übersetzt hatte, pflichtete er ihr bei. «Ja», sagte er, «man sagt oft von uns Chinesen, wir seien den Thermosflaschen ähnlich: die Außenseite ist kalt, aber im Innern ist es heiß.» Der Sachverhalt ist der, daß manche Chinesen bei mangelnder Spontaneität eine so zarte Liebenswürdigkeit besitzen, daß es ihr gelungen ist, unter den Unbekannten, die wir füreinander waren, eine echte menschliche Beziehung zu schaffen.

Das hatte ich nicht vorausgesehen
[Der Lauf der Dinge]

In Frankreich zu schreiben und eine Frau zu sein, heißt Ruten für den eigenen Rücken anfertigen. Besonders in dem Alter, in dem ich mich befand, als meine Werke gedruckt wurden. Einer ganz jungen Frau begegnet man mit anzüglicher Nachsicht. Ist sie alt, dann erweist man ihr seine Reverenz. Wagt man aber den Mund aufzumachen, wenn die erste Frische dahin ist, ohne daß man bereits die Patina des Alters erworben hat, dann fällt die Meute über einen her! Steht man rechts, beugt man sich brav der Überlegenheit der Männchen, hütet man sich, etwas zu sagen, dann wird man verschont. Ich stehe links, ich habe versucht, etwas zu sagen, unter anderem auch, daß die Frauen nicht von Geburt Krüppel seien. (...)

Von mir existieren zwei Porträts: ich sei eine Verrückte, eine Halbwahnsinnige, eine exzentrische Person. (Die Zeitungen in Rio meldeten voller Erstaunen: «Man erwartete eine exzentrische Erscheinung und war enttäuscht, eine Frau vor sich zu sehen, die sich genauso kleidet wie alle Welt.») Ich sei liederlich. Eine Kommunistin erzählte 1945, in meiner Jugend hätte ich in Rouen nackt auf Fässern getanzt. Ich hätte allen Lastern gefrönt, mein Leben sei ein Karneval, usw.

Flache Absätze, straffer Dutt. Ich sei eine Pfadfinderchefin, eine Vorstandsdame, eine Schulmamsell (in dem abfälligen Sinne, den die Rechtskreise diesem Wort unterlegen). Ich würde mein Leben über Büchern und an meinem Arbeitstisch verbringen, eine reine Intelligenzbestie. «Sie lebt nicht», habe ich eine junge Journalistin sagen hören. (...)

Nichts hindert die Leute daran, diese beiden Porträts miteinander zu verschmelzen. Man kann eine verwilderte

Intelligenzbestie, eine lasterhafte Vorstandsdame sein. Bezeichnend ist nur, daß man mich als anomal hinstellt. Wenn meine Kritiker damit sagen wollen, daß ich ihnen nicht ähnlich bin, machen sie mir ein Kompliment. Tatsache ist, daß ich Schriftstellerin bin: Eine Schriftstellerin ist keine Hausfrau, die Bücher schreibt, sondern ein Mensch, dessen gesamtes Dasein durch das Schreiben beherrscht wird. Dieses Leben ist ebensoviel wert wie ein anderes. Es hatte seinen Sinn, seine Ordnung, seine Zwecke, die man nicht begriffen hat, wenn man es als extravagant bezeichnet. War mein Leben wirklich asketisch, rein vom Verstand bestimmt? Mein Gott – ich habe nicht den Eindruck, daß meine Zeitgenossen sich auf dieser Erde gar so viel besser amüsieren als ich oder daß ihre Erfahrungen soviel umfangreicher seien. Auf jeden Fall beneide ich niemanden, wenn ich meine Vergangenheit betrachte.

In meiner Jugend habe ich damit begonnen, auf die Meinung der anderen zu pfeifen. Nachher haben mich Sartre und feste Freundschaften behütet. Trotzdem waren mir gewisse Reden, gewisse Blicke unerträglich: in den *Deux Magots* das Hohnlächeln Mauriacs und der jungen Leute, die ihn umgaben. Mehrere Jahre hindurch habe ich es vermieden, mich in der Öffentlichkeit zu zeigen. Ich ging nicht mehr in die Cafés und wich den Generalproben und allen sogenannten pariserischen Veranstaltungen aus. Diese Zurückgezogenheit entsprach ganz und gar meiner Scheu vor dem Reklamerummel. Ich bin nie im Fernsehen aufgetreten, habe nie im Radio über mich gesprochen und fast nie ein Interview gegeben. Ich habe bereits erwähnt, aus welchen Gründen ich den Prix Goncourt akzeptiert habe, und daß ich mich auch damals allen Schaustellungen entzog. Ich wollte meine Erfolge nicht Äußerlichkeiten, sondern nur meiner Arbeit verdanken. Und ich wußte, je mehr die Presse sich mit mir beschäftigte, desto eher würde sie mir die Worte im Mund umdrehen. Ich hatte die Memoiren zum großen Teil deshalb geschrieben, weil ich die wahren Zusammenhänge darlegen wollte, und viele Leser haben mir gestanden, sie hätten sich tatsächlich vorher ganz falsche Vorstellungen von mir gemacht. Ich behalte meine Feinde; das Gegenteil würde mich beunruhigen. Mit der Zeit aber haben meine Bücher den skandalösen Beigeschmack verloren. Das Alter hat mir – leider! – eine gewisse Achtbarkeit verliehen. Und vor allem habe ich ein Publikum erobert, das mir glaubt, wenn ich zu ihm rede. Im Augenblick komme ich mit den üblen Seiten des Ruhms so gut wie gar nicht in Berührung.

Am Anfang spürte ich nur seine Annehmlichkeiten, und auch später haben sie stets bei weitem die Unbequemlichkeiten überwogen. Der Ruhm hat meinen Wunsch erfüllt: daß man meine Bücher liebt und damit auch mich, daß die Menschen mir zuhören und daß ich ihnen einen Dienst erweise, indem ich ihnen die Welt so zeige, wie ich sie sehe. Von dem Erscheinen von *Sie kam und blieb* an lernte ich seine Freuden kennen. Ich konnte es nicht vermeiden, mich Illusionen hinzugeben, und auch die Eitelkeit ist mir nicht fremd geblieben. Das beginnt damit, daß man seinem Spiegelbild zulächelt, daß man beim Klang seines Namens zittert. Aber ich habe mich wenigstens nie wichtig gemacht.

Ich habe auch über Mißerfolge nie gejammert. Sie waren nur ein entgangener Gewinn, haben mir aber nicht den Weg versperrt. Meine Erfolge haben mir bis in letzter Zeit rückhaltlose Freude bereitet. Die Zustimmung meiner Leser war mir immer wichtiger als das Lob eines Kritikers: Briefe, die mich erreichen, Worte, die ich im Vorbeigehen aufschnappe, Spuren des Einflusses, einer Tat. Seit den *Memoiren einer Tochter aus gutem Hause*, vor allem aber seit *In den besten Jahren* ist meine Beziehung zur Öffentlichkeit recht schwierig geworden, weil der Algerien-Krieg den Horror, den ich vor der Gesellschaft, vor allem vor meiner Klasse empfinde, zur Weißglut gebracht hat. Man darf sich keine Hoffnung machen, an ein breites Publikum heranzukommen, wenn man ihm mißfällt: Man wird nicht in billigen Taschenbuchreihen gedruckt, wenn die Originalausgabe nicht gut geht. Mehr oder weniger wendet man sich doch an den Bürger. Übrigens gibt es unter seinesgleichen so manchen, der sich von seiner Klasse getrennt hat oder zumindest den Versuch macht, sich loszulösen: die Intellektuellen und die Jugend. Mit diesen Menschen verstehe ich mich gut. Wenn mich die Bourgeoisie in ihrer Gesamtheit herzlich empfängt, dann wird mir unbehaglich zumute. Allzu viele Leserinnen haben in den *Memoiren einer Tochter aus gutem Hause* die Schilderung eines Milieus genossen, das sie wiedererkannten, ohne sich für die Anstrengungen zu interessieren, die es mich gekostet hat, ihm zu entrinnen. Was *In den besten Jahren* betrifft, so habe ich oft mit den Zähnen geknirscht, wenn man mich beglückwünschte: «Ein anregendes Buch, ein dynamisches, ein optimistisches Buch!» – in Augenblicken, da mein Abscheu so heftig war, daß ich lieber tot als lebendig gewesen wäre.

Ich bin für Tadel und für Lob empfänglich. Aber wenn ich darüber nachdenke, begegne ich dem Niveau meines Erfolges mit ziemlich ausgeprägter Gleichgültigkeit. Wie schon erwähnt, habe ich es früher einmal aus Stolz und Vorsicht unterlassen, einen Maßstab anzulegen. Heute weiß ich nicht mehr, mit welchem Maß ich messen soll: Soll man sich auf die Leserschaft, auf die Kritiker, auf einige ausgewählte Kenner, auf eine innere Überzeugung, auf den Lärm, auf die Stille verlassen? Und was wird bewertet? Das Renommee oder die Qualität, der Einfluß oder die Begabung? Und im übrigen: Was bedeuten diese Worte? Die Fragen selbst und die Antworten, die man darauf geben kann, kommen mir müßig vor. Meine Gelassenheit geht weiter zurück, ihre Wurzeln liegen in einer Kindheit, die dem Absoluten verschworen war: denn ich bin nach wie vor von der Sinnlosigkeit irdischer Erfolge überzeugt. Die Lehren, welche die Welt mir erteilt hat, haben mich in dieser Geringschätzung nur bestärkt. Ich habe ein allzu ungeheuerliches Elend entdeckt, als daß ich mir große Sorgen um den Platz machen sollte, der mir zufällt, und darum, ob ich ein Recht oder kein Recht habe, ihn einzunehmen.

Obwohl vor diesem Hintergrund der Enttäuschung jeder Gedanke an eine Mission, an einen Auftrag, jede Heilsidee sich längst verflüchtigt hat, obwohl ich nicht mehr weiß, für wen und wozu ich schreibe, ist mir diese Tätigkeit notwendiger denn je. Ich bilde mir nicht mehr ein, daß sie mich ‹rechtfertige›, aber ohne sie würde ich mich tödlich ungerechtfertigt finden. Manche Tage sind so schön, daß man leuchten möchte wie die Sonne, daß man die Erde sozusagen mit Worten besprengen möchte. Es gibt Stunden, so finster, daß keine andere Hoffnung mehr übrigbleibt als der Schrei, den man ausstoßen möchte. Ganz gleich, ob man fünfundfünfzig oder zwanzig ist. Woher kommt diese außerordentliche Macht des Wortes? Wenn ich sage: «Nichts hat sich ereignet als das Ereignis» oder «Eins plus eins ist eins: was für ein Mißverständnis!» – schlägt in meiner Kehle eine Flamme hoch, deren Glut mich begeistert. Zweifellos sind die Worte, die universellen, die ewigen Worte, alle in jedem einzelnen gegenwärtig und das einzige Transzendente, das ich anerkenne und das mich bewegt. Sie vibrieren in meinem Mund, und durch sie kommuniziere ich mit der Menschheit. Sie entreißen dem Augenblick und seiner Zufälligkeit die Tränen und verwandeln die Nacht und sogar den Tod. Vielleicht ist es heute mein innigster Wunsch, daß man still ein paar Worte wiederholen möge, die ich zusammengefügt habe.

Ein bekannter Schriftsteller zu sein, hat seine offenkundigen Vorteile. Statt der Fron um das tägliche Brot eine Arbeit, die man sich ausgesucht hat, Begegnungen, Reisen, eine viel unmittelbarere Berührung mit den Ereignissen. (...) Obwohl ich keine mondänen Beziehungen unterhalte, stehe ich mit der ganzen Welt in Verbindung. Ein alter Freund hat mir gesagt: «Sie leben in einem Kloster.» Das mag zutreffen, aber ich verbringe viel Zeit im Sprechzimmer.

Trotzdem habe ich mit Besorgnis und einem gewissen Bedauern die Berühmtheit über Sartre hereinbrechen und meinen Namen bekannt werden sehen. Die Sorglosigkeit ging an dem Tag verloren, da wir zu öffentlichen Persönlichkeiten wurden und gezwungen waren, dieser objektiven Rolle Rechnung zu tragen. Damit hatte auch die abenteuerliche Note unserer früheren Reisen ein Ende, und wir mußten auf Launen, auf Bummeleien verzichten. Um unser Privatleben zu schützen, mußten wir Barrieren errichten – aus dem Hotel ausziehen, Cafés meiden –, und diese Absonderung bedrückte mich, die ich so gern mitten unter der Menge lebte. Nach wie vor treffe ich viele Menschen, aber die meisten reden mit mir nicht wie mit irgend jemandem. Meine Beziehungen zu ihnen sind verfälscht. «Sartre verkehrt immer nur mit Leuten, die mit Sartre verkehren», hat Claude Roy gesagt. Das könnte auch auf mich zutreffen. Ich laufe Gefahr, sie weniger gut zu verstehen, weil ich ihr Schicksal gar nicht mehr in dem Maße teile. Dieser Unterschied hat seinen Ursprung in der Berühmtheit und den materiellen Erleichterungen, die sie mit sich bringt.

In ökonomischer Hinsicht gehöre ich zu den Privilegierten. Seit 1954 verdiene ich mit meinen Büchern viel Geld. 1952 habe ich mir ein Auto und 1955 eine Wohnung gekauft. Ich gehe nicht aus, ich empfange keine Gäste. Getreu den

Aversionen meiner Jugend liebe ich keine Luxuslokale. Ich kleide mich ohne Aufwand, ich esse zuweilen sehr gut, meistens aber nur wenig. Aber das alles bestimme ich nach Belieben und versage mir nichts. Manche Sittenrichter machen mir diesen Wohlstand zum Vorwurf: wohlgemerkt, nur die Vertreter der Rechten. Nie nimmt man in Linkskreisen einem Linken sein Vermögen übel, selbst wenn er Milliardär ist (in Südamerika gibt es linkseingestellte Milliardäre). Man rechnet es ihm hoch an, daß er links steht. Die marxistische Ideologie hat nichts mit der evangelischen Moral zu tun. Sie fordert vom einzelnen weder Askese noch Entbehrungen: Ehrlich gesagt, das Privatleben ist ihr völlig gleichgültig. Die Rechte ist so sehr von der Legitimität ihrer Ansprüche überzeugt, daß ihre Gegner sich in ihren Augen nur durch ein Martyrium rechtfertigen können, und da es wirtschaftliche Interessen sind, die ihr ihre Ansichten diktieren, vermag sie nur schwer zu begreifen, daß die beiden voneinander getrennt sein könnten. Ein Kommunist, der Geld hat, muß in ihren Augen ein Heuchler sein. Schließlich und vor allem ist die Rechte nicht gerade wählerisch in ihren Mitteln, wenn es darum geht, Vertreter der Linken anzugreifen. Das ist so sicher wie das Amen in der Kirche. Ein Kritiker – der sich übrigens bemühte, objektiv zu sein – schrieb, nachdem er *In den besten Jahren* gelesen hatte, ich hätte eine Vorliebe für «verrufene Häuser», weil ich während des Krieges aus Geldmangel in üblen Hotels gewohnt hatte: Was würde er sagen, wenn ich heute in einer Rumpelkammer hauste? Ein bequemer Mantel ist eine Konzession an die Bourgeoisie: Schlampige Kleidung würde als affektiert oder ungehörig gelten. Entweder wirft man einem vor, daß man das Geld verschleudere oder daß man ein Geizhals sei. Außerdem soll sich niemand einbilden, daß es einen goldenen Mittelweg gäbe: Dann würde man ihm beispielsweise nachsagen, daß er kleinlich sei. Es gibt nur eine Lösung: seinen Eingebungen folgen und die Leute reden lassen.

Das bedeutet nicht, daß ich mich frohen Herzens in meine Situation füge. Das peinliche Gefühl, das sich 1946 bei mir eingeschlichen hat, ist nicht verschwunden. Ich weiß, daß ich eine Nutznießerin bin, daß ich vor allem von dem kulturellen Erbe, das man mir mitgegeben hat, und den Möglichkeiten, die es mit sich bringt, profitiere. Ich beute niemanden direkt aus, aber die Käufer meiner Bücher sind lauter Leute, die aus einer auf Ausbeutung beruhenden Wirtschaft Nutzen ziehen. Ich bin die Komplizin der Privilegierten und durch sie kompromittiert: Deshalb habe ich den Algerien-Krieg als eine persönliche Tragödie empfunden. Wenn man in einer ungerechten Welt lebt, hat es keinen Zweck, in Verzweiflung zu versinken oder sich, durch welche Methoden auch immer, von dem Unrecht reinwaschen zu wollen. Dann muß man schon die Welt verändern, und dazu fehlt mir die Kraft. Unter diesen Widersprüchen zu leiden, führt ebenfalls nicht weit. Sie zu vergessen, heißt sich anlügen. Auch in diesem Punkt gebe ich mich, da ich keine Lösung sehe, meinen Stimmungen hin. Aber die Konsequenz meines Verhaltens ist eine recht empfindliche Isolierung! Meine objektive Lage trennt mich vom Proletariat, und die Art, wie ich sie subjektiv sehe, bringt mich in Gegensatz zur Bourgeoisie. Diese relative Zurückgezogenheit kommt mir zustatten, da ich immer zuwenig Zeit habe. Aber sie beraubt mich auch einer gewissen Wärme – die ich in diesen letzten Jahren mit so großer Freude bei den Kundgebungen wiedergefunden habe – und, was für mich noch ernster ist, sie schränkt meine Erfahrungen ein.

Zu diesen Einschränkungen, welche die Kehrseite meiner Chancen sind, kommt noch eine andere, für die ich keine Kompensation gefunden habe. Das Wichtigste, das Unwiederbringlichste, was mir seit 1944 widerfahren ist: Ich bin – wie Zazie – gealtert. Das bedeutet vielerlei. Vor allem hat sich die Welt rund um mich verändert. Sie ist zusammengeschrumpft und enger geworden. Ich kann nicht mehr vergessen, daß die Erdoberfläche ebenso begrenzt ist wie die Zahl ihrer Bewohner, der Pflanzengattungen und Tierarten und ebenso begrenzt wie die Zahl der Gemälde, der Bücher und der Denkmäler. Jedes Element findet seine Erklärung in dieser Gesamtheit und verweist immer wieder auf sich: Auch *sein* Reichtum ist begrenzt. Als wir jung waren, trafen Sartre und ich oft auf Individualitäten, die über uns hinausreichten, das heißt, daß sie sich der Analyse entzogen und in unseren Augen etwas aus der Wunderwelt der Kindheit zurückbehalten hatten. Dieser mysteriöse Kern ist zerfallen, das Pittoreske tot, die Narren kommen mir nicht mehr geheiligt vor, die Massen berauschen mich nicht mehr. Die damals so faszinierende Jugendzeit sehe ich nur noch als Vorspiel der Reife. Die Wirklichkeit interessiert mich noch, aber ihre Nähe erschüttert mich nicht mehr. Die Schönheit allerdings bleibt bestehen. Obwohl sie mir keine verblüffenden Offenbarungen mehr bringt und obwohl die meisten ihrer Geheimnisse erforscht sind, geschieht es zuweilen noch, daß sie die Zeit stillstehen läßt. Oft finde ich sie auch abscheulich. Am Abend nach einem Gemetzel hörte ich mir ein Andante Beethovens an und hielt zornig die Platte an: Hier war zwar das ganze Leid der Welt eingefangen, aber so beherrscht und wunderbar sublimiert, daß seine Existenz berechtigt schien. Fast alle schönen Werke sind von Privilegierten für Privilegierte geschaffen worden, die, auch wenn sie gelitten haben, die Möglichkeit besaßen, ihr Leid auszudrücken. Sie verschleiern den Jammer des nackten Elends. (…) Ich kann wieder Beethoven hören. Aber weder er noch sonst ein Künstler wird mir jemals wieder jenen Eindruck schenken, den ich zuweilen gehabt habe und der mich glauben ließ, an ein Absolutum zu rühren.

Denn heute weiß ich über das Leben der Menschheit Bescheid: Zwei Drittel hungern. Meine Gattung besteht zu zwei Drittel aus Würmern, die, zu schwach, um sich aufzulehnen, von der Geburt bis zum Tod in dumpfer Verzweiflung dahindämmern. Seit meiner Jugend kehren in meinen Träumen stets Gegenstände wieder, die scheinbar leblos sind, aber Leid in sich bergen. Die Zeiger einer Uhr beginnen zu galoppieren, nicht mehr mit Hilfe eines Mechanismus, sondern von einer verborgenen und schrecklichen organischen Zerrüttung angetrieben. Ein Stück Holz blutet unter der Axt: Sekundenlang kommt unter der harten Rinde ein schrecklich verstümmeltes Wesen zum Vorschein. Ich kann diese Albträume in hellwachem Zustand heraufbeschwören, wenn ich an die wandelnden Skelette in Kalkutta denke oder an die kleinen Schläuche mit Menschengesichtern, die unterernährten Kinder. Nur hier spüre ich die Unendlichkeit. Nur hier wird sie mir bewußt, wenn es an allem fehlt: Sie sterben, und nichts anderes war da. Das Nichts erschreckt mich weniger als das absolute Unglück.

Es macht mir keinen Spaß mehr, auf dieser ihrer Wunder beraubten Erde herumzureisen. Wenn man nicht alles erwartet, dann erwartet man nichts mehr. Aber ich würde gern die Fortsetzung unserer Geschichte kennen. Die Jungen sind die künftigen Erwachsenen, sie interessieren mich. Die Zukunft liegt in ihren Händen, und wenn ich in ihren Plänen die meinen wiedererkenne, kommt es mir so vor, als würde mein Leben über das Grab hinaus fortdauern. In ihrer Gesellschaft fühle ich mich wohl. Aber der Trost, den sie mir schenken, ist fragwürdig: Sie stehlen mir diese Welt, indem sie weiterleben. Mykene wird ihnen gehören. Die Provence und Rembrandt und die römischen Stätten werden ihnen gehören. Wie überlegen ist der Lebende! Alle Blicke, die vor meinen Blicken auf der Akropolis geruht haben, kommen mir verjährt vor. In diesen zwanzigjährigen Augen sehe ich mich bereits tot und ausgestopft.

Wen sehe ich vor mir? Altern heißt, sich über sich selbst klarwerden und sich beschränken. Ich habe mich gegen jeden Zwang zur Wehr gesetzt, habe aber nicht verhindern können, daß die Jahre mich eingekerkert haben. Ich werde noch lange in diesen Wänden wohnen, in denen ich mein Leben verbracht habe. Ich werde alten Freunden treu bleiben. Der Vorrat an Erinnerungen wird, auch wenn immer wieder etwas dazu kommt, erhalten bleiben. Ich habe ganz bestimmte Bücher und keine anderen geschrieben. Dabei finde ich es verwirrend, daß ich der Zukunft entgegengelebt habe und jetzt meine Vergangenheit rekapituliere: Man könnte sagen, die Gegenwart sei mir abhanden gekommen. Jahrelang habe ich geglaubt, daß mein Werk vor mir liege, und plötzlich liegt es nun hinter mir: In keinem Augenblick hat es stattgefunden. Das ähnelt dem, was man in der Mathematik einen Schnitt nennt, die Zahl, die in keiner der beiden Serien Platz findet, welche sie voneinander trennt. Ich habe studiert, um eines Tages mein Wissen anzuwenden, habe dann unheimlich viel vergessen, und mit dem, was übriggeblieben ist, weiß ich nichts anzufangen. Wenn ich über die Geschichte meines Lebens nachdenke, befinde ich mich immer diesseits oder jenseits einer nie vollendeten Sache. Nur meine Gefühle habe ich in ihrer ganzen Fülle erlebt.

Immerhin hat der Schriftsteller die Chance, in dem Augenblick, da er schreibt, der Versteinerung zu entgehen. Mit jedem neuen Buch setze ich einen neuen Anfang. Ich zweifle, ich verliere den Mut, die Arbeit vergangener Jahre ist weggewischt, meine Skizzen sind so unbrauchbar, daß es mir unmöglich erscheint, das Vorhaben zu Ende zu führen: bis zu dem Moment, der ungreifbar ist (auch hier haben wir wieder eine Zäsur) – da es unmöglich wird, es nicht zu Ende zu führen. Jede Seite, jede Wendung erfordert einen neuen Einfall, einen beispiellosen Entschluß. Die schöpferische Tätigkeit ist Abenteuer, ist Jugend und Freiheit.

Aber sowie ich den Arbeitstisch verlasse, ballt sich hinter mir die verstrichene Zeit zusammen. Ich muß an andere Dinge denken und stoße plötzlich auf mein Alter. Diese überreife Frau ist meine Zeitgenossin. Ich erkenne dieses Jungmädchengesicht wieder, das auf einer alten Haut haftengeblieben ist. Dieser weißhaarige Herr, der einem meiner Großonkel ähnlich sieht, erinnert mich lächelnd daran, daß wir zusammen im Jardin du Luxembourg gespielt haben. «Sie erinnern mich an meine Mutter», sagte eine dreißigjährige Frau zu mir. An allen Ecken springt mir die Wahrheit ins Gesicht, und ich verstehe nicht recht, warum sie es darauf anlegt, mich von außen zu packen, während sie doch in mir steckt.

Das Alter: Von weitem hält man es für eine Institution, aber es sind junge Menschen, die plötzlich alt geworden sind. Eines Tages habe ich mir gesagt: «Ich bin vierzig Jahre alt.» Als ich mich von diesem Staunen erholt hatte, war ich fünfzig. Die Betroffenheit, die mich damals überfiel, hat sich nicht gegeben.

Ich kann es nicht glauben. Wenn ich meinen Namen gedruckt sehe, erzählt er von einer jungen Frau, und diese junge Frau bin ich. Oft träume ich nachts, daß ich vierundfünfzig Jahre alt bin und daß ich, wenn ich die Augen aufschlage, dreißig bin. «Was hatte ich doch für einen fürchterlichen Albtraum!» sagt sich dann die im Traum erwachende Frau. Bevor ich in die Wirklichkeit zurückkehre, setzt sich manchmal ein riesiges Tier auf meine Brust: «Es ist wahr! Der Albtraum, älter als fünfzig zu sein, ist die Wahrheit!» Wie kann etwas, das weder Form noch Inhalt hat, wie kann die Zeit mich mit einem so schweren

Gewicht belasten, daß ich keine Luft mehr bekomme? Wie kann etwas, das nicht existiert, wie die Zukunft, sich so unbarmherzig errechnen lassen? Mein zweiundsiebzigster Geburtstag liegt mir ebenso nahe wie der Tag der Befreiung.

Um mich davon zu überzeugen, brauche ich mich nur vor den Spiegel zu stellen. Mit vierzig Jahren überlegte ich mir eines Tages: «In den Tiefen des Spiegels lauert das Alter. Und das Verhängnisvolle daran ist, daß es mich überrumpeln wird.» Es hat mich überrumpelt. Oft halte ich bestürzt vor diesem unglaublichen Ding inne, das mir als Gesicht dient. Ich begreife die Castiglione, die alle Spiegel zerschlagen hat. Ich schien mir wenig aus meinem Aussehen zu machen, genauso wie die Leute, die mit Appetit essen und sich wohl fühlen, ihren Magen vergessen. Solange ich mein Gesicht ohne Mißfallen betrachten konnte, vergaß ich es, es verstand sich von selbst. Jetzt ist alles vorbei. Ich hasse mein Spiegelbild: über den Augen die Lider wie eine Mütze, unterhalb der Augen die Tränensäcke, das Gesicht zu voll, und um den Mund der traurige Zug, der Falten macht. Die Menschen, die mir begegnen, sehen vielleicht nur eine Fünfzigjährige, die weder gut noch schlecht erhalten ist. Sie hat eben das Alter, das sie hat. Ich aber sehe meinen früheren Kopf, den eine Seuche befallen hat, von der ich nicht mehr genesen werde.

Sie greift auch auf das Herz über. Ich habe die Fähigkeit verloren, das Licht von der Finsternis zu scheiden, mir um den Preis einiger Wirbelstürme einen strahlenden Himmel zu sichern. Meine Revolten sind durch das nahe Ende und die Unvermeidlichkeit des Verfalls gedämpft. Aber auch meine glücklichen Stunden sind blasser geworden. Der Tod ist nicht mehr ein brutales Abenteuer in weiter Ferne, er verfolgt mich in den Schlaf hinein. Beim Erwachen spüre ich seinen Schatten zwischen der Welt und mir: Das Sterben hat schon begonnen. Das hatte ich nicht vorausgesehen – daß es so früh beginnt und daß es so weh tut. Vielleicht wird der Tod nicht allzu schmerzlich sein, nachdem alles mich verlassen hat und das Dasein, auf das ich nicht verzichten wollte, mein Dasein, kein Dasein mehr sein wird, überhaupt nichts mehr sein wird und sich mit Gleichmut wird wegfegen lassen. Eine nach der anderen werden die Bindungen brüchig werden, die mich auf der Erde zurückhalten, eine nach der anderen werden sie zerreißen.

Jetzt ist der Augenblick gekommen, um zu sagen: Nie mehr! Nicht ich trenne mich von meinem früheren Glück, sondern das Glück ist es, das sich von mir trennt. Die Gebirgswege versagen sich meinem Fuß. Ich werde nie mehr trunken vor Müdigkeit in das duftende Heu sinken. Ich werde nie mehr einsam über den morgendlichen Schnee gleiten. Nie mehr ein Mann. Jetzt hat meine Phantasie ebenso entschieden ihren Entschluß gefaßt wie mein Körper. Trotz allem ist es seltsam, keinen Körper mehr zu haben, und es gibt Augenblicke, da dieses bizarre Phänomen mir durch seinen endgültigen Charakter das Blut in den Adern erstarren läßt. Die Gewißheit, daß ich nie mehr neue Begierden in mir spüren werde, ist noch schmerzlicher als der Verzicht: In der dünnen Luft, in der ich von nun an lebe, verwelken sie, noch bevor sie aufblühen. Früher glitten die Tage ohne Hast dahin, ich war schneller als sie, weil meine Pläne mich fortrissen. Jetzt tragen mich die allzu kurzen Stunden mit abgetrennten Zügeln meinem Grab entgegen. Ich denke nicht gern daran: in zehn Jahren, in einem Jahr. Die Erinnerungen verblassen, die Mythen zerbröckeln, die Pläne ersticken im Keim. Ich bin da, und die Dinge sind da. Wenn dieses Schweigen von Dauer ist, wird mir meine kurze Zukunft lang werden!

Und was bringt sie für Gefahren … Das einzig Neue und Bedeutsame, das mir widerfahren könnte, wäre das Unglück: daß ich Sartre tot daliegen sehe oder daß ich vor ihm sterbe. Es ist furchtbar, nicht da zu sein, um jemanden über den Schmerz hinwegtrösten zu können, den man ihm durch sein Weggehen zugefügt hat. Es ist furchtbar, daß er einen verläßt und schweigt. Wenn ich nicht unwahrscheinliches Glück habe, wird mir eines dieser Schicksale beschieden sein. Manchmal wünsche ich mir, daß das Ende bald kommen möge, um diese Angst zu verkürzen.

Manchmal ist mir der Gedanke, mich ins Nichts aufzulösen, genauso abscheulich wie früher. Voller Melancholie denke ich an all die Bücher, die ich gelesen, an all die Orte, die ich besucht habe, an das Wissen, das sich angehäuft hat und das nicht mehr da sein wird. Die ganze Musik, die ganze Malerei, die ganze Kultur, so viele Bindungen: plötzlich bleibt nichts mehr. Es ist kein Honig, niemand kann sich davon ernähren. Wenn man meine Bücher liest, wird der Leser bestenfalls denken: Sie hat aber viel gesehen! Aber dieses einzigartige Ganze, meine persönlichen Erfahrungen mit ihrer Folgerichtigkeit und ihren Zufällen – die Pekinger Oper, die Stierkampfarenen von Huelva, der *candomblé* von Bahia, die Dünen von El Oued, die Wabansia Avenue, die Morgendämmerung der Provence, Tirynthos, Castro, der zu 500 000 Kubanern spricht, ein schwefelgelber Himmel über einem Wolkenmeer, die purpurroten Buchen, die weißen Nächte von Leningrad, die Glocken der Befreiung, ein orangefarbener Mond über dem Piräus, eine rote Sonne, die über der Wüste aufgeht, Torcello, Rom, all die Dinge, von denen ich erzählt habe, andere, die ich verschwiegen habe – das alles wird niemals wieder auferstehen. Wenn ich wenigstens die Erde bereichert, wenn ich etwas geschaffen hätte … was denn? Einen Hügel? Eine Rakete? Aber nein. Nichts wird stattgefunden haben. Ich sehe die Haselstrauchhecke vor mir, durch die der Wind fuhr, und höre die Versprechungen, mit denen ich mein Herz berauschte, als ich diese Goldmine zu meinen Füßen betrachtete, ein ganzes Leben, das vor mir lag. Sie wurden erfüllt. Aber wenn ich jetzt einen ungläubigen Blick auf dieses leichtgläubige junge Mädchen werfe, entdecke ich voller Bestürzung, wie sehr ich geprellt worden bin.

Eine Art Geheimnis

[Das Alter]

Zu der Zeit, da Buddha noch als Prinz Siddharta von seinem Vater in einem herrlichen Palast festgehalten wurde, entwischte er manchmal und fuhr im Wagen in der Umgebung spazieren. Bei seinem ersten Ausflug begegnete ihm ein gebrechlicher Mann, zahnlos, voller Falten, weißhaarig, gebeugt, auf einen Stock gestützt, zittrig und brabbelnd. Er staunte, und der Kutscher erklärte ihm, was ein Greis ist. «Was für ein Unglück», rief der Prinz aus, «daß die schwachen und unwissenden Menschen, berauscht vom Stolz der Jugend, das Alter nicht sehen. Laß uns schnell wieder nach Hause fahren. Wozu all die Spiele und Freuden, da ich doch die Wohnstatt des künftigen Alters bin.»

Buddha erkannte in einem Greis sein eigenes Schicksal, weil er, geboren, um die Menschen zu retten, ihr Los uneingeschränkt auf sich nehmen wollte. Darin unterschied er sich von ihnen: Die Menschen verdrängen, was ihnen mißfällt. Und besonders das Alter. Amerika hat das Wort *Tote* aus seinem Vokabular gestrichen: Man spricht von *lieben Dahingegangenen*; ebenso vermeidet man jeden Hinweis auf hohes Alter. Auch im heutigen Frankreich ist dieses Thema geächtet. Als ich am Schluß meines Buches *Der Lauf der Dinge* gegen dieses Tabu verstieß, welch ein Zetergeschrei löste ich da aus! Zuzugeben, daß ich an der Schwelle des Alters stand, hieß, daß es allen Frauen auflauerte, daß es viele schon ereilt hatte. Freundlich oder erbost sagten mir viele Leute, vor allem ältere, bis zum Überdruß, es gäbe kein Alter. Es gäbe lediglich mehr oder weniger junge Leute, das sei alles. Für die Gesellschaft ist das Alter eine Art Geheimnis, dessen man sich schämt und über das zu sprechen sich nicht schickt. Über die Frau, das Kind, den Jugendlichen gibt es auf allen Gebieten eine reiche Literatur; doch Hinweise auf das Alter sind, außer in Spezialwerken, sehr selten. Der Verfasser eines Zeichentrickfilms mußte eine ganze Serie noch einmal machen, weil unter seinen Personen ein Großelternpaar vorkam: «Streichen Sie die Alten!», befahl man ihm. Wenn ich sagte, daß ich an einem Essay über das Alter arbeite, riefen die meisten: «Was für eine Idee! ... Aber Sie sind doch nicht alt! ... So ein tristes Thema ...»

Und das ist der Grund, weshalb ich dieses Buch schreibe: um die Verschwörung des Schweigens zu brechen. Die Konsumgesellschaft, so schreibt Marcuse, hat das unglückliche Bewußtsein durch ein glückliches Bewußtsein ersetzt und verwirft jedes Schuldgefühl. Sie muß aus ihrer Ruhe gerissen werden. Denn gegenüber den alten Menschen ist sie nicht nur schuldig, sondern kriminell. Verschanzt hinter den Mythen des Wirtschaftswachstums und des Überflusses, behandelt sie die Alten wie Parias. In Frankreich, das den höchsten Prozentsatz an Alten auf der Welt hat – 12 % der Bevölkerung sind älter als 65 Jahre –, sind sie verurteilt zu Armut, Einsamkeit, Krankheit, Verzweiflung. In den USA ist ihr Los nicht besser. Um diese Barbarei mit der humanistischen Moral in Einklang zu bringen, die die herrschende Klasse im Munde führt, befleißigt sie sich der bequemen Haltung, die Alten nicht als Menschen anzusehen; wenn man ihre Stimme hörte, müßte man erkennen, daß es eine menschliche Stimme ist; ich werde meine Leser zwingen, sie zu hören. Ich werde beschreiben, in welcher Lage sie sich befinden und wie sie leben; ich werde sagen, was – entstellt von Lügen, Mythen, Klischees der bürgerlichen Kultur – wirklich in ihren Köpfen und Herzen vorgeht.

Übrigens verhält sich die Gesellschaft ihnen gegenüber sehr doppelzüngig. Im Allgemeinen sieht sie das Alter nicht als deutlich nach Jahren abgegrenzte Klasse. Die

Pubertätskrise ermöglicht es, zwischen Jugendlichen und Erwachsenen eine Demarkationslinie zu ziehen, die nur in engen Grenzen willkürlich sein kann: Mit 18, mit 21 Jahren werden die Jungen in die Gesellschaft der Menschen aufgenommen. Fast immer begleiten Übergangsriten diesen Aufstieg. Hingegen ist der Zeitpunkt, wann das Alter beginnt, schlecht definiert, er wechselt je nach Zeit und Ort. Man findet nirgends ‹Übergangsriten› die einen neuen Status herstellen. (Die Feste, die in einigen Gesellschaften anläßlich des 60. oder 80. Geburtstages gefeiert werden, haben nicht den Charakter einer Einweihung.) Im staatlichen Leben behält der Mensch bis an sein Ende die gleichen Rechte und Pflichten. Das Bürgerliche Gesetzbuch macht keinerlei Unterschied zwischen einem Hundertjährigen und einem Vierzigjährigen. Die Juristen gehen davon aus, daß die alten Menschen, abgesehen von pathologischen Fällen, strafrechtlich die gleiche Verantwortung tragen wie die jungen. Praktisch behandelt man sie nicht als eine eigene Kategorie, und im übrigen würden sie es gar nicht wollen; es gibt Bücher, Veröffentlichungen, Filme, Fernseh- und Radiosendungen eigens für Kinder und Erwachsene: für Alte nicht. Auf allen diesen Gebieten setzt man sie den jüngeren Erwachsenen gleich. Urteilt man jedoch über ihren wirtschaftlichen Status, so scheint man anzunehmen, sie gehörten einer fremden Gattung an: Offenbar haben sie weder die gleichen Bedürfnisse noch die gleichen Gefühle wie die anderen Menschen, wenn es genügt, ihnen ein erbärmliches Almosen zu geben, um sich ihnen gegenüber quitt zu fühlen. Diese bequeme Selbsttäuschung sanktionieren die Wirtschaft und die Gesetzgebung, wenn sie darüber klagen, welche Last die Nicht-Aktiven für die Aktiven darstellen: als ob diese nicht selber künftige Nicht-Aktive wären und als ob sie nicht ihre eigene Zukunft sicherten, indem sie die Sorge für die alten

Menschen gesetzlich verankern. Die Gewerkschaften geben sich hier keinen Illusionen hin: Wenn sie ihre Forderungen erheben, weisen sie dem Problem der Altersversorgung stets breiten Raum zu.

Die Alten, die keinerlei wirtschaftliche Kraft darstellen, haben nicht die Mittel, ihre Rechte durchzusetzen: Das Interesse der Ausbeuter geht dahin, die Solidarität zwischen den Arbeitenden und den Unproduktiven zu brechen, so daß diese von niemandem mehr vertreten werden. Die Mythen und Klischees, die das bürgerliche Denken in Umlauf setzt, zielen darauf ab, den Alten als einen *anderen* zu zeigen. «Aus Jugendlichen, die eine ausreichende Anzahl von Jahren überdauern, macht das Leben Greise», sagt Proust; sie behalten die Vorzüge und Fehler jenes Menschen, der sie ja weiterhin sind. Und das will die öffentliche Meinung nicht wahrhaben. Wenn die Alten die gleichen Wünsche, die gleichen Gefühle, die gleichen Rechtsforderungen wie in der Jugend bekunden, schockieren sie; bei ihnen wirken Liebe, Eifersucht widerwärtig oder lächerlich, Sexualität abstoßend, Gewalttätigkeit lachhaft. Sie müssen ein Beispiel für alle Tugenden geben. Vor allem fordert man von ihnen heitere Gelassenheit; man behauptet einfach, sie besäßen sie, was einem erlaubt, gleichgültig über ihr Unglück hinwegzusehen. Weichen sie von dem erhabenen Bild ab, das man ihnen aufnötigt, nämlich dem des Weisen mit einem Heiligenschein weißer Haare, reich an Erfahrung und verehrungswürdig, hoch über dem menschlichen Alltag stehend – so fallen sie tief darunter: Diesem Bild steht das des alten Narren gegenüber, der dummes Zeug faselt und den die Kinder verspotten. Auf jeden Fall stehen die Alten, sei es dank ihrer Tugend, sei es durch ihre Erniedrigung, außerhalb der Menschheit. Man kann ihnen also, ohne Skrupel, jenes Minimum verweigern, das man für ein menschenwürdiges Dasein als unerläßlich erachtet.

Wir gehen in dieser Verfemung so weit, daß wir sie sogar gegen uns selbst anwenden. Wir lehnen es ab, uns in dem Greis zu erkennen, der wir einmal sein werden: «Unter allen Realitäten ist es (das Alter) vielleicht diejenige, von der wir im Leben am längsten eine rein abstrakte Vorstellung bewahren», schrieb Proust ganz richtig. Alle Menschen sind sterblich; daran denken sie. Viele von ihnen werden alt: Diese Veränderung zieht fast niemand im Voraus in Betracht. Nichts sollte erwartungsgemäßer eintreten, aber nichts kommt unvorhergesehener als das Alter. Wenn man die Jungen nach ihrer Zukunft fragt, dann lassen sie, vor allem die jungen Mädchen, ihr Leben spätestens mit 60 Jahren enden. Manche sagen: «Ich werde nicht so alt, ich sterbe vorher.» Und einige sogar: «Ich bringe mich vorher um.» Der Erwachsene verhält sich so, als ob er nie alt würde. Oft ist der Arbeitende verblüfft, wenn die Stunde der Pensionierung schlägt: Das Datum stand seit langem fest, er hätte sich darauf vorbereiten können. Doch in Wirklichkeit war ihm dieses Wissen bis zum letzten Augenblick fremd geblieben – es sei denn, das Thema ist ein ernstliches Politikum.

Zu gegebener Zeit, und schon wenn man sich ihm nähert, zieht man das Alter gewöhnlich dem Tod vor. Dennoch sehen wir diesen auf weite Sicht klarer vor uns. Der Tod ist eine unserer unmittelbaren Möglichkeiten, er bedroht uns in jedem Alter; gelegentlich streift er uns, oft haben wir Angst vor ihm. Dagegen wird man nicht von einem Augenblick zum anderen alt. Jung oder in der Blüte der Jahre, denken wir nicht wie Buddha daran, daß das künftige Alter schon in uns wohnt: Es ist durch eine so lange Zeitspanne von uns getrennt, daß es in unseren Augen mit der Ewigkeit verschmilzt; diese ferne Zukunft erscheint uns irreal. Und außerdem sind die Toten *nichts*; man mag einen metaphysischen Schauder vor diesem Nichts empfinden, aber in gewisser Weise beruhigt es, es stellt kein Problem dar. «Ich werde nicht mehr sein»: Ich bewahre meine Identität bei diesem Verschwinden. (Diese Identität ist jenen um so mehr garantiert, die eine unsterbliche Seele zu besitzen glauben.) Wenn ich mit 20, mit 40 Jahren an mein Alter denke, dann sehe ich mich als jemand anderen. In jeder Metamorphose liegt etwas Erschreckendes. Als Kind war ich bestürzt, ja sogar entsetzt, als mir klar wurde, daß ich mich eines Tages in einen Erwachsenen verwandeln würde. Aber der Wunsch, man selbst zu bleiben, wird in jungen Jahren im allgemeinen kompensiert durch die erheblichen Vorteile, die das Erwachsensein mit sich bringt. Wohingegen das Alter wie ein Unglück erscheint: Selbst bei Leuten, die als «gesund und rüstig» gelten, springt der körperliche Verfall ins Auge. Denn beim Menschen sind die Veränderungen, die das Alter hervorruft, am auffallendsten. Tiere werden mager, schwach, aber sie machen keine Metamorphose durch. Wir hingegen schon. Es schnürt einem das Herz zusammen, wenn man neben einer schönen jungen Frau ihren Abglanz im Spiegel der Zukunft sieht: ihre Mutter. Die indischen Nambikwara, berichtet Lévi-Strauss, haben nur ein Wort, um «jung und schön» auszudrücken, und auch nur eines für «alt und häßlich». Vor dem Bild, das die alten Leute uns von unserer eigenen Zukunft zeigen, stehen wir ungläubig; eine Stimme in uns flüstert uns widersinnigerweise zu, daß uns dies nicht widerfährt: Das sind nicht mehr wir, wenn es eintritt. Ehe es nicht über uns hereinbricht, ist das Alter etwas, das nur die anderen betrifft. So kann man auch verstehen, daß es der Gesellschaft gelingt, uns daran zu hindern, in den alten Menschen unseresgleichen zu sehen.

Hören wir auf, uns selbst zu belügen; der Sinn unseres Lebens ist in Frage gestellt durch die Zukunft, die uns erwartet; wir wissen nicht, wer wir sind, wenn wir nicht wissen, wer wir sein werden: Erkennen wir uns in diesem alten Mann, in jener alten Frau. Das ist unerläßlich, wenn wir unsere menschliche Situation als Ganzes akzeptieren wollen. Dann werden wir das Unglück des Alters nicht mehr gleichgültig hinnehmen, wir werden uns betroffen fühlen: wir sind es. Eklatant liegt das System der Ausbeutung bloß, in dem wir leben. Der Greis, der unfähig ist, selbst für seine Bedürfnisse aufzukommen, stellt immer eine Bürde dar. Aber in Gesellschaften, in denen eine gewisse Gleichheit herrscht – in einer ländlichen Gemeinschaft, bei einigen primitiven Volkern –, weiß der reife Mensch, auch wenn er es nicht wahrhaben möchte, daß seine Stellung morgen jene sein wird, die er heute dem Alten zuweist. Das ist der Sinn des Grimmschen Märchens, das in abgewandelter Form in fast allen Landstrichen vorkommt: Ein Bauer läßt seinen alten Vater abseits von der Familie aus einem kleinen Holznapf essen; er überrascht seinen Sohn, wie er Hölzchen zusammenträgt: «Das ist für dich, wenn du alt bist», sagt das Kind. Sofort hat der Großvater seinen Platz am gemeinsamen Tisch wieder. Die aktiven Mitglieder der Gemeinschaft erfinden Kompromisse zwischen ihrem langfristigen und ihrem unmittelbaren Interesse. So zwingt die Knappheit der Nahrung manche primitiven Völker, ihre alten Eltern zu töten, auch auf die Gefahr hin, später das gleiche Schicksal zu erleiden. In weniger extremen Fällen mildern Vorsorge und Kindesliebe den Egoismus. In der kapitalistischen Welt spielt das langfristige Interesse keine Rolle mehr: Die Privilegierten, die über das Schicksal der Masse entscheiden, fürchten nicht, es einmal teilen zu müssen. Was humanitäre Gefühle angeht, so treten sie, trotz scheinheiliger Lippenbekenntnisse, kaum noch auf. Die Wirtschaft beruht auf Profit, ihm ist praktisch die ganze Zivilisation untergeordnet: Für das Menschenmaterial interessiert man sich nur insofern, als es etwas einbringt. Danach wirft man es weg. «In einer sich wandelnden Welt, in der die Lebensdauer von Maschinen nur sehr kurz ist, dürfen die Menschen nicht allzu lange arbeiten. Alles, was 55 Jahre überschreitet, muß ausgeschaltet werden», sagte kürzlich Dr. Leach, Anthropologe aus Cambridge, auf einem Kongreß.

Das Wort ‹ausgeschaltet› macht deutlich, was das heißt. Man macht uns weis, der Ruhestand wäre die Zeit der Freiheit und Muße; Dichter priesen einst «die Wonnen des Hafens». Das sind schamlose Lügen. Die Gesellschaft zwingt der überwiegenden Mehrheit der Alten einen so erbärmlichen Lebensstandard auf, daß der Ausdruck «arm und alt» fast ein Pleonasmus ist; umgekehrt sind die meisten Bedürftigen Alte. Der Ruhestand eröffnet dem Pensionierten keine neuen Möglichkeiten; in dem Augenblick, da der Mensch endlich befreit ist von den Zwängen, nimmt man ihm die Mittel, seine Freiheit zu gebrauchen. Er ist dazu verurteilt, in Einsamkeit und Langeweile dahinzuvegetieren, ein purer Nichtsnutz. Daß ein Mensch während der letzten 15 oder 20 Jahre seines Lebens nur noch Ausschuß ist, offenbart das Scheitern unserer Zivilisation. Dieser Sachverhalt würde uns die Kehle zusammenschnüren, wenn wir die Alten als Menschen, die ein Leben als Mensch hinter sich haben, ansähen und nicht als wandelnde Leichname. Jene, die unser verstümmelndes System anprangern, müßten diesen Skandal aufdecken. Nur wenn man seine Anstrengungen auf das Schicksal der am meisten Benachteiligten konzentriert, vermag man eine Gesellschaft zu erschüttern. Gandhi hat die Stellung der Parias als Angriffspunkt genommen, um das Kastensystem zu zerschlagen; das kommunistische China hat die Frau emanzipiert, um die feudalistische Familienstruktur aufzubrechen. Die Forderung, daß Menschen im Alter Menschen bleiben müssen, würde eine radikale Umwälzung implizieren. Aber unmöglich ist dieses Ergebnis durch ein paar begrenzte Reformen zu erreichen, die das System unangetastet lassen: die Ausbeutung der Arbeiter, die Atomisierung der Gesellschaft, das Elend einer Kultur, die einem Mandarinat vorbehalten ist – das alles führt zu diesem entmenschlichten Alter. Und es zeigt, daß alles neu zu regeln ist, von Anfang an. Deshalb wird dieses Problem so beflissentlich mit Schweigen übergangen; deshalb ist es nötig, dieses Schweigen zu brechen: Ich bitte meine Leser, mir dabei zu helfen. (...)

Vorzeitig sterben oder altern – eine andere Wahl haben wir nicht. Und dennoch überkommt uns das Alter überraschend, so hat es auch Goethe empfunden. Jeder ist für sich das einzige Subjekt, und oft wundert man sich, wenn das allgemeine Schicksal – Krankheit, Trennung, Trauer – zum eigenen wird. Ich erinnere mich noch an mein Erstaunen, als ich zum ersten Mal in meinem Leben ernstlich krank wurde und mir sagte: «Diese Frau, die man da auf der Trage transportiert, bin ich.» Indes vermögen wir die unvorhersehbaren Unglücksfälle leicht in unsere Lebensgeschichte einzubeziehen, da sie uns in unserer Eigenart betreffen; das Alter hingegen ist schicksalhaft, und wenn es sich unseres eigenen Lebens bemächtigt, sind wir bestürzt. «Was ist denn geschehen? Das Leben – und ich bin alt geworden», schreibt Aragon. Daß das Verstreichen der Zeit schließlich auch zu einer persönlichen Veränderung geführt hat – das bringt uns aus der Fassung. Schon mit 40 Jahren konnte ich es nicht glauben, wenn ich mir, vor einem Spiegel stehend, sagte «Ich bin 40 Jahre alt». Das Kind und der Jugendliche leben wirklich ihr Alter; all die Verbote und Pflichten, denen sie unterworfen sind, das Benehmen anderer ihnen gegenüber, lassen es sie nie vergessen. Als Erwachsene denken wir kaum daran; die Vorstellung scheint für uns nicht zu gelten. Sie setzt voraus, daß man sich der Vergangenheit zuwendet und sich Rechenschaft ablegt, während wir, der Zukunft zugewandt, unmerklich von einem Tag zum andern, von einem Jahr zum andern gleiten. Das Alter ist besonders schwer zu bewältigen, weil wir es immer als etwas Fremdes betrachtet haben: Bin ich denn wirklich eine andere geworden, da ich doch ich selbst blieb?

«Gar kein Problem», bekomme ich zu hören, «solange Sie sich jung fühlen, sind Sie es auch.» Das aber bedeutet, die komplexe Wahrheit des Alters zu verkennen: Das Alter ist ein dialektischer Bezug zwischen meinem Sein in den Augen anderer, so wie es sich objektiv darstellt, und dem Bewußtsein meiner selbst, das ich durch das Alter gewinne. Es ist der andere in mir, der alt geworden ist, das heißt jener, der ich für die anderen bin: Und dieser andere – bin ich. Gewöhnlich erscheint unser Sein den anderen so vielfältig, wie diese selbst sind. Jede Meinung über uns kann im Namen eines anderen Urteils verworfen werden. In diesem Fall aber ist kein Widerspruch erlaubt: Der Begriff ‹ein Sechziger› hat für alle dieselbe Bedeutung. Er bezeichnet biologische Erscheinungen, die eine ärztliche Untersuchung bestätigen würde. Unsere persönliche Erfahrung hingegen zeigt uns die Zahl unserer Jahre nicht an. Keine körperliche Empfindung enthüllt uns die Regressionsvorgänge des Alterns. Das ist eines der Merkmale, durch die sich Alter und Krankheit voneinander unterscheiden. Die Krankheit macht sich bemerkbar, und der Organismus wehrt sich gegen sie auf eine Weise, die manchmal sogar schädlicher ist als die Ursache; die Krankheit tritt für das Individuum, das sie befällt, klarer zutage als für die Umgebung, die oft die Schwere des Leidens verkennt. Das Alter hingegen ist offensichtlicher für die anderen als für den Betroffenen selbst; es ist ein neuer Zustand des biologischen Gleichgewichts: Geht die Anpassung ohne Schwierigkeiten vonstatten, so merkt der alternde Mensch kaum etwas davon. Die ‹Montagen›, die Gewohnheiten gestatten es, die psychomotorischen Mängel lange Zeit zu überspielen. (...)

Umgekehrt kann es geschehen, daß Unpäßlichkeiten, die mit dem Altersprozeß zusammenhängen, kaum wahrgenommen und schweigend übergangen werden. Man hält sie für harmlose und heilbare Störungen. Man muß sich bereits seines Alters bewußt sein, um die körperlichen Anzeichen deuten zu können. Und selbst dann hilft uns das nicht immer, uns mit unserem Zustand innerlich vertraut zu machen. Rheumatismus und Arthritis sind Folgen des Alterns, das wissen wir; und doch bringen wir es nicht fertig, in ihnen einen neuen Status zu erkennen. Wir bleiben, was wir waren, nur daß wir nun außerdem Rheumatismus haben. (...)

Es ist – da es der andere in uns ist, der alt ist – ganz normal, daß wir durch andere Menschen zur Erkenntnis unseres Alters gelangen. Gern gestehen wir es nicht ein: «Jeder fährt zusammen, wenn er das erste Mal hört, daß er als alt bezeichnet wird», bemerkt O. W. Holmes. Ich erschrak im Alter von 50 Jahren, als eine amerikanische Studentin mir von dem Ausruf einer Kommilitonin berichtete: «Was, Simone de Beauvoir ist schon so alt!» Eine ganze Tradition hat dieses Wort mit einem herabsetzenden Sinn beladen, es klingt wie eine Beleidigung. Deshalb reagiert man, wenn man als alt angesprochen wird, oft zornig. Madame de Sévigné war äußerst gereizt, als sie in einem Brief der Madame de La Fayette, die sie überreden wollte, nach Paris zurückzukehren, die Worte las: «Sie sind nun alt.» Sie beklagte sich bei ihrer Tochter darüber am 30. November 1689: «Denn ich merke mir keinerlei Verfall an, der mich daran erinnerte. Indes stelle ich des öfteren Überlegungen und Berechnungen an, und ich finde die Umstände des Lebens ziemlich hart. Mir will scheinen, ich sei wider meinen

Willen bis zu jenem schicksalhaften Punkt geschleift worden, da man sich in das Alter ergeben muß. Ich sehe es vor mir, und da stehe ich nun und wollte, ich könnte zum wenigsten bewerkstelligen, daß ich nicht viel weiter gehen, nicht zu weit voranschreiten muß auf dem Weg der Gebrechlichkeit, der Schmerzen, der Gedächtnisschwächen, der körperlichen Entstellungen, die im Begriffe sind, mich zu verhöhnen, und ich höre eine Stimme sagen: ‹Du mußt weitergehen, ob du willst oder nicht, du mußt sterben›, was ein Äußerstes ist, gegen welches die Natur sich sträubt. Doch das ist nun einmal das Los alles dessen, das ein wenig zu viel voranschreitet.»

Mit 68 Jahren antwortet Casanova einem Korrespondenten, der ihn mit «verehrungswürdiger Greis» angeredet hat, geradeheraus: «Ich bin noch nicht in dem miserablen Alter angelangt, in dem man keinen Anspruch mehr auf das Leben erheben kann.»

Ich bin mehrfach Frauen begegnet, die das unangenehme Bewußtsein ihres Alters einer Erfahrung verdankten, ähnlich jener, von der Marie Dormoy Léautaud berichtete: Ein Mann war ihr, von ihrer jugendlichen Figur getäuscht, auf der Straße nachgegangen; als er sie überholte, sah er ihr Gesicht, und statt sie anzureden, eilte er an ihr vorbei.

Wir sehen unsere Nächsten *sub specie aeternitatis*, und die Entdeckung, daß sie alt sind, versetzt uns deshalb einen Schlag. Man denke an den Schock, den Proust empfand, als er unvermittelt in ein Zimmer trat und dort an Stelle seiner Großmutter, die für ihn kein Alter besaß, eine uralte Frau gewahrte. Bei einer Reise vor dem Krieg verkündete uns ein Freund von Sartre, der uns begleitete, eines Tages, als er in den Speisesaal eines Hotels trat: «Ich habe gerade euren Freund Pagniez in Begleitung einer alten Dame getroffen.» Wir waren sprachlos; Madame Lemaire war uns noch nie wie eine alte Dame vorgekommen – sie war eben einfach Madame Lemaire. Der Blick eines Freundes verwandelte sie in eine andere. Ich habe geahnt, daß mir die Zeit auch noch oft genug einen Streich spielen würde. Noch peinlicher ist die Überraschung, wenn es sich um gleichaltrige Leute handelt. Jeder von uns macht diese Erfahrung: Man begegnet jemandem, den man kaum wieder erkennt und der uns seinerseits betroffen ansieht. Man sagt sich: Wie hat er sich verändert – wie muß ich mich verändert haben! Léautaud schreibt am 25. Februar 1945, als er von einer Beerdigung heimkehrt, das Schrecklichste sei «der Anblick jener Leute, die man kennt, die man seit fünf oder sechs Jahren nicht mehr gesehen hat, die man nicht nach und nach älter werden sah – was man auf diese Weise auch kaum bemerkt hätte – und die man nun plötzlich um fünf oder sechs Jahre gealtert wieder sieht. Was für ein Anblick und welchen Anblick muß man im übrigen selber bieten!» Und das Erstaunen, das einen erfaßt, wenn man sich gewisse Fotografien wieder ansieht! Ich konnte mich nur mit Mühe an den Gedanken gewöhnen, daß meine frühere Studienfreundin vom Cours Désir, die ich immer ihrer Siege bei den Golfmeisterschaften und ihrer Ungezwungenheit wegen bewundert hatte, nicht jene junge triumphierende Sportlerin auf dem Foto war – nun ihrerseits Golfmeisterin –, sondern die alte, weißhaarige Dame, die neben ihr stand, die Mutter. (…)

Eines Tages wohnte ich in Rom einer Verwandlung im umgekehrten Sinne bei: Eine hoch gewachsene Amerikanerin in den Sechzigern nahm in dem Terrassencafé, wo ich saß, Platz und unterhielt sich mit einer Freundin; plötzlich lachte sie hellauf. Es war das Lachen einer jungen Frau, das sie verwandelte und mich 20 Jahre zurückversetzte nach Kalifornien, wo ich ihr begegnet war. Auch hier hat mir ein unvermitteltes Zusammenschrumpfen der Zeit mit schmerzlicher Klarheit ihre verheerende Macht enthüllt.

Die alten Berühmtheiten unter meinen Zeitgenossen sehe ich gewöhnlich auf der Leinwand oder in Zeitschriften mit den Gesichtern von heute und zucke jedes Mal zusammen, wenn ich sie in alten Filmen oder Zeitungen in ihrer vergessenen Jugendfrische wieder sehe.

Ob wir wollen oder nicht, wir fügen uns endlich und teilen den Standpunkt der anderen. Jouhandeau gelangt mit 70 Jahren zu der Einsicht: «Fast ein halbes Jahrhundert hindurch bin ich unveränderlich ein Zwanzigjähriger geblieben. Jetzt ist die Zeit gekommen, dieser Anmaßung zu entsagen.» Dieses ‹Entsagen› ist jedoch nicht so einfach. Wir stoßen uns da an einem intellektuellen Ärgernis: Wir müssen uns einer Realität stellen, die unzweifelhaft wir selber sind, während sie uns doch von außen erfaßt und unbegreiflich für uns bleibt. Es besteht ein unüberwindbarer Widerspruch zwischen der inneren Evidenz, die unser Fortdauern verbürgt, und der objektiven Gewißheit unserer Verwandlung. Wir können lediglich von einer zur andern schwanken, ohne jemals beide fest zusammenhalten zu können.

Der Grund dafür liegt darin, daß das Alter zu jener Kategorie gehört, die Sartre die Unrealisierbaren genannt hat. Ihre Zahl ist unendlich, denn sie stellen die Kehrseite unserer Situation dar. Was wir für die anderen bedeuten, können wir unmöglich in der Art des *Für-sich-Seins* erleben. Das Unrealisierbare ist «ein Sein in Entfernung, das alle meine Wahlen begrenzt und ihre Kehrseite ausmacht». Ich mag Französin, Schriftstellerin, eine 60-Jährige sein: diese Situation, die ich *erlebe*, ist inmitten der Welt eine objektive Form, die mir entgeht. Aber das Unrealisierbare enthüllt sich als solches nur im Licht eines Entwurfs, der darauf abzielt, es zu realisieren. Wenn ich als Französin in Frankreich lebe, veranlaßt mich nichts dazu, mich nach der Bedeutung dieser Eigenschaft zu fragen; sobald ich mich in einem fremden oder feindlichen Land befinde, existiert meine Nationalität für mich, muß ich eine bestimmte Haltung ihr gegenüber einnehmen: sie bekunden, verhehlen oder vergessen usw. In unserer Gesellschaft wird der alte Mensch durch seine Lebensweise, durch die Verhaltensweisen der Umwelt und sogar durch das Vokabular als solcher gekennzeichnet: Diese Realität hat er auf sich zu nehmen. Es gibt unendlich viele Arten und Weisen, dies zu tun – keine jedoch wird mir erlauben, mit der Realität, die ich auf mich nehme, übereinzustimmen. Das Alter ist etwas, das jenseits meines Lebens liegt, etwas, wovon ich keine innere Gesamterfahrung haben kann. Allgemeiner gesehen ist mein *ego* ein transzendentes Objekt, das nicht in meinem Bewußtsein lebt und das nur aus der Entfernung anvisiert werden kann. Dies geschieht mittels eines Bildes: Wir versuchen uns vorzustellen, wie wir in der Sicht der anderen sind. Es handelt sich nicht um ein im Bewußtsein vorhandenes Bild, sondern vielmehr um ein Bündel von Intentionalitäten, die durch ein Analogon auf ein abwesendes Objekt gerichtet sind. Es ist ein generisches, widersprüchliches und vages Bild. Immerhin gibt es Perioden, in denen dieses Bild genügt, uns unserer Identität zu versichern: Das gilt zum Beispiel für Kinder, wenn sie genug Liebe erhalten. Sie sind zufrieden mit diesem Widerschein ihrer selbst, den sie in den Worten und dem Verhalten ihrer Nächsten entdecken; sie gleichen sich ihm an und bedienen sich seiner wiederum. An der Schwelle der Jugend zerbricht das Bild: Das linkische Betragen während der Flegeljahre rührt daher, daß man nicht sogleich weiß, wodurch man es ersetzen kann. Es kommt zu einem Schwebezustand analog dem an der Schwelle des Alters. In beiden Fällen sprechen die Psychiater von einer ‹Identitätskrise›. Dennoch bestehen große Unterschiede. Der heranwachsende junge Mensch ist sich bewußt, daß er eine Übergangsperiode durchmacht; sein Körper verändert sich und stört ihn. Der gealterte Mensch fühlt sich alt auf Grund der anderen, ohne entscheidende Veränderungen erfahren zu haben; innerlich ist er nicht einverstanden mit dem Etikett, mit dem man ihn versehen hat – er weiß nicht mehr, wer er ist. (...)

Wenn ich mich zurückversetze in die Zeit, als ich 20 war, fühle ich mich fremd, als befände ich mich plötzlich am Ende der Welt. Ich betrachte eine Fotografie vom alten Trocadéro, der mir in seiner Häßlichkeit so gut gefiel: Habe ich ihn wahrhaftig mit eigenen Augen gesehen? Und ein anderes Foto von den Champs-Élysees, 1929; ich trug einen dieser Glockenhüte und hatte einen dieser gewölbten Kragen; Männer mit Schirmmützen oder Filzhüten kreuzten meinen Weg: Mir ist, als hätte diese Welt niemals zu meinem Leben gehört ... Die Jahre vergehen, aber uns erscheint immer nur der gegenwärtige Augenblick als der natürliche; vage haben wir den Eindruck, daß es mit der Vergangenheit ähnlich war, da sie uns auch einmal natürlich schien. Aber wenn wir Bilder aus der Vergangenheit wieder finden, kommen sie uns altmodisch vor. Auch auf diese Weise entgleitet uns unser Leben: Es war neu, war voller Frische, und ebendiese Frische ging verloren.

Das war es, was Emmanuel Berl empfand, als er in *Sylvia* (1952) schrieb: «Meine Vergangenheit entgleitet mir. Ich ziehe an einem Ende, ich ziehe am andern, und nichts bleibt mir in der Hand als ein vermodertes Gewebe, das in Fetzen reißt. Alles wird zum Phantom, zur Lüge. Ich erkenne mich selbst kaum wieder in den Klischees, die mein Gedächtnis mir vorführt.»

«Die alten Leute rühren mich immer, weil sie so eine lange Vergangenheit hinter sich haben», sagte mir einmal eine Freundin. Leider ‹haben› sie sie nicht. Die Vergangenheit liegt nicht hinter mir wie eine ruhige Landschaft, in der ich nach Belieben spazieren gehen kann und die mir nach und nach ihre verschlungenen Wege und ihre verborgenen Windungen enthüllt. In dem Maße, in dem ich vorwärts schreite, fällt sie in sich zusammen. Die Überreste, die noch zum Vorschein kommen, sind zunächst farblos, starr, verformt, und ihre Bedeutung entgeht mir. Hier und da fasziniert mich ihre melancholische Schönheit, aber sie genügt nicht, jene Leere zu bevölkern, die Chateaubriand «die Wüste der Vergangenheit» nannte.

Es gibt viele Dinge, die zu beschwören wir nicht im Stande sind und die wir dennoch wieder zu erkennen vermögen. Aber dieses Wiedererkennen gibt uns nicht immer die warme Lebendigkeit des Vergangenen zurück. Dieses rührt uns an, weil es vergangen ist. Aus dem gleichen Grunde aber enttäuscht es uns auch so oft: Wir haben es gelebt als eine Gegenwart, die sich, reich an Zukunft, dieser entgegenwarf. Jetzt ist davon nur noch ein Gerippe übrig. Das ist es auch, was die Wallfahrten an die Orte unserer Vergangenheit so vergeblich macht. Oft genug ist es uns unmöglich, die Spuren unserer Schritte wiederzufinden. Der Raum wiederholt seinerseits den Verrat der Zeit; die Orte verändern sich. Selbst jene, die scheinbar unberührt blieben – für mich sind sie es nicht. So kann ich durch bestimmte Straßen von Uzerche, Marseille oder Rouen gehen: Ich werde die Steine wieder erkennen, aber ich werde nicht meine Pläne, meine Wünsche, meine Ängste wiederfinden: Ich werde mich nicht wiederfinden. Und wenn ich an jenen Orten eine Szene von einst beschwöre, dann ist sie aufgespießt wie ein Schmetterling im Kasten; die Personen passen nirgendwo mehr hin, ihre Beziehungen untereinander sind abgestumpft. Und ich selbst erwarte nichts mehr. (…)

Kommt es dennoch vor, daß die Vergangenheit insgesamt gesehen, ein Gegenstand der Freude ist? Kann es dem alternden Menschen nicht vollauf genügen, daß er das Leben bestanden hat? Das denkt man, wenn man jung ist. Mit 20 Jahren erschien mir das Leben handfest wie ein Gegenstand und doch von Bewußtsein durchdrungen. (...)

Sartre hat diesen Abstand in *Das Sein und das Nichts* erklärt: «(...) Auch wenn meine Gegenwart inhaltlich völlig identisch ist mit der Zukunft, auf die hin ich mich über das Sein hinaus entworfen habe, so ist es doch nicht diese Gegenwart, auf die hin ich mich entwarf, denn ich entwarf mich auf die Zukunft hin als Zukunft, das heißt als Punkt der Vereinigung meines Seins.» Deshalb konnte ich auch, ohne mir zu widersprechen, in den *Memoiren einer Tochter aus gutem Hause* schreiben: «Kein Leben, kein Augenblick irgendeines Lebens hätte all die Verheißungen erfüllen können, mit denen ich damals mein gläubiges Herz betörte», und in *Der Lauf der Dinge*: «Sie wurden erfüllt», gleichwohl aber den Schluß ziehen, daß «ich geprellt worden bin». Die Gegenwart, selbst wenn sie meinen Erwartungen entsprach, vermochte mir nicht zu geben, was ich erwartete: die Seinsfülle, nach der das Dasein vergeblich strebt. Das Für-sich *ist* nicht. Und keiner kann sagen: «Ich hatte ein schönes Leben», da man ein Leben nicht *hat*. Ich bin ganz und gar nicht der Meinung, daß der Ruhm «die leuchtende Schwelle des Glücks» sei; tatsächlich ist er nichts, außer – in den Augen der anderen – eine flüchtige Fata Morgana.

Personenverzeichnis

Aron, Raymond Studienkollege von Jean-Paul Sartre

Bienenfeld, Bianca „Louise Védrine“ (verheiratete Lamblin), Schülerin und Freundin von Simone de Beauvoir

Bost, Jacques-Laurent „der kleine Bost“, Schüler Sartres, langjähriger Geliebter und lebenslanger Freund Simone de Beauvoirs, verheiratet mit Olga Kosakiewicz

Champigneulles, Jacques Cousin Simone de Beauvoirs, ihre erste Liebe

de Beauvoir, Henriette-Hélène „Poupette“, Malerin, Schwester Simone de Beauvoirs

Garric, Robert Philosophieprofessor

Gérassi, Fernando „Boubou“, Maler, Ehemann von Stépha Gérassi

Gérassi, Stépha, geb. Avdicowicz „Baba“, Gouvernante in der Familie von Zaza, Studienkollegin und Freundin Simone de Beauvoirs

Guggenheim, Mary „Mary Goldstein“, Freundin von Nelson Algren, der Simone de Beauvoir die Telefonnummer Algrens und somit seine Bekanntschaft verdankt

Koestler, Arthur „Scipion“, Schriftsteller, kurze Affäre mit Simone de Beauvoir

Kosakiewicz, Olga „Kos.“, „die Frau mit der Nadel“, Schülerin und Freundin von Simone de Beauvoir, Geliebte von Sartre

Kosakiewicz, Wanda Schauspielerin, Schwester von Olga, Geliebte von Sartre

Le Coin, Élisabeth genannt Zaza, Schulfreundin von Simone de Beauvoir

Leiris, Michel Schriftsteller, Ehemann von Zette Leiris

Leiris, Zette lebenslange Freundin von Simone de Beauvoir

Maheu, René „Herbaud“, Studienfreund von Sartre und Simone de Beauvoir

Madame Morel „diese Dame“, „die alte Dame“, reiche Freundin von Sartre und Simone de Beauvoir, Besitzerin des Landhauses La Pouèze, wo das Paar häufig zu Gast war

Merleau-Ponty, Maurice „Pradelle“, Studienfreund, Redaktionsmitglied bei der Zeitschrift *Les Temps Modernes*, große Liebe ihrer Freundin Zaza

Nagel, Louis Schweizer Verleger von Jean-Paul Sartre
Nizan, Paul enger Freund Sartres, Journalist, Kritiker und Romancier
Pardo, Géraldine „Gégé", Malerin und Zeichnerin, Studienkollegin und Freundin von Hélène de Beauvoir, lebenslange Freundin von Simone de Beauvoir
Pardo, Frédéric Ehemann von Gégé Pardo
Politzer, George Philosoph und Autor
Sorokine, Nathalie Schülerin und Freundin von Simone de Beauvoir
Vian, Boris „der junge Mann mit der Trompete", Schriftsteller und Musiker, Freund von Simone de Beauvoir
Vitold, Michel Schauspieler, inszeniert 1945 Beauvoirs Theaterstück *Die unnützen Mäuler*, kurze Affäre mit Simone de Beauvoir

Leben und Werk

1908 9. Januar: Geburt in Paris, 103, Boulevard Montparnasse
1913 Besuch des katholischen Privatinstituts Cours Désir in der Rue Jacob
1914 Beginn der Freundschaft mit Élizabeth Le Coin (Zaza)
1919 Umzug der Familie in die Rue de Rennes
1925 Baccalauréat (Abitur)
1925/26 Studium der Philologie am Institut Sainte-Marie in Neuilly und der Mathematik am Institut Catholique in Paris
1926 Beginn des Philosophiestudiums an der Sorbonne
1928 Licence
1928/29 Diplomarbeit über Leipniz, Vorbereitung auf die agrégation an der Sorbonne und der École Normale Supérieure; Lehramtskandidatin am Lycée Janson-de-Sailly
1929 Bekanntschaft mit Jean-Paul Sartre; agrégation; Tod Zazas, Auszug aus dem Elternhaus
1929–31 Tätigkeit als Privatlehrerin
1931/32 Philosophielehrerin in Marseille
1932–36 Lehrerin in Rouen
1936–43 Lehrerin in Paris, Entlassung aus dem Schuldienst wegen „Verführung Minderjähriger"
1943 Erste Veröffentlichung: *L'Invitée (Sie kam und blieb)*, Roman
1943/44 Programmgestalterin bei Radio Nationale
1944 *Pyrrhus et Cinéas (Pyrrhus und Cinéas)*, Essay
1945 *Le sang des autres (Das Blut der anderen)*, Roman, *Les bouches inutiles (Die unnützen Mäuler)*, Theaterstück (nicht ins Deutsche übersetzt), Mitarbeit an der von Sartre hg. Zeitschrift *Les Temps Modernes*, Reise nach Portugal
1946 *Tous les hommes sont mortels (Alle Menschen sind sterblich)*, Roman
1947 Erste Reise in die USA, Begegnung mit Nelson Algren, *Pour une morale de l'ambiguité (Für eine Moral der Doppelsinnigkeit)*, Essay
1948 *L'Amérique au jour le jour (Amerika – Tag und Nacht. Reisetagebuch 1947)*, Reisebericht; *L'existentialisme et la sagesse des nations (Der Existentialismus und die Volksweisheit)*, Essay

1949 *Le Deuxième Sexe (Das andere Geschlecht)*, Essay, Besuch Nelson Algrens in Paris
1950 Reisen nach Afrika, in verschiedene europäische Länder, nach Amerika
1951 Ende der Liebesbeziehung mit Nelson Algren
1952 Beginn der Beziehung mit dem 17 Jahre jüngeren Journalisten Claude Lanzmann
1953 Öffnung zum Marxismus
1954 Prix Goncourt für *Les mandarins (Die Mandarins von Paris)*, Roman, Beginn der Opposition gegen die Algerienpolitik Frankreichs
1955 Reisen in die UdSSR und nach China, *Privilèges (Privilegien)*, Aufsätze
1957 *La longue marche. Essay sur la Chine (China – das weitgesteckte Ziel)*, Essay
1958 *Mémoires d'une jeune fille rangée (Memoiren einer Tochter aus gutem Hause)*, Autobiographie, Trennung von Claude Lanzmann
1960 Besuch Nelson Algrens in Paris, Reisen nach Brasilien und Kuba, *La force de l'âge (In den besten Jahren)*, Autobiographie
1962–66 jährliche Reisen in die UdSSR
1962 *Djamila Boupacha* (in Zusammenarbeit mit Gisèle Halimi), Essay
1963 *La force des choses (Der Lauf der Dinge)*, Autobiographie, Krebstod der Mutter
1964 *Une mort très douce (Ein sanfter Tod)*, Erzählung
1966 *Les belles images (Die Welt der schönen Bilder)*, Roman, Reisen nach Moskau und Japan
1967 *La femme rompue (Eine gebrochene Frau)*, Erzählungen, Mitglied des Russell-Tribunal gegen die Kriegsverbrechen in Vietnam
1968 Solidarität mit der Studentenbewegung
1970 *La vieillesse (Das Alter)*, Essay
1971 Beteiligung am *Manifest der 343*, der Abtreibungskampagne *J'ai avorté (Ich habe abgetrieben)*, Engagement in der Frauenbewegung
1972 *Tout compte fait (Alles in allem)*, Autobiographie

1974 Mitbegründerin und Präsidentin der *Liga für Frauenrechte*
1975 Preis von Jerusalem
1977 Mitbegründerin der Zeitschrift *Questions Féministes*
1978 Großer Österreichischer Staatspreis für europäische Literatur
1979 *Quand prime le spirituel (Marcel, Chantal, Lisa ... Ein Roman in Erzählungen)*
1980 Tod von Jean-Paul Sartre am 15. April, Adoption von Sylvie le Bon (geb. 1942)
1981 *La cérémonie des adieux, suivi de Entretiens avec Jean-Paul Sartre (Die Zeremonie des Abschieds und Gespräche mit Jean-Paul Sartre)*
1983 Herausgabe von Sartres Briefen *Lettres au Castor et à quelques d'autres (Briefe an Simone de Beauvoir und andere)*, Sonning-Preis (Dänemark)
1986 Tod Simone de Beauvoirs in Paris am 14. April
1990 *Journal de guerre, Septembre 1939 – Janvier 1941 (Kriegstagebuch September 1939 – Januar 1941)*, hg. von Sylvie le Bon de Beauvoir, *Lettres à Sartre, 1930 – 1963 (Briefe an Sartre)*, hg. von Sylvie le Bon de Beauvoir
1997 *Lettres à Nelson Algren (Eine transatlantische Liebe, Briefe an Nelson Algren 1947–1964)*, hg. von Sylvie le Bon de Beauvoir
2006 *Diary of a Philosophy Student: Vol. 1, 1926/27*, edited by Barbara Klaw, Sylvie le Bon de Beauvoir and Margaret Simons with Marybeth Timmermann

Literatur (Auswahl)

Christiane Zehl Romero, *Simone de Beauvoir in Selbstzeugnissen und Bilddokumenten*, Reinbek 1978

Axel Madsen, *Jean-Paul Sartre und Simone de Beauvoir. Die Geschichte einer ungewöhnlichen Liebe*, Düsseldorf 1980

Alice Schwarzer, *Simone de Beauvoir heute. Gespräche aus zehn Jahren*, Reinbek 1983

Élisabeth Badinter, „Femmes, vous lui devez tout!", in: *Le Nouvel Observateur*, 18.–24. April 1986, S. 39

Claude Francis und Fernande Gontier, *Simone de Beauvoir. Die Biographie*, Weinheim/Berlin 1986

Sonia Mikich (Hg.), *Simone de Beauvoir, Lesebuch, Der Wille zum Glück*, Reinbek 1986

Lisa Appignanesi, *Simone de Beauvoir. Eine Frau, die die Welt veränderte*, München 1989

Kristine von Soden (Hg.), *Zeitmontage: Simone de Beauvoir*, Berlin 1989

Deidre Bair, *Simone de Beauvoir. Eine Biographie*, München 1990

Jörg P. Goebeler, „Ich gebe kein Interview. Ein Gespräch mit Deidre Bair, der Biographin von Samuel Beckett und Simone de Beauvoir", in: *die tageszeitung* vom 15.6.1991

Bernd Wilczek (Hg.), *Paris 1944–1962, Dichter und Denker auf der Straße*, Zürich 1993

Bianca Lamblin, *Memoiren eines getäuschten Mädchens*, Reinbek 1994

Edward Fullbrook and Kate Fullbrook, *Simone de Beauvoir and Jean-Paul Sartre: The Remaking of a Twentieth-Century Legend*, New York 1994

Alice Schwarzer, „Beauvoir und die Frauen", in: *EMMA*, September/Oktober 1994

Toril Moi, *Simone de Beauvoir, Die Psychographie einer Intellektuellen*, Frankfurt/M. 1997

Alice Schwarzer, „Die Eine. Zur aktuellen Kontroverse um Simone de Beauvoir", in: *EMMA*, März/April 1997

Monica Valby, „Allgegenwärtige Simone de Beauvoir", http://www.diplomatie.gouv.fr/de/article-imprim.php3?id_article=1997

Walter van Rossum, *Simone de Beauvoir und Jean-Paul Sartre. Die Kunst der Nähe*, Berlin 1998

Astrid Deuber-Mankowsky und Ursula Konnertz (Hg.), „Simone de Beauvoir, 50 Jahre ‚Das andere Geschlecht'", in: *Die Philosophin*, 10. Jahrgang, Heft 20, Tübingen 1999

Ingrid Galster (Hg.), „Cinquante ans après ‚Le Deuxième Sexe' Beauvoir en débats", in: *lendemains*, Jahrgang 1999/2, Heft 94

Alice Schwarzer, *Simone de Beauvoir, Rebellin und Wegbereiterin*, Köln 1999

Margaret A. Simons, *Beauvoir and The Second Sex. Feminism, Race and Origins of Existentialism*, 1999

Yvanka B. Raynova und Susanne Moser (Hg.), *Simone de Beauvoir: 50 Jahre nach dem Anderen Geschlecht*, Wien 1999

Inga Westerteicher, *Das Paris der Simone de Beauvoir*, Dortmund 1999

Alice Schwarzer (Hg.), *Man wird nicht als Frau geboren*, Köln 2000

Nathalie Hillmanns, *Simone de Beauvoir – Brigitte Bardot*, Frankfurt/M. 2000

Jean-Luc Moreau, *Simone de Beauvoir und Jean-Paul Sartre in Paris*, Hildesheim 2001

Christine Reichert, *Simone de Beauvoir und die befreite Frau*, Freiburg 2001

Bernard-Henri Lévy, *Sartre*, München, Wien 2002

Susanne Moser, *Freiheit und Anerkennung bei Simone de Beauvoir*, Tübingen 2002

Florence Hervé und Rainer Höltschl (Hg.), *absolute Simone de Beauvoir*, Freiburg 2003

Ingrid Galster (Hg.), *Simone de Beauvoir: Le Deuxième Sexe*, Paris 2004

Ingrid Galster (Hg.), *Le Deuxième Sexe de Simone de Beauvoir*, Paris 2004

Benjamin Steiner, *Die Existentialisten*. LMU-Publikationen / Geschichte und Kunstwissenschaften Nr. 11 (2004), http://epub.ub.uni-muenchen.de

Ingrid Galster, „Ein reizvoller Akt der Verführung", in: *Freitag* 39 vom 30.09.2005

Lieselotte Steinbrügge, „Ein Mythos wird besichtigt", in: *Querelles-Net*, Nr. 17 / Nov. 2005: Geschichte,

http://www.querelles-net.de/2005-17/text17steinbruegge.shtml
O. Verf., „Wir brauchen einen neuen Feminismus", in: *DIE ZEIT* Nr. 35 vom 24.8.2006, S. 49–55
Thea Dorn, *Die neue F-Klasse. Wie die Zukunft von Frauen gemacht wird*, München 2006
Claudine Monteil, *Die Schwestern Hélène und Simone de Beauvoir*, München 2006
Ingrid Galster, „Auf der Suche nach einem ebenbürtigen Geist", in: *Neue Zürcher Zeitung* vom 24.5.2007
Silvana Koch-Mehrin, *Schwestern. Streitschrift für einen neuen Feminismus*, Berlin 2007
Armelle Lavalou, François Lamarre und Jean-Paul Robert, *Passerelle Simone-de-Beauvoir*, Paris 2007
Iris Radisch, *Die Schule der Frauen. Wie wir die Familie neu erfinden*, München 2007

Die Textauszüge von Simone de Beauvoir sind entnommen aus:

Inga Westerteicher
Das Paris der Simone de Beauvoir
blue notes 4
128 Seiten, Abbildungen
Halbleinen mit Fadenheftung
ISBN 978-3-931782-60-3

Ein Spaziergang durch Beauvoirs Paris – zu ihren Cafés, Hotels, Plätzen, Parks – mit Auszügen aus ihren Werken, Briefen und Tagebuchnotizen – und natürlich mit vielen Fotos. Eine Paris-Karte sowie ein Register der Örtlichkeiten erleichtert dem weiblichen wie männlichen Flaneur die Orientierung.

»Das Buch lädt dazu ein, sich auf die Reise in die Vergangenheit zu begeben und eine Reise ins gegenwärtige Paris folgen zu lassen.«
Deutsches Allgemeines Sonntagsblatt

Simone de Beauvoir
Ein sanfter Tod
112 Seiten, gebunden mit Fadenheftung
ISBN 978-3-938740-42-2

Die große Schriftstellerin Simone de Beauvoir begleitet ihre Mutter beim Sterben. Diese Erfahrung wird zu einem Geschenk für beide: für die Mutter, die sich liebevoll umsorgt fühlt, und für die Tochter, die einen neuen Zugang zu ihrer Mutter findet. Die Lektüre dieser intimen Aufzeichnungen hinterlässt bei jeder Leserin und jedem Leser tiefe Spuren. Der Tod eines geliebten Menschen konfrontiert nicht nur mit der eigenen Vergänglichkeit, er kann auch als Chance begriffen werden, sich auf die Kostbarkeiten eines jeden Augenblicks zu besinnen. Ein beeindruckend klares und unsentimentales Buch.